맛있는 요리를 만드는 레시피가 있는 것처럼 웃음, 힐링, 성장을 만드는 레시피도 있을까요?
레시피팩토리는 모호함으로 가득한 이 세상에서 당신의 작은 행복을 위한 간결한 레시피가 되겠습니다.

채
식 이 맛있어지는

우리집 사찰음식

정재덕 지음

레시피팩토리

따라하는 사찰 음식으로 몸과 마음이 편안해지는 채식을 만나십시오

2008년 겨울, 6성급 호텔의 한식 조리장을 그만두고 사찰 음식을 배우러 절로 들어간다고 했을 때 많은 사람들이 저더러 미쳤다고 했습니다. 하지만 그때 저는 호텔이나 한정식집에서 만들어온 화려한 요리에 회의를 느꼈고, 그 빡빡한 생활에서 잠시 벗어나고 싶었습니다. 보다 근원적인 자연 음식을 편안한 마음으로 만들고 싶었습니다. 모든 것을 버리고 짐을 싸서 대안스님이 계신 절로 들어간 저는 스님들의 일상을 배우고 새벽 예불에도 참석했습니다. 이런 생활이 쌓여가면서 그제야 마음의 짐을 내려놓을 수 있었습니다.

그곳에서 만난 사찰 음식은 단지 음식만이 아니었습니다. 특히 처음 접한 '발우공양(鉢盂供養)'은 소중한 식사법이었습니다. '발우'는 스님들의 밥그릇을 뜻하고, '공양'은 공경하는 마음으로 필요한 것을 올리는 일을 뜻합니다. 불가에서는 '밥을 지어 올리거나 먹는 일'도 '공양한다'고 표현합니다. 식사 전 스님들은 염송(염불)을 합니다. 이 음식이 있기까지 수고한 모든 이들의 공덕을 헤아리는 것은 물론 나의 덕행을 살펴본 후 마음을 바르게 가다듬는 시간이지요. 평등의 공양, 절약의 공양을 실천하기 위해 음식은 똑같이 나눠 먹고, 조금의 찌꺼기도 남기지 않습니다. 매끼 이어지는 수행을 통해 저는 사찰 음식이 지닌 진정성도 배울 수 있었습니다.

사찰 음식에는 자연이 들어 있습니다. 재료 본연의 맛을 살리는 것은 물론 음식을 만든 사람의 마음도 담습니다.
사찰 음식을 배우면서 저는 오감을 열고 요리하기 시작했습니다. 귀로는 음식이 익는 소리, 코로는 향, 눈으로는 빛깔, 입으로는 맛, 손으로는 감촉을 느낄 수 있었지요. 제가 만든 사찰 음식을 먹고 몸도 마음도 건강해졌다는 말을 들을 때면 진심이 통했다는 생각에 참 기뻤습니다.

2009년에 저는 대안스님과 함께 사찰 음식 전문점 '발우공양'을 서울 인사동에 오픈하면서 사찰 음식을 대중화하는 일을 시작했습니다. 2010년에는 뉴욕에서 열린 '한국 사찰 음식의 날' 행사에 사찰 음식 전문가인 스님들을 도와 36가지 음식을 선보였는데, 파란 눈의 미식가들이 '원더풀! 어메이징! (Wonderful! Amazing!)'이란 감탄사를 연발하며 찬사를 보내던 그 순간을 잊을 수 없습니다. 사찰 음식의 대중화, 세계화에 본격적인 관심을 가진 것이 이때부터였습니다. 그러던 중 지인의 소개로 요리 잡지 〈수퍼레시피〉에서 사찰 음식 강의를 하게 되었지요. 독자 입장에서 철저하게 레시피를 만들고 독자들과 친밀하게 커뮤니케이션 하는 모습을 보면서, 저는 〈수퍼레시피〉 팀과 함께 보다 대중적인 사찰 음식을 개발해 가정에서도 손쉽게 만들 수 있도록 하고 싶었습니다. 이런 제 열정을 높이 평가해주신 덕분에 이 잡지를 펴내는 ㈜레시피팩토리와 1년에 걸쳐 이 책을 작업하게 되었습니다.

이 책을 준비하면서 스님들의 가르침에 충실했는지 스스로에게 많이 물었습니다. 가르침에 어긋나지 않으면서 가정식으로 적합한 메뉴를 고르기 위해 노력했고, 사찰에서 많이 쓰지만 구하기 어려운 재료는 일부 대체했습니다. 음식점에서 대량으로 만들던 것을 가정에서 소량씩 만들도록 〈수퍼레시피〉 팀과 함께 모든 레시피를 재검증했습니다. 하나씩 따라하다 보면 사찰 음식이 결코 어렵지 않다는 것을 느끼실 겁니다. 비록 저는 스님이 아닌 요리사이지만 사찰 음식을 통해 음식에 대한 편견을 없앨 수 있었고, 자연 그대로의 맛을 살린 음식으로 심신도 건강해졌기 때문에 좀 더 독자님 입장에 가까이 서서 도움을 드릴 수 있지 않을까 생각합니다. 부디 이 책이 많은 가정에 몸과 마음의 건강함은 물론 편안함까지 가져다주기를 기원합니다.

— 사찰음식 연구가 보담 정재덕

목차

따뜻하고 정갈한

국 · 찌개 · 탕

영양이 가득한

건강 주전부리

사찰 음식에 꼭 필요한

기초 다지기

사찰 음식을 만들기 전에 알아두면 좋은 재료 계량법과 써는 법, 자주 등장하는 재료들의
제철, 영양 및 효능, 고르는 법, 보관법을 알려드려요. 또한 익숙하지 않은 재료들과
친해질 수 있도록 손질법과 전 처리법을 소개하고, 사찰 음식 기본 양념과 이 책에 사용된
드레싱과 소스, 채소 국물 만들기까지 꼭 필요한 기초 정보를 꼼꼼히 담았습니다.

〈채식이 맛있어지는 우리집 사찰음식〉에 실린 모든 레시피들은 아래와 같이 구성되어 있습니다.
레시피를 따라 하기 전에 꼭 읽어보세요!

★ 사찰 음식의 특성상 양념 중 구운 소금과 조청을 많이 사용했습니다. 구운 소금은 동량의 죽염으로, 조청은 물엿 또는 올리고당으로 대체해도 됩니다.
　구운 소금은 입자가 고운데, 꽃소금으로 대체할 경우 입자의 크기가 달라 염도가 낮아지니 기호에 따라 마지막에 소금을 더해주세요.
★ 적은 양이 사용된 재료의 정확한 계량이 어려울 때는 과정 사진으로 분량을 가늠하세요.
★ 비슷한 종류의 버섯과 채소(색색의 파프리카, 청·홍피망과 고추 등)가 여러 가지 쓰였을 때는 기호에 따라 한두 가지로 통일해도 됩니다.
　이때 전체 분량은 꼭 맞춰주세요.

② 각 요리마다 조리시간, 인분수 및 1인분 열량을 적었습니다.
각 레시피에는 조리시간과 인분수를 적었습니다. 인분수는 2～3인분 기준이며
저장 반찬과 김치에 한해 한 번에 만들기 적합한 분량으로 넉넉히 잡았습니다.
채식으로 체중 조절을 원하시는 분들을 위해 1인분 기준 열량을 적었으니 참고하세요.

① 사찰 음식에 대한 소개, 영양 정보,
더 맛있게 만드는 팁을 알려드려요.
미리 읽어두면 유용한 메뉴의 기본 정보입니다.
메뉴를 고를 때 참고하면 도움이 된답니다.

③ 레시피마다 손대중량과 그램,
대체 재료와 분량, 생략 가능한
재료 등을 꼼꼼히 표시했어요.
각 재료는 누구든 쉽게 계량할 수
있도록 손대중량과 그램을
함께 적었습니다. 또한 다양한
대체 재료와 생략 가능한 재료들도
소개합니다.

④ 사찰 음식을 정갈하게 담는 법을
배울 수 있도록 촬영했어요.
소박하고 심플한 사찰 음식을 더욱 정갈하고
예쁘게 담는 방법을 사진으로 소개했습니다.
그대로 따라 담으면 같은 메뉴라고 해도
훨씬 고급스럽고 멋스러워 보일 겁니다.

⑤ 레시피 응용 방법, 조리 시 주의할 점 등
알아두면 유용한 부가 정보를 풍성히 실었습니다.
제철 재료를 활용한 요리를 사계절 내내 즐길 수 있도록
재료 대체하는 방법을 최대한 소개하여 레시피의 활용도를
높였습니다. 요리할 때 실수할 수 있는 포인트를 짚어주고,
더 맛있게 만드는 노하우, 맵지 않은 양념 등
레시피 200% 활용을 위한 여러 가지 부가 정보를 담았습니다.

사찰 음식에 꼭 필요한 기초 다지기

10

꼭 읽어보세요! 사찰 음식 이야기

사찰 음식은 최고의 자연식입니다

사찰 음식은 절에서 스님들이 먹는 음식으로 일반적인 음식의 기능을 함과 동시에
몸을 건강하게 하고 정신까지 맑게 성장시키는 자연식입니다.
사찰 음식은 우유를 제외한 일체의 동물성 식품과 다섯 가지 매운맛을 내는 향신 채소
'오신채(五辛菜 : 파, 마늘, 부추, 달래, 흥거)'를 사용하지 않고, 제철에 나는 식재료를
주로 사용합니다. 또한 '약식동원(藥食同源 : 약과 음식은 그 근원이 같다)'과
'음양오행(陰陽五行 : 우주 만물은 음양과 오행이 조화를 이루고 있다)'을
기초로 하기 때문에 약리 작용이 있는 식재료를 많이 사용하고, 재료 본연의 맛을
살릴 수 있도록 조리하는 것이 특징입니다. 그밖에 사찰 음식은 음식을 섭취하는 것도
수행의 하나로 생각하는 '발우공양(鉢盂供養)'의 정신이 담겨 있답니다.

사찰 음식은 일반 채식과 달리 마음까지 편안하게 해줍니다

사찰 음식과 일반 채식의 가장 큰 차이점은 '오신채(파, 마늘, 부추, 달래, 흥거)'를
사용하지 않는 것이에요. 사찰 음식에서는 오신채의 강한 향이 재료 본연의 맛을 가리고,
자극적인 맛으로 위에 부담을 주며, 밖으로 뻗치는 힘이 강해 정서적 동요를 일으키기
때문에 사용하지 않는답니다. 그래서 몸을 더욱 건강하게 하는 것은 물론
마음까지 편안하게 해주지요. 또한 사계절 내내 골고루 영양소를 섭취할 수 있도록
제철 재료로 만든 말린 채소, 저장 반찬, 부각, 튀각 등을 많이 먹는 것도 차이점이에요.

쉽고 맛있게 만들 수 있는 가정식 사찰 음식, 이렇게 만들었습니다

앞서 언급한 사찰 음식의 기본 정신을 지키면서 누구나 손쉽게 따라 하고,
맛있게 즐길 수 있도록 아래와 같이 실용성을 높였습니다.
첫째 다양한 사찰 음식들 가운데 남녀노소 누구나 잘 먹고, 다른 음식들과도
조화를 잘 이룰 수 있는 메뉴 위주로 골랐습니다.
둘째 우리 주변에서 흔하게 구할 수 있는 재료를 사용했고,
일부 구하기 어려운 것은 구입처를 소개하거나 대체 재료를 안내했습니다.
셋째 채소 국물, 된장, 고추장 등의 발효 양념, 구운 소금, 조청 등 최소한의 양념만으로
인공조미료, 오신채 없이도 맛있는 요리가 완성될 수 있도록 레시피를 검증했습니다.
넷째 사찰 음식에서 중요하게 여기는 절약의 정신을 실천하고자
재료가 낭비되지 않도록 정확한 분량을 제시했고, 영양소 파괴를 최소화한
현대적인 조리법을 일부 응용해 보다 건강하게 만들었습니다.
다섯째 사찰 음식에 많이 사용되는 재료들의 영양과 효능, 고르는 법, 보관법은 물론
손질법을 자세히 소개해 사찰 음식 재료들과 친해질 수 있게 했습니다.

| 사찰 음식에 자주 등장하는 재료 이야기

버섯

버섯은 특유의 감칠맛을 내는 글루탐산이 풍부하여 조미료를 거의 사용하지 않는 사찰 음식의 맛을 좌우하는 중요한
식재료입니다. 또한 풍부한 영양과 쫄깃한 식감으로 사찰 음식에서 고기를 대신하는 주인공으로 활약하고 있어요.

표고버섯 _봄~가을

- 말린 표고버섯은 향이 깊고 끓이면 감칠맛이 나
  채소 국물을 만드는 데 많이 이용되며,
  생표고버섯은 찜과 구이 등에 많이 이용된다.
- 갓이 적당하게 퍼져 있고 갓 안쪽의 주름이
  뭉개지지 않은 것, 줄기가 통통하고 짧은 것을
  고르는 것이 좋다.
- 키친타월에 싸서 위생팩에 담아 냉장실에서
  7일간 보관이 가능하다.

느타리버섯 _가을~겨울

- 칼로리가 낮고 섬유소와 수분이 풍부해 먹으면
  포만감이 느껴진다. 또한 콜레스테롤 수치를
  낮춰 성인병 예방에 효과적이다.
- 갓의 표면이 약간 회색빛이 도는 것, 갓 뒷면의
  빗살무늬가 뭉그러지지 않고 선명하며 흰빛을
  띠는 것일수록 신선하다.
- 키친타월에 싸서 위생팩에 담아 냉장실에서
  5일간 보관이 가능하다.

목이버섯 _가을~겨울

- 검은색을 띠며 고기처럼 쫀득하게 씹히는
  식감이 일품이다. 주로 말린 제품을 판매하며
  물에 불려 사용한다.
- 살이 두툼하고 색이 짙은 것, 두께와 크기가
  일정한 것이 좋다. 말린 목이버섯은 갈라지지
  않고 잘 마른 것을 고른다.
- 말린 목이버섯은 통풍이 잘되고 서늘한 곳에서
  3개월간 실온 보관이 가능하다.

애느타리버섯 _가을~겨울

- 작은 느타리버섯처럼 생긴 버섯으로
  비타민과 무기질이 풍부하고 콜레스테롤 수치를
  낮춰주는 효능이 있다.
- 갓 표면에 윤기가 있고 포자(흰색 가루)가
  묻지 않은 것, 버섯 밑동이 서로 붙어 조직이
  단단한 것을 고른다.
- 키친타월에 싸서 위생팩에 담아 냉장실에서
  5일간 보관이 가능하다.

새송이버섯 _가을~겨울

- 자연산 송이버섯의 대용품으로 재배되었다.
  고기처럼 쫄깃하고 탄력 있는 식감이
  특징이다. 다른 버섯에 비해 수분 함량이 적어
  저장 기간이 긴 것이 장점이다.
- 대와 갓의 구분이 확실하고, 육질이 단단하며
  탄력 있는 것을 구입한다.
- 키친타월에 싸서 위생팩에 담아 냉장실에서
  2주간 보관이 가능하다.

팽이버섯 _가을~겨울

- 맛이 담백하고 향이 은은하며 씹히는 맛이
  쫄깃하다. 팽이버섯에 다량 함유된 식이섬유는
  혈중 콜레스테롤 수치를 낮춰 동맥경화를
  예방하고, 셀레늄, 필수아미노산, 비타민 등이
  풍부해 면역력을 향상시킨다.
- 갓이 작고 줄기가 가지런한 것이 좋고,
  뿌리 부분이 짙은 갈색인 것은 피한다.
- 키친타월에 싸서 위생팩에 담아 냉장실에서
  7일간 보관이 가능하다.

양송이버섯 _가을~겨울

- 가격이 저렴하고 영양이 풍부하며 버섯 중
  단백질 함량이 가장 많다. 칼륨 함량이 높고,
  트립신, 아밀라아제, 프로테아제 등의 소화
  효소가 들어 있어 음식물의 소화를 돕는다.
- 상처가 나지 않고 색이 흰 것, 갓이
  동글동글하고 너무 피지 않은 것, 줄기가
  통통한 것을 고른다.
- 키친타월에 싸서 위생팩에 담아 냉장실에서
  4일간 보관이 가능하다.

황금팽이버섯 _가을~겨울

- 팽이버섯과 비슷하게 생긴 황금팽이버섯은
  식이섬유가 풍부하여 대장 활동을 강화해
  변비 예방에 좋다. 콜라겐을 함유해 피부 노화
  방지 및 콜라겐 생성에도 효과적이다.
- 대부분 포장되어 판매되므로 유통기한을
  꼼꼼히 살펴보고 조직이 치밀하며 색깔이
  선명한 것을 고른다.
- 키친타월에 싸서 위생팩에 담아 냉장실에서
  7일간 보관이 가능하다.

뿌리채소

땅속에서 좋은 영양분을 응축하여 자라난 뿌리채소는 제각기 다양한 맛과 영양을 가지고 있으며 예로부터 약용 식물로 많이 사용되어왔어요. 사찰 음식에서는 뿌리채소를 생채, 샐러드, 조림과 볶음, 저장 반찬 등에 다양하게 이용하고 있답니다.

연근 _가을~겨울
- 연근은 연의 뿌리 줄기로 연근의 주성분은 탄수화물이며 비타민 C, 칼륨, 식이섬유가 풍부하다. 떫은 맛을 내는 타닌 성분은 위염, 위궤양 등 소화기 염증 치료에 효과적이다.
- 모양이 길고 굵은 것이 좋다. 잘랐을 때 속이 희고 부드러우며 구멍이 적은 것을 고른다.
- 키친타월에 싸서 위생팩에 담아 냉장실에서 7일간 보관이 가능하다.

마 _가을
- '산에서 나는 장어'라 불리는 마는 단백질, 비타민, 미네랄 등 영양이 풍부해 만성피로 해소에 좋고 몸을 튼튼하게 한다. 마의 뮤신 성분은 위를 보호하고 소화 흡수를 돕는다.
- 굵기가 굵고 묵직한 것이 싱싱하며, 겉에 상처가 없고 단면이 흰 것이 좋다.
- 키친타월에 싸서 위생팩에 담아 냉장실에서 7일간 보관이 가능하다.

우엉 _겨울
- 우엉의 끈적한 성분은 식이섬유의 일종인 리그닌으로, 장 활동을 촉진하여 콜레스테롤 흡수를 막고 동맥경화와 암을 예방한다.
- 껍질에 흠이 없고 매끈한 것, 수염뿌리나 혹이 없고, 잘랐을 때 부드러운 것이 좋다.
- 흙이 묻은 우엉은 신문지에 싸서 냉장 보관하고, 손질한 것은 토막 내서 밀폐 용기에 담아 냉장실에서 3~5일간 보관이 가능하다.

고구마 _여름~가을
- 고구마는 식이섬유와 비타민 함유량이 높아 변비 예방과 피부 미용에 효과적이다.
- 모양이 고르고 표면에 흠집이 없으며 매끄럽고 단단한 것이 좋다. 껍질의 색이 밝고 선명한 붉은 자주색을 고른다.
- 표면의 물기를 제거한 후 2~3개씩 신문지에 싸서 통풍이 잘되고 햇볕이 들지 않는 곳에서 2주간 보관이 가능하다.

더덕 _봄
- 더덕은 인삼에 버금갈 만큼 영양이 풍부해 '산에서 나는 고기'라 불려왔다. 더덕은 폐의 기능을 보강하고 가래를 없애는 효과가 있어 호흡기 질환의 약재로도 많이 사용된다.
- 표면의 주름이 깊지 않고 크기가 일정하며 잔뿌리가 적은 것, 시들지 않고 향이 짙은 것을 고른다.
- 신문지에 싸서 햇볕이 들지 않는 서늘한 곳에서 1개월간 보관이 가능하다.

감자 _여름~가을
- 감자는 당분이 적고 맛이 담백하며, 양질의 단백질이 풍부하여 성장기 아이들에게 좋다. 특히 감자의 비타민 C는 전분에 싸여 있어 열을 받아도 잘 파괴되지 않는다.
- 감자 표면에 흠집이 적고 매끄러운 것을 선택하되 무거우면서 단단한 것을 고른다. 싹이 있거나 녹색이 도는 것은 피하는 게 좋다.
- 종이 상자에 넣어 통풍이 잘되고 햇볕이 들지 않는 곳에서 2주간 보관이 가능하다.

도라지 _봄
- 도라지는 섬유질과 칼슘, 철분을 비롯, 무기질, 비타민이 풍부하다. 도라지의 쌉싸름한 맛을 내는 사포닌 성분은 기관지에 좋다.
- 국산 도라지는 수입산에 비해 가늘고 짧으며 굵은 뿌리가 2~3개로 갈라진 것이 대부분이고 잔뿌리가 많다.
- 껍질을 벗기지 않은 채 신문지에 싸서 서늘하고 통풍이 잘되는 곳에서 10일간 보관이 가능하다.

당근 _가을~겨울
- 당근은 비타민과 미네랄이 풍부하다. 당근에 함유된 베타카로틴은 몸속에 들어가면 비타민 A로 변하며, 비타민 A는 체내에서 활성산소가 세포를 손상시키는 것을 막아준다.
- 전체적으로 밝은 오렌지색에 표면이 매끄러운 것, 모양이 곧고 매끈하며 머리 부문에 검은 테두리가 없는 것이 좋다.
- 키친타월에 싸서 위생팩에 담아 냉장실에서 5~7일간 보관이 가능하다.

나물

산과 들에서 자란 풀 중 먹을 수 있는 풀과 나무의 싹과 잎을 나물이라 해요. 나물은 산속 깊은 곳에 위치한 사찰에서 구하기 쉽고 영양도 풍부하여 많이 사랑받아온 식재료로, 다양한 요리에 이용하고 건조 보관하여 사계절 내내 사용한답니다.

냉이 _봄
- 대표적인 봄나물로 독특한 향이 특징이다. 단백질과 비타민이 풍부한 알칼리성 식품으로 항암 효과가 뛰어나며, 냉이 잎에 함유된 베타카로틴은 빈혈 예방, 노화 방지 등에 좋다.
- 냉이는 잎과 줄기가 작은 것이 맛있다. 뿌리가 너무 굵지 않고 심이 박혀 있지 않으며, 잔털이 적은 것을 구입한다.
- 키친타월에 싸서 위생팩에 담아 수분을 유지하면 냉장실에서 3일간 보관이 가능하다.

머위 _봄, 가을
- '토종 허브'라고도 불리는 머위는 비타민 A를 비롯해 비타민 B₁, B₂와 칼슘 성분이 많은 알칼리성 식품으로 골다공증에 좋으며, 섬유질이 풍부하여 꾸준히 섭취하면 변비 예방에 좋다.
- 머위잎은 짙은 연두색을 띠며 부드럽고 벌레 먹지 않은 것을 고른다. 머위대는 굵지 않고 곧게 뻗은 것이 좋다. 또한 잎이 작은 것이 연하다.
- 키친타월에 싸서 위생팩에 담아 냉장실에서 5일간 보관이 가능하다.

쑥 _봄(3월)
- 쑥의 독특한 향을 내는 시네올 성분이 소화액 분비를 도와 위장을 보호하고, 체내의 각종 세균을 살균하는 효과가 있다. 성질이 따뜻하여 여성에게 특히 좋다.
- 어린잎으로 작으면서 연하고, 줄기는 가늘고 부드러운 것이 좋다. 초록색이 진하면서 잎의 뒷면이 은빛을 띠는 것을 고른다.
- 키친타월에 싸서 위생팩에 담아 냉장실에서 3일간 보관이 가능하다.

아욱 _봄~초여름(5~7월)
- 아욱은 칼슘, 칼륨, 베타카로틴 등이 풍부하여 피로 해소, 원기 회복 등에 좋다. 특히 칼슘 함량이 높아 성장기 어린이에게 좋다. 아욱의 연한 줄기와 잎은 주로 국을 끓일 때 또는 쌈 채소로 사용한다.
- 잎이 넓고 부드러우며, 통통하고 연하면서 짙은 연두색을 띠는 것을 고른다.
- 키친타월에 싸서 위생팩에 담아 냉장실에서 5일간 보관이 가능하다.

두릅 _봄(4~5월)
- '산채의 제왕'이라 불릴 만큼 쌉싸래하며 향긋한 맛이 일품이다. 두릅의 사포닌 성분은 당뇨병을 예방하고 신경을 안정시켜 불안, 초조함을 없애는 데 도움을 준다.
- 순이 연하고 굵은 것, 잎이 피지 않은 것, 껍질이 지나치게 마르지 않는 것으로 고른다.
- 스프레이로 물을 뿌린 후 키친타월에 싸서 냉장실에서 7일간 보관이 가능하다.

참나물 _봄
- 특유의 향을 지닌 나물로 베타카로틴이 풍부한 대표적인 알칼리성 식품이다. 잎이 부드럽고 소화가 잘되며, 섬유질이 많아 변비에도 좋다.
- 짙은 초록색으로 싱싱하며 벌레 먹거나 시든 잎이 없는 것으로 고른다.
- 키친타월에 싸서 위생팩에 담아 수분을 유지하면 냉장실에서 3~5일간 보관이 가능하다.

취나물 _봄
- 취나물은 참취의 어린잎으로 영양분이 풍부하고 쌉싸래한 맛이 일품이다. 취나물은 성질이 따뜻해 혈액순환을 돕고 비타민 A와 칼슘이 풍부하다. 또한 취나물의 칼륨은 체내 염분을 몸 밖으로 배출하는 기능이 있다.
- 부드럽고 연한 녹색을 띠는 것, 뻣뻣하지 않고 향이 진한 것을 고른다.
- 키친타월에 싸서 위생팩에 담아 냉장실에서 2~3일간 보관이 가능하다.

시금치 _겨울
- 대표적인 녹황색 채소로 철분의 흡수를 돕는 비타민 C가 풍부하여 빈혈 예방에 좋다. 씹을수록 고소한 단맛이 나는 시금치는 무침, 샐러드, 국 등에 다양하게 이용된다.
- 잎이 싱싱하고 선명한 녹색을 띤 것이 좋다. 잎이 두껍고, 길이가 짧은 것을 고른다.
- 시금치의 물기를 제거한 후 뿌리가 있는 그대로 키친타월에 싸서 냉장실에서 3일간 보관이 가능하다.

나물은 크게 산나물, 들나물, 재배나물로 나눌 수 있으나 나물이 자라는 곳을 나눌 수 있는 기준이 모호하여 보통 나물이라 통칭하여 불러요. 재배나물은 기후에 상관없이 사계절 내내 채소를 공급할 수 있도록 기른 나물로 밭나물이라고도 한답니다.

봄동 _봄

- 노지에서 겨울을 나며 자라 속이 꽉 차지 않고 옆으로 퍼진 배추를 봄동이라 한다. 배추보다는 잎이 조금 두꺼운 편이지만 달고 사각거리며, 씹을수록 고소해 겉절이나 쌈으로 즐겨 먹는다.
- 잎이 싱싱하고 벌레 먹지 않은 것이 좋다. 또한 잎이 크지 않고 속이 노란색을 띠는 것이 맛있다.
- 위생팩에 담아 냉장실에서 3~5일간 보관이 가능하다.

시래기 _겨울

- 싱싱한 무에서 나온 무청을 말린 것으로 비타민과 미네랄이 풍부해 가을, 겨울철에 부족한 비타민을 섭취하기 좋다.
- 푸르스름한 색을 띠는 것이 통풍이 잘된 곳에서 말린 것이라 영양이 더 풍부하다. 또한 벌레가 생기지 않았는지 잘 살펴보고 구입한다.
- 말린 시래기는 서늘하고 통풍이 잘되는 곳에서 3개월간 보관이 가능하다.

깻잎 _여름

- 칼륨과 칼슘 등의 무기질이 풍부한 식품으로 기미나 주근깨를 만드는 멜라닌 색소의 생성을 막아주는 성분이 있어 피부 미용에 좋다.
- 잎이 너무 크면 질기고 뻣뻣하며, 고소한 맛이 떨어진다. 짙은 녹색을 띠면서 표면에 솜털이 고르게 분포되어 있고, 꼭지가 마르지 않은 것이 좋다.
- 깻잎은 수분이 증발하지 않도록 밀봉해 냉장실에서 3일간 보관이 가능하다.

콩나물 _사계절

- 사찰 음식에 중요한 단백질 공급원인 콩이 발아 과정을 거쳐 콩나물이 되면 향과 영양가가 높아지고 소화율이 증진된다. 비타민 C와 숙취 해소를 돕는 아스파라긴산이 풍부하다.
- 줄기가 통통하고 잔뿌리가 적으면서 무르지 않은 것을 고른다. 콩나물 머리에 검은 반점이 있거나 물렁물렁하고 냄새가 나는 것은 좋지 않다.
- 콩나물은 씻지 않고 냉장 보관해 빠른 시일 내에 먹는 것이 좋다.

미나리 & 돌미나리 _봄

- 돌미나리는 연해서 잎과 함께 생채, 샐러드, 무침 등에 이용하고, 일반 미나리는 주로 줄기만 사용한다. 미나리는 해독 작용을 해 숙취에 좋으며, 식중독에 효과적이다.
- 잎은 연녹색을 띠면서 윤기가 있는 것, 줄기가 통통하고 마디 사이가 짧으며 특유의 향이 진한 것이 좋다.
- 키친타월에 싸서 위생팩에 담아 냉장실에서 7일간 보관이 가능하다.

파프리카 _봄~여름

- 피망을 개량해 만든 품종으로 피망보다 크다. 과육이 두껍고 연하며, 매운맛 없이 단맛을 내는 것이 특징이다. 칼슘, 철분, 토코페롤, 비타민 등이 풍부해 골다공증 예방, 피부 미용에 좋다.
- 색상이 선명하고 휘거나 변형되지 않은 것, 약간 통통하면서 표면에 윤기가 나는 것을 고른다.
- 위생팩에 담아 냉장실에서 5일간 보관이 가능하다.

고사리 _봄

- 식이섬유가 풍부하여 배변 활동을 돕고, 칼슘이 풍부해 혈액의 산성화를 막아 피를 깨끗하게 한다. 정신을 맑게 하는 효능도 있다.
- 국산 고사리는 줄기가 짧고 가늘며 줄기 윗부분에 잎이 많다. 연한 갈색을 띠고 털이 적으며 특유의 향이 강한 것이 좋다.
- 삶은 고사리는 밀폐 용기에 담아 잠길 정도로 물을 붓고 냉장실에서 5일간 보관이 가능하다. 중간에 물을 갈아준다.

브로콜리 _겨울

- 브로콜리는 비타민 C가 레몬의 2배나 많다. 브로콜리에 풍부한 베타카로틴은 피부나 점막의 저항력을 강화하며, 감기 예방에 효과적이다.
- 브로콜리 봉오리(머리) 부분이 짙은 녹색인 것, 봉오리가 작고 단단하며 싱싱하고 가운데가 볼록 솟아올라 있는 것이 좋다.
- 위생팩에 담아 냉장실에서 5일간 보관이 가능하다.

채소

우리가 흔히 채소라고 부르는 식재료는 재배나물의 일종으로 지역의 기후 조건과 토양의 성분에 맞게 기르는 채소를 말해요.
대부분 사계절 내내 구할 수 있으며 탄수화물, 식이섬유, 비타민, 미네랄 등이 풍부하답니다.

애호박 _여름

- 애호박은 수분이 많아 여름에 섭취하면 좋고, 다른 호박에 비해 소화 흡수가 잘되며 위장 질환이 있는 사람에게 좋다. 애호박 씨에 함유된 레시틴 성분은 치매 예방과 두뇌 개발에 도움이 된다.
- 맑은 연둣빛을 띠면서 윤기가 나는 것. 크기에 비해 묵직한 것이 싱싱한 것이다.
- 키친타월에 싸서 냉장실에서 7일간 보관이 가능하다.

오이 _여름

- 더위가 심할 때 오이를 먹으면 갈증이 사라질 정도로 오이는 성질이 차고 수분 함량이 높은 채소이다. 특유의 향과 상큼한 맛으로 입안을 개운하게 만든다.
- 녹색이 짙고 가시가 있으며 탄력과 광택이 있는 것을 고른다. 또 굵기가 고르고 꼭지가 마르지 않은 것이 좋다.
- 하나씩 키친타월에 싸서 위생팩에 담아 냉장실에서 7일간 보관이 가능하다.

가지 _여름

- 가지는 수분 함량이 높은 대표적인 여름 채소로 가지 특유의 색을 내는 안토시아닌 성분은 피를 맑게 하며 심장질환과 뇌졸중을 예방한다.
- 진한 보라색을 띠고 윤기가 나며, 탄력이 있는 것으로 고른다. 또한 꼭지에 가시가 많으면 씨가 많아 맛이 떨어지니 피한다.
- 2일 정도 상온에서 보관하는 것이 좋고, 그 후 키친타월에 싸서 냉장실에서 3일간 보관이 가능하다.

고추 _여름

- 고추에 함유되어 있는 캡사이신은 위액 분비를 촉진하고 단백질의 소화를 돕는다. 또한 신진대사를 활발하게 하여 다이어트에 도움이 된다.
- 껍질이 두꺼우며 씨가 적은 것을 고른다. 눌렀을 때 탄력이 있는 것이 싱싱하고, 표면이 매끄러운 것이 좋다.
- 키친타월에 싸거나 밀폐 용기에 넣어 냉장실에서 5일간 보관이 가능하다.

양배추 _여름

- 녹색이 짙은 바깥쪽 잎에는 비타민 A, 속의 하얀 잎에는 비타민 C가 풍부하다. 항궤양 성분인 비타민 U는 단백질과 결합해 손상된 위벽을 보호하고 세포를 튼튼하게 한다.
- 모양이 균일하고 묵직한 것, 윗부분이 완만하면서 봉긋하게 솟은 것이 알차고, 바깥쪽 잎이 짙은 녹색을 띠는 것이 싱싱하다.
- 바깥쪽 잎을 2~3장 떼어 잎으로 감싸고 랩으로 싼다. 냉장실에서 7일간 보관이 가능하다.

무 _가을~겨울

- 무의 식이섬유가 장내의 노폐물을 청소해 혈액을 깨끗하게 하고 세포에 탄력을 준다.
- 잎이 푸르고, 표면이 곱고 단단하며, 들었을 때 중량감이 느껴지는 것, 뿌리 쪽이 통통하며 잎 쪽은 푸른 것이 좋다.
- 흙이 묻어 있는 채로 신문지에 싸서 바람이 잘 통하고 햇볕이 들지 않는 서늘한 곳에서 2주간 보관이 가능하다. 쓰고 남은 것은 랩으로 싸서 냉장실에서 7일간 보관이 가능하다.

단호박 _가을

- 단호박에는 베타카로틴이 풍부해 암을 억제하고 노화를 방지하는 데 도움을 준다. 또한 식이섬유가 풍부해 장 건강에 도움을 주고, 포만감을 높인다.
- 단단하고 무거우면서 전체적으로 짙은 녹색을 띠는 것이 좋다. 밑동이 노르스름하고 상처가 없는 것으로 구입한다.
- 그늘지고 통풍이 잘되는 곳에서 15일간 보관이 가능하다.

말린 호박 _사계절

- 애호박을 얇게 썰어 말린 것으로 '호박오가리'라고도 불린다. 말리는 과정에서 수분이 빠져나가고 영양분이 응축되며, 비타민 D가 풍부하다. 보통 물에 불린 후 나물로 무쳐 먹는다.
- 수분기 없이 바싹 말린 것이 좋고 겉부분의 색이 진한 것이 햇볕을 많이 받아 영양이 풍부하다.
- 말린 호박은 수분을 잘 흡수하기 때문에 완벽히 밀봉하여 습기가 없고 서늘한 곳에서 6개월간 보관이 가능하다.

콩, 견과류, 해조류

사찰 음식의 중요한 단백질 공급원인 콩과 콩으로 만든 식재료, 불포화지방산을 공급하는 견과류, 감칠맛을 내는 데 사용하는 다시마 등은 사찰 음식에서 부족한 영양 균형을 맞춰주고 맛을 내는 중요한 역할을 해요.

콩(대두) _가을
- 콩은 채소 위주의 사찰 음식에 단백질과 지방을 공급해주는 중요한 식재료이다. 콩에 들어 있는 단백질은 40%가 필수아미노산으로 동물성 단백질 못지않게 우수하며, 몸에 좋은 불포화지방산으로 구성되어 있다.
- 껍질이 얇고 깨끗한 것, 색이 노랗고 윤기가 나는 것이 좋다.
- 통풍이 잘되고 서늘한 곳에서 3개월간 실온 보관이 가능하다.

통들깨 _사계절
- 들깨에는 겉껍질을 벗기지 않은 동그란 통들깨가 있고 겉껍질을 벗긴 들깨가 있다. 들깨를 볶아 갈면 들깻가루가 되는데, 이것 역시 껍질째 간 것과 껍질 벗겨 간 것이 있다. 껍질이 있으면 거칠지만 고소하다.
- 통들깨는 낱알의 크기가 고르고 갈색이 선명하며 윤기가 흐르는 것이 좋다.
- 위생팩에 담아 냉동실에서 2개월간 보관이 가능하다.

밤 _가을~겨울
- 밤은 각종 영양소가 골고루 든 천연 영양제로 견과류 중에 유일하게 비타민 C가 들어 있고 면역력 증강, 칼슘 흡수를 돕는 비타민 D, 정신 건강에 유익한 비타민 B_1 등이 풍부하다.
- 알이 굵고 도톰하며 껍질에 윤이 나는 갈색인 것이 좋다. 손질된 밤을 구입할 때는 벌레 먹거나 변질된 것은 피한다.
- 위생팩에 넣어 냉동실에서 1개월간 보관이 가능하다.

호두 _가을
- 호두는 몸속에 쌓여 있는 노폐물을 정화하고 노화를 지연시키는 효과가 있다. 또한 불포화지방산이 풍부해 심장 건강에도 좋다.
- 들었을 때 무게가 느껴지고 껍질이 온전한 것을 고른다. 작고 구멍이 뚫린 것은 벌레 먹은 것이다.
- 껍질째 밀폐 용기에 담아 냉동실에서 3개월, 껍질 벗긴 것은 냉동실에서 1개월간 보관이 가능하다.

은행 _가을
- 비타민 E가 풍부하며 기침과 가래, 천식을 멈추게 하는 등 기관지에 좋다. 한꺼번에 너무 많이 먹으면 두통, 발열, 알레르기 등의 증상이 나타나기도 하니 주의한다.
- 알이 깨끗하며 크기가 고르고 은행 특유의 냄새가 나는 것이 좋다.
- 손질한 은행은 밀폐 용기에 담아 냉동실에서 15~20일간 보관이 가능하다.

잣 _가을
- 비타민 B, 리놀산 등 불포화지방산이 풍부하다. 폐의 기능을 도와 기관지염을 완화하고 기침을 멈추게 하며, 피부를 윤택하게 한다.
- 국산은 씨눈이 거의 붙어 있지 않고 표면에 상처가 많다. 또한 크기가 고르고 깨진 것이 많으며 맛이 고소한 것이 특징이다.
- 햇볕이 들지 않고 서늘한 곳에 껍질째 보관하거나 밀폐 용기에 담아 냉동실에서 1개월간 보관이 가능하다.

말린 대추 _사계절
- 사포닌, 포도당, 과당 등 36종의 다양한 무기 원소가 들어 있다. 혈액순환을 도와 몸을 따뜻하게 하고 신경을 안정시키며, 몸속의 독소를 제거하는 효능이 있다.
- 가급적 주름이 적은 것을 고르고 껍질은 붉은색이며 속이 황백색인 것이 좋다.
- 서늘하고 습기가 적은 곳에서 보관하거나, 밀폐 용기에 넣어 냉동실에서 3개월간 보관이 가능하다.

말린 다시마 _사계절
- 칼슘과 마그네슘이 풍부해 뼈를 튼튼하게 한다. 섬유질이 풍부해 배변 활동을 촉진하고 장 속의 유해 물질을 빠르게 배설해주며, 갑상선 호르몬의 생성을 돕는다.
- 색이 거무스름하고 표면에 약간 윤기가 돌며 두께가 있는 것이 좋다.
- 말린 다시마는 밀폐 용기에 담아 냉동실에서 3개월간 보관하거나 서늘하고 통풍이 잘되는 곳에서 1개월간 보관이 가능하다.

| 이것만 알면 돼요! 재료 손질법, 재료 전 처리법

봄나물, 뿌리채소, 말린 나물 등 손질하기 까다롭고, 전 처리가 어려운 재료들, 아직 익숙하지 않은 재료들과
친해질 수 있도록 손질법과 전 처리법을 자세하게 알려드려요.

참나물, 머위,
방풍나물 손질하기

1 참나물은 시든 잎을 떼어내고
두꺼운 줄기 부분을 잘라낸
후 물에 깨끗이 씻고 체에
받쳐 물기를 뺀다.

2 머위는 질긴 끝 부분을
꺾어 섬유질을 벗긴 후 물에
깨끗이 씻고 체에 받쳐
물기를 뺀다.

3 방풍나물은 시든 잎을
떼어내고 두꺼운 줄기 부분을
잘라낸 후 물에 깨끗이 씻고
체에 받쳐 물기를 뺀다.

냉이 손질하기

1 시든 잎을 떼어낸다.

2 작은 칼로 뿌리와 줄기 사이에
남아 있는 흙과 잔뿌리를
긁어낸다. 볼에 냉이와 잠길
정도의 물을 담고 살살 흔들어
2~3회 씻는다.

3 뿌리가 두꺼운 것은
2~3등분한다.

두릅 손질하기

1 녹색 줄기와 나뭇가지 사이의
얇은 껍질을 벗긴다.
★ 가시가 있으므로 면장갑을
끼고 손질하는 것이 좋다.

2 줄기의 가시를 칼등으로
긁어낸다.

3 잎이 떨어지지 않도록
주의하며 밑동의 나뭇가지
부분을 잘라낸다.

아욱 손질하기

1 두꺼운 줄기 부분을 꺾는다.

2 실 같은 섬유질을 벗겨낸 뒤,
연한 줄기와 잎만 흐르는
물에 헹군다.

사철 음식에 꼭 필요한 기초 다지기

18

시금치 손질하기

1 지저분한 잎을 떼고 칼로
　뿌리를 제거한다.

2 볼에 시금치와 물을 가득
　담고 손으로 살살 흔들어
　2~3회 씻는다.
　체에 밭쳐 물기를 뺀다.

3 포기가 큰 것은 뿌리 쪽에
　열십(+)자로 칼집을 내
　2~4등분한다.

마 손질하기

1 흐르는 물에 씻어 흙을 닦아낸
　뒤 필러로 껍질을 벗기고 다시
　한 번 흐르는 물에 씻는다.
　★ 위생 장갑을 끼고 손질한다.

2 마를 갈 때는 물기를 제거한 후
　강판이나 믹서로 간다.
　★ 끝 부분의 껍질을 약간 남겨
　잡으면 미끄러지지 않는다.

3 용도에 맞는 크기와
　모양으로 썬 후 조리하기
　전까지 물에 담가 갈변을
　방지한다.

도라지 손질하기

1 깨끗이 씻은 후 작은 칼로
　돌려가며 껍질을 벗긴다.
　★ 껍질 벗긴 도라지를
　구입한 경우 이 과정은
　생략한다.

2 용도에 맞는 크기와
　모양으로 썬다.

3 볼에 도라지와 소금 약간을
　넣고 바락바락 주무른 뒤
　찬물에 헹구거나 끓는
　소금물에 30초간 데쳐
　쓴맛을 제거한다.

더덕 손질하기

1 작은 칼로 옆으로 돌려가며
　껍질을 벗긴다.
　★ 끈적한 진액이 나오니 위생
　장갑을 끼고 벗기는 것이 좋다.
　★ 껍질 벗긴 더덕을 구입한
　경우 이 과정은 생략한다.

2 소금물에 10분 이상 담가
　쓴맛을 제거한다.

3 더덕의 두께가 굵으면 길게
　2등분하고 도마 위에 더덕을
　올려 밀대로 두드리거나 밀어
　얇게 편다.

| 재료 손질법, 재료 전 처리법

연근 손질하기

1 겉에 묻은 흙을 흐르는
물에 씻은 후 필러로 껍질을
벗긴다.

2 양쪽 끝부분을 썰어낸 후
용도에 맞는 크기와 모양으로
썬다.

3 조리하기 전까지 식촛물에
담가 갈변을 방지한다.

우엉 손질하기

1 칼등이나 필러로 껍질을 벗긴
후 흐르는 물에 헹군다.

2 용도에 맞는 크기와
모양으로 썬다.

3 조리하기 전까지 식촛물에
담가 갈변을 막고 우엉의
아린 맛도 제거한다.

말린 취나물 손질하기
(불리기 전 50g,
불린 후 250g)

1 말린 취나물(50g)에
물(10컵)을 부어 6시간 이상
충분히 불린 후 맑은 물이
나올 때까지 여러 번 헹군다.

2 냄비에 취나물과 물(8컵)을
넣고 센 불에서 끓인다.
끓어오르면 중간 불로 줄인
후 25분간 삶는다.

3 ②를 맑은 물이 나올 때까지
찬물에 2~3회 헹군 후, 찬물에
30분간 담가둔다. 가위를
이용해 줄기의 억센 부분을
잘라낸 다음 물기를 꼭 짠다.

말린 고사리 손질하기
(불리기 전 30g,
불린 후 210g)

1 말린 고사리(30g)를 찬물에
헹군 후 냄비에 물(5컵)과
함께 담고 센 불에서 끓인다.
끓어오르면 약한 불로 줄여
20~30분간 삶는다.

2 ①을 맑은 물이 나올 때까지
찬물에 2~3회 헹군 후,
찬물에 6~12시간 동안
담가 특유의 냄새를 제거한다.

3 고사리의 억센 부분은
손으로 잡아당겨 뜯어낸 후
두 손으로 감싸 물기를 꼭
짠다.

말린 시래기 손질하기
(불리기 전 50g,
불린 후 250g)

1 흐르는 물에 헹군 후 따뜻한
물에 담가 6시간 불린다.

2 냄비에 ①과 물(10컵)을 넣고
센 불에서 끓어오르면 뚜껑을
덮어 30~40분간 삶는다. 불을
끄고 12~24시간 정도 그대로 두어
불린다.

3 ②를 맑은 물이 나올 때까지
찬물에 2~3회 헹군다. 표면의
섬유질을 벗겨내고 두 손으로
감싸 쥐면서 약간 물기를
머금은 정도로 물기를 짠다.

말린 표고버섯,
목이버섯 손질하기

1 표고버섯은 미지근한 물에 20분,
목이버섯은 10분간 불린다.
★ 설탕물에 불리면 삼투압
현상으로 불리는 시간을 반으로
줄일 수 있다.

2 목이버섯은 손으로 비벼가며
불순물을 제거하고 물기를
꼭 짠다.

3 표고버섯은 면보 또는
키친타월로 물기를 꼭 짜고
밑동을 제거한다.

애호박(오이, 가지,
무 등) 절이기

1 용도에 맞는 크기와 모양으로
썬다.

2 소금 약간을 뿌려 10분간
절인다.

3 키친타월로 눌러 물기를
없앤다.

콩물 만들기

1 콩(1컵)은 깨끗이 씻고
콩이 충분히 잠길 정도의
물(3컵)을 부어 최소 6시간
이상 충분히 불린다.

2 불린 콩은 손으로 바락바락
문질러 껍질을 벗긴다.
냄비에 콩과 물(4컵)을 담고
센 불에서 15~20분 정도
삶는다.

3 콩을 한 김 식힌 후 믹서에
콩과 물(또는 채소 국물,
레시피에 따라 양 조절)을
부어 곱게 간 다음 기호에
맞게 소금으로 간한다.

| 재료 손질법, 재료 전 처리법

콩나물 데치기

1 볼에 물을 받아두고 콩나물(2줌, 100g)을 흔들어 씻어 콩껍질을 제거한 후 흐르는 물에 헹구고 체에 밭쳐 물기를 뺀다.

2 냄비에 콩나물, 물 1컵, 소금 1/2작은술을 넣고 뒤섞는다.

3 냄비 뚜껑을 덮어 센 불에서 끓여 뚜껑에 김이 차오르면 3분간 삶은 후 체에 밭쳐 한 김 식힌다.

브로콜리 데치기

1 브로콜리의 송이는 사방 2cm 크기로 썬다.

2 끓는 소금물(물 5컵 + 소금 1작은술)에 넣어 1분간 데친다.

3 체로 건져 찬물에 담가 한 김 식힌 후 체에 밭쳐 물기를 뺀다.

감자 전분 빼기

1 감자(1개)는 깨끗이 씻어 필러로 껍질을 벗긴다.

2 용도에 맞는 크기와 모양으로 썬다.

3 감자가 잠길 정도의 물에 5~10분간 담근 후 체에 밭쳐 물기를 뺀다.

감자 반죽 만들기

1 감자는 깨끗이 씻은 후 필러로 껍질을 벗기고 강판이나 푸드 프로세서를 이용해 간다.

2 ①을 면보에 감싸 물기를 꼭 짠 다음 20분간 가만히 두어 전분을 가라앉힌다.

3 ②의 웃물은 버리고 가라앉은 전분과 물기를 짠 감자, 소금 약간을 넣고 치대 반죽을 만든다.

오이, 애호박 돌려 깎기

1 오이는 칼로 가시 부분을
  제거한 후 흐르는 물에 씻고,
  애호박은 흐르는 물에 깨끗이
  씻는다.

2 원하는 길이로 등분하고
  껍질에 칼집을 낸 후 칼을
  최대한 눕혀 꽂는다.

3 칼을 위아래로 살살 움직이며
  씨 부분 전까지 얇게
  돌려가며 깎는다.

단호박 껍질 벗기기

1 껍질째 깨끗이 씻어 반으로
  썰어 숟가락으로 씨를
  긁어낸다.

2 껍질이 위로 향하도록
  접시에 담아 랩을 씌운 후
  전자레인지(700W)에서
  2~3분간 살짝 익힌다.

3 자른 면이 도마에 닿도록
  올리고 움직이지 않도록
  손으로 잡은 뒤 칼로 저미듯이
  껍질을 얇게 벗긴다.

고추씨 빼기

1 고추는 깨끗이 씻은 후
  꼭지를 제거하고 길게 반으로
  썬다.

2 숟가락으로 가운데 씨를
  제거한 후 원하는 모양과
  크기로 썬다.

미역 불리기

1 말린 미역(1/4컵)은
  찬물(2컵)에 담가 10분간
  불린다.

2 불린 미역은 거품이 나지 않을
  때까지 물을 여러 번 갈며
  손으로 바락바락 씻는다.

| 재료 손질법, 재료 전 처리법

두부 으깨기

1 두부는 칼 옆면으로 눌러 곱게 으깬다.

2 으깬 두부를 젖은 면보 (또는 국물 팩)에 싸서 물기를 꼭 짠다.

소면 삶기

1 끓는 물(6컵)에 소면(2줌, 160g)을 펼쳐 넣고 중간 불에서 3분 30초간 삶는다. 끓어오를 때마다 찬물을 1/2컵씩 2회 부어 가라앉힌다.

2 삶은 소면은 재빨리 찬물에 담가 손으로 비벼가며 전분기를 뺀 후 체에 밭쳐 물기를 뺀다.

레몬 껍질 소독하기

1 물로 씻은 후 베이킹 소다나 소금을 골고루 뿌려 껍질을 박박 문지른 후 10분간 둔다.

2 끓는 물에 넣어 굴리면서 30초간 데친 뒤 찬물에 헹군다.

사용한 기름 처리하기

1 빈 우유팩을 뜯어 신문지 1/2장 뭉친 것을 넣고 기름을 붓는다. 다시 신문지를 뭉쳐 넣은 후 기름을 붓는다.

2 신문지 뭉친 것을 좀 더 넣어 기름이 흡수되면 우유팩의 입구를 테이프로 봉해 일반 쓰레기 봉투에 버린다.

예쁘게 요리하기! 기본 써는 법

사찰 음식에 많이 사용되는 재료별 기본 썰기를 알려드립니다. 알쏭달쏭했던 크기와 모양을 사진으로 확인해보세요.

다지기
왼쪽_굵게 다진다(사방 0.5cm, 해바라기 씨 크기).
오른쪽_잘게 다진다(사방 0.3cm, 쌀알 크기).

채 썰기
왼쪽_채 썬다(0.5cm 두께).
오른쪽_가늘게 채 썬다 (0.2~0.3cm 두께).

채 썰기_무 또는 당근
재료를 편 썬 후 다시 채 썬다. 모양대로 둥글게 어슷 썬 후 채 썰면 길이가 달라 깔끔하지 않다.

어슷 썰기
재료를 0.3cm 두께로 어슷 썬다.

송송 썰기
재료를 0.3cm 두께로 송송 썬다.

편 썰기
재료를 0.3cm 두께로 얇게 편 썬다.

깍둑 썰기
재료를 2~2.5cm 두께로 납작하게 썬 후 정사각형이 되도록 사방 2~2.5cm 폭으로 썬다.

반달 썰기
재료를 길게 2등분한 후 원하는 두께로 썬다.

통 썰기, 동그랗게 썰기
재료를 일정한 두께로 썬다.

2등분하기
위_길게 2등분한다.
아래_2등분한다.

모양대로 썰기
표고버섯이나 새송이버섯은 밑동을 제거한 후 모양을 살려 썬다.

부채꼴 모양(은행잎 모양) 썰기
감자, 무_열십(十)자로 썬 후 원하는 두께로 썬다. **애호박**_길게 4등분해 원하는 두께로 썬다.

사찰 음식의 깊은 맛을 내는 기본 양념

재료 본연의 맛을 중시하는 사찰 음식은 많은 조미료를 사용하지 않아요. 간장, 고추장, 된장의 발효 양념을 바탕으로
식초, 소금, 조청, 유자청 등을 적절히 섞어 다양한 양념을 만들어 사용한답니다.

★ 이 책의 모든 발효 양념은 시판 양념을 사용하였으니 집된장, 집고추장, 집간장 등을 사용할 경우 맛을 보고 기호에 맞게 가감하세요.
★ 구운 소금은 죽염으로 대체 가능하며, 꽃소금을 사용할 경우 염도가 낮아지니 맛을 보고 소금을 더하세요. 조청은 물엿, 올리고당으로 대체 가능합니다.

고춧가루
음식의 매운맛과 색상을
좌우하며, 간장, 식초 등과
섞어 다양한 양념을 만드는 데
이용한다. 또한 사찰 음식에서
고춧가루는 저장용 반찬을
만들 때 간장과 함께 방부제
역할을 한다.

구운 소금(죽염)
구운 소금은 천일염을 400℃
이상의 고온에서 구운 것으로
고온에서 가열하여 몸에 해로운
성분들이 없어지고, 간수 성분이
제거되어 맛이 부드럽다. 죽염은
천일염을 대나무통에 넣고
고온에서 아홉 번 구운 것이다.

간장
간장은 국, 찌개, 나물을 무칠 때
사용하는 국간장과 조림, 볶음
양념에 사용하는 양조간장이
있다. 간장은 액상 조미료로
독특한 향미를 내고, 음식의
간과 색을 조절하며 감칠맛을
내는 데 사용한다.

조청
조청은 엿기름에 곡물 가루를
삭혀서 달인 것으로 미네랄
성분이 많고 당도가 낮으며
윤기가 흐른다. 달짝지근한
맛으로 음식의 식감을 촉촉하게
하고, 은은한 단맛으로 음식의
깊은 맛을 이끌어낸다.

된장
사찰 음식의 중요한 단백질
공급원인 된장은 발효 효소에
의하여 아미노산, 당, 유기산
등이 증가해 단맛, 감칠맛이
풍부하다. 주로 국, 찌개,
쌈장이나 나물 무침, 음식의
잡내를 없애는 데 많이
사용한다.

고추장
고추장은 찹쌀가루나 보리밥,
밀가루에 고춧가루, 메줏가루,
소금, 조청을 넣고 발효시켜
만든 것으로 매운맛, 짠맛,
단맛과 콩 단백질에 의한
감칠맛이 한데 어우러진 독특한
맛을 지니고 있다.

들깻가루
들깨를 볶아 곱게 빻아서 만든
가루로 리놀렌산과 오메가 3,
불포화지방산이 많다.
들깻가루는 주로 무침이나 국,
탕, 찜을 만들 때 사용한다.
통들깨를 직접 갈아 사용하면
들깨의 향과 풍미가 좋아진다.

참기름
참깨를 볶아 짠 기름으로,
식물성 기름을 많이 사용하는
사찰 음식에서 고소한 맛과 향을
내는 중요한 양념이다. 참기름은
향이 풍부하지만 열을 가하면
쉽게 날아가버리니 주로 요리의
마지막에 첨가한다.

들기름
들깨를 볶아 짠 것으로 들깨
특유의 진한 향이 특징이다.
김을 재우거나 나물을 무칠 때
주로 사용하며 불포화지방산의
함량이 높기 때문에 산패하기
쉬우므로 밀폐 용기에 담아
냉장실에서 보관한다.

식초
식초는 음식에 신맛을 낼 뿐
아니라 살균력이 강하여, 식품의
보존성을 높인다. 또한 채소류의
갈변을 일으키는 효소의 작용을
억제하고 소금의 짠맛을
부드럽게 중화하는 역할도 한다.

통깨
참깨를 살짝 볶은 것을 통깨라
하며 참깨 특유의 고소한 맛과
향이 특징이다. 주로 조림, 무침,
일품요리의 고명으로 뿌린다.
통깨를 곱게 빻은 것, 또는 소금
을 약간 가미한 것을 깨소금이라
한다.

유자청 & 매실청
청은 과일의 씨를 제거하고
과육과 동량의 설탕을 켜켜이
담아 발효시켜 만든 것으로
차로도 마시지만 달콤한
맛과 과일 특유의 향을 내는
감미료로도 이용한다.
시판 유자잼을 이용해도 좋다.

| 사찰식 드레싱과 소스 |

자극적이지 않고 담백하며, 깔끔한 맛이 특징인 사찰식 기본 드레싱과 소스, 양념을 소개해요. 여러 요리에 곁들이면
재료 본연의 맛을 살리고, 입맛을 돋우는 감초 역할을 톡톡히 한답니다.

유자 들깨 드레싱 ★ 41쪽
쌉쌀한 채소 샐러드와 잘
어울리는 드레싱이다.
• 설탕 3과 1/2큰술, 통깨 1큰술,
들깻가루 4큰술, 식초 4와
1/2큰술, 유자청 1큰술,
구운 소금(또는 죽염) 1작은술을
섞는다.

채식 마요네즈 ★ 40쪽
담백하며 고소한 맛의 마요네즈로
샐러드 및 튀김 등에 곁들인다.
• 으깬 두부(부침용, 작은 팩)
1/4모, 셀러리 15cm(25g),
땅콩 1과 1/2큰술(15g), 두유 2와
1/2큰술, 올리브유 1/2큰술, 구운
소금(또는 죽염) 1/4~1/2작은술을
믹서에 넣고 간다.

연겨자 배 드레싱 ★ 37쪽
매콤 새콤한 맛으로 뿌리채소,
아삭한 식감의 채소와 잘
어울린다.
• 배(간 것) 1/8개(80g), 설탕
1큰술, 식초 2큰술, 레몬즙
3큰술(1/2개분), 구운 소금
(또는 죽염) 1/2작은술,
연겨자 1작은술을 섞는다.

요구르트 드레싱 ★ 43쪽
상큼하고 달콤한 맛의
드레싱으로 모든 샐러드에
잘 어울린다.
• 떠먹는 플레인 요구르트
1통(85g), 채식 마요네즈
2와 1/2큰술(40g)을 섞는다.

국간장 비빔장 ★ 134쪽
봄나물, 채소 등을 넣고 만든
영양밥에 곁들이면 좋은
양념장이다.
• 설탕 1큰술, 국간장 2큰술,
생수 2큰술, 참기름 1큰술,
통깨 1작은술을 섞는다.

양조간장 비빔장 ★ 139쪽
담백한 맛의 영양밥, 비빔밥
등과 잘 어울린다.
• 설탕 1/2큰술, 양조간장 1큰술,
물 1큰술, 참기름 1/2큰술,
통깨 1작은술, 고춧가루
1/2작은술(생략 가능)을 섞는다.

기본 전 양념장 ★ 225쪽
모든 전과 잘 어울리는 기본 전
양념으로 기호에 따라 고춧가루,
다진 고추 등을 넣어도 좋다.
• 식초 1큰술, 양조간장 1큰술,
생수 1큰술, 설탕 1작은술을
섞는다.

매실 고추장 드레싱 ★ 47쪽
은은한 매실 향의 매콤한
양념으로 샐러드, 초밥,
버섯 냉채 등에 곁들인다.
• 설탕 2큰술, 식초 2큰술,
매실청 1큰술, 고추장 2큰술을
섞는다.

유자 된장 소스 ★ 57쪽
상큼한 유자 향과 배가 들어가
맛이 부드러운 된장 소스로
튀김, 찜 등과 잘 어울린다.
• 배(간 것) 1/15개(30g),
식초 3큰술, 유자청 3과 1/2큰술,
된장 3큰술, 구운 소금(또는
죽염) 약간을 섞는다.

홍시 소스 ★ 50쪽
은은한 홍시 향의 달콤한 소스로
쌈, 찜 등의 요리에 곁들이거나
샐러드 드레싱으로 이용해도 좋다.
• 홍시(체에 내려 으깬 것)
1개(140g), 식초 1큰술,
꿀 2작은술을 섞는다.

견과류 쌈장 ★ 154쪽
견과류가 들어가 고소한 쌈장으로
쌈, 찜 등에 곁들이면 좋다.
• 된장 1큰술, 다진 견과류
1작은술, 고추장 1작은술,
들기름 1/2작은술을 섞는다.

버섯 강된장 ★ 155쪽
담백하고 고소한 강된장이다.
• 새송이버섯 1/3개, 감자
1/10개, 애호박 1/4개, 청고추
1/2개, 홍고추 1/2개를 모두
잘게 다진 후 달군 팬에 1분간
30초간 볶고, 물 1/2컵, 된장
5큰술을 넣어 4분간 볶는다.

| 사찰 음식 맛내기 비법 채소 국물 만들기

다시마와 표고버섯은 제5의 맛인 감칠맛을 내는 글루탐산이 풍부하게 함유되어 있는 식재료로 사찰 음식의 기본 바탕이 되는
채소 국물을 만들어 사용해요. 채소 국물을 넉넉히 만들어두고, 표고버섯과 다시마를 냉장, 냉동 보관하면 여러 요리에 다양하게
이용할 수 있어요.

채소 국물 만드는 법

채소 국물은 만드는 양에 따라 표고버섯과 다시마의 양이
달라지며, 만드는 과정과 끓이는 시간은 동일하다.

재료

1/2컵(100㎖)을 만들 때
□ 물 1과 1/2컵(300㎖)
□ 말린 표고버섯 1개
□ 다시마 5×5cm 1장

2컵(400㎖)을 만들 때
□ 물 3컵(600㎖)
□ 말린 표고버섯 2개
□ 다시마 5×5cm 1장

1컵(200㎖)을 만들 때
□ 물 2컵(400㎖)
□ 말린 표고버섯 2개
□ 다시마 5×5cm 1장

6컵(1.2ℓ)을 만들 때
□ 물 7컵(1.4ℓ)
□ 말린 표고버섯 3개
□ 다시마 5×5cm 3장

만들기

1 냄비에 채소 국물용
물, 표고버섯, 다시마를
넣고 센 불에서 끓인다.
바글바글 끓어오르면
다시마를 건진다.

2 약한 불로 줄여 10분간
끓인 후 불을 끄고
표고버섯을 건진다.

★ 채소 국물은 10분간 끓이면 1컵(200㎖) 분량의 수분이
줄어드니 필요한 총 양보다 물 1컵(200㎖)을 더 넣어 끓인다.
만약 끓이는 시간이 초과되어 수분이 부족하다면
부족한 양만큼 물(또는 생수)을 넣는다.
★ 1/2컵 이하의 채소 국물은 물(또는 생수)로 대체해도 좋다.

남은 채소 국물과 건더기 보관법

1 **냉장 보관**_채소 국물은
밀폐 용기에 담아 냉장실에서
7일간 보관이 가능하다.

2 **냉동 보관**_채소 국물은 2컵
(400㎖) 분량씩 위생팩에 담아
냉동실에서 한 달간 보관이
가능하다. 이때 위생팩에 보관
날짜를 적어둔다. 실온에서
1〜2시간 해동한 후 사용한다.

3 **표고버섯과 다시마 보관**
0.5cm 두께로 채 썬다. 위생팩
또는 랩 위에 채 썬 다시마와
표고버섯을 올리고 윗면을
위생팩 또는 랩으로 덮는다.
지퍼백에 담아 냉동실에서 7일간
보관이 가능하다. 이때 지퍼백에
보관 날짜를 적어둔다.
실온에서 30분간 해동한 후
요리에 사용한다.

★ 채소 국물 만들고 남은 표고버섯, 다시마 활용 레시피

표고버섯
• 버섯 콩나물 샐러드 44쪽
• 미나리 우엉 샐러드 46쪽
• 두부 소박이 56쪽
• 애호박편수 92쪽
• 배추만두 93쪽
• 두 가지 양념의 표고버섯구이 122쪽
• 고구마 잡채 김말이튀김 126쪽
• 우엉 버섯밥 137쪽
• 장아찌 비빔밥 148쪽
• 구운 두부 무말랭이 김밥 158쪽

다시마
• 땅콩 다시마조림 216쪽

다른 도구로 영양밥 하기, 쌀 대신 밥으로 죽 끓이기

이 책에서는 모든 영양밥을 냄비로 했으나 전기밥솥, 압력밥솥, 뚝배기를 이용해서도 만들 수 있어요. 쌀을 불려서 죽을 만들기 어려울 때는 밥을 이용해도 좋아요. 단 채소 국물의 양과 끓이는 시간 등을 아래의 설명대로 조절해주세요.

냄비 대신 집에 있는 다른 도구로 영양밥 하기

쌀 씻고 불리기
1 쌀을 씻을 때 박박 문질러 씻으면 영양분이 손실된다. 움켜쥐듯 가볍게 주물러 세 번 정도 빠르게 씻는다. 쌀을 씻을 때 첫 물은 쌀겨 냄새가 배지 않도록 빨리 헹군다.
2 쌀이 수분을 흡수하도록 30분~1시간 정도 찬물에 불린 후 체에 밭쳐 물기를 뺀다.
　★ 현미, 또는 잡곡을 섞은 밥일 경우 레시피에 제시한 시간 동안 불린다.
3 영양밥에 들어가는 재료들을 레시피에 따라 손질한다.

전기밥솥 이용할 때
1 전기밥솥에 불린 쌀과 동량의 물(불리기 전 쌀 기준), 영양밥 재료를 넣고 뚜껑을 덮어 취사 버튼을 누른다.
2 밥이 완료되면 뚜껑을 덮은 채 5분 정도 뜸을 들인다.
　★ 뜸 들이기 전에 재료가 들어가는 영양밥은 과정 ②에서 재료를 넣고 뚜껑을 덮은 채 5분 정도 뜸을 들인다.

뚝배기 이용할 때
1 뚝배기로 밥을 할 경우에는 아래 영양밥 레시피의 냄비로 만든 밥과 동일한 방법으로 만든다.

압력밥솥 이용할 때
1 압력밥솥에 불린 쌀과 동량의 물(불리기 전 쌀 기준), 영양밥 재료를 넣고 뚜껑을 덮어 센 불에 올려 끓인다.
2 추가 올라와 '치크치크' 소리가 나면 약한 불로 줄이고 8분간 끓인 후 불을 끈다. 증기 배출구가 내려가고 더 이상 김이 나오지 않을 때까지 뜸을 들인다.
　★ 뜸 들이기 전에 재료가 들어가는 영양밥은 김을 모두 뺀 후 재료를 넣고 밥과 골고루 섞어준 다음 뚜껑을 덮은 채 5분 정도 뜸을 들인다.

★ 책에 소개된 영양밥
- 냉이밥 132쪽
- 마밥 136쪽
- 우엉 버섯밥 137쪽
- 시래기 된장밥 140쪽
- 취나물밥 141쪽
- 세 가지 나물 보쌈밥 152쪽
- 두부 버섯 주먹밥 156쪽
- 도라지 초밥 164쪽

쌀 대신 밥으로 죽 끓이기

냉이죽 _169쪽
현미 대신 현미밥 3/4공기(150g)로 대체해 믹서에 넣고 밥알이 1/3 크기가 되도록 간다. 과정 ①, ④를 생략하고, 과정 ⑥에서 되직한 농도가 될 때까지 10~12분만 끓이며, 나머지는 동일한 방법으로 만든다.

쑥죽 _168쪽
현미 대신 현미밥 3/4공기(150g)로 대체해 믹서에 넣고 밥알이 1/3 크기가 되도록 간다. 과정 ①에서 현미를 불려서 가는 것을 생략하고, 채소 국물은 4컵으로 줄이며, 과정 ③에서 약한 불로 끓일 때 15분만 끓이고 나머지는 동일한 방법으로 만든다.

갱식이죽 _169쪽
밥 1공기(150g)를 준비하고 채소 국물 양은 4와 1/2컵으로 줄인다. 과정 ②는 생략하고, 과정 ③에서 약한 불로 끓일 때 15분만 끓이고 나머지는 동일한 방법으로 만든다.

밤죽 _173쪽
믹서에 현미밥 3/4공기(150g)와 삶은 밤, 채소 국물 1컵을 넣고 곱게 간다. 냄비에 채소 국물 1과 1/2컵을 넣고 센 불에서 끓어오르면 약한 불로 줄여 5분간 끓인 후 간한다.

콩죽 _172쪽
현미 대신 현미밥 1과 1/2공기(300g)로 대체해 믹서에 넣고 밥알이 1/3 크기가 되도록 간다. 불린 콩 대신 시판 콩물 2컵을 준비한다. 냄비에 현미밥과 콩물을 넣고 센 불에서 끓어오르면 약한 불로 6분간 끓인 후 간한다.

고구마죽 _172쪽
과정 ①은 생략하고, 과정 ②에서 쌀 대신 현미밥 3/4공기(150g)를 넣고, 물은 1컵으로 늘린다. 과정 ③에서 물은 1과 1/2컵으로 줄이고, 약한 불로 끓일 때 5분만 끓이며, 나머지는 동일한 방법으로 만든다.

| 제대로 맛내기! 계량하는 법

언제 만들어도 실패 없이, 똑같은 맛을 내기 위해서는 정확한 계량과 조리시간 준수 등이 필요합니다.
계량도구가 없을 때 종이컵이나 밥숟가락으로 계량하는 법, 불 세기 조절법도 함께 알려드립니다.

• 계량도구로 계량하기

1큰술은 15㎖, 1작은술은 5㎖, 1컵은 200㎖를 기준으로 한다.

간장, 식초, 맛술 등 액체류
계량컵으로 계량할 때는
기울기가 없는 편편한 곳에
가장자리가 넘치지 않을 정도로
담아 계량한다. 계량스푼도
가장자리가 넘치지 않을 정도로
담아 계량한다.

설탕, 소금 등의 가루류
가득 담은 후 사진처럼 윗부분을
편편하게 깎아 계량한다. 이때
꾹꾹 누르지 말고 가볍게 담은 후
윗부분을 깎아야 오차가 없다.

된장, 고추장 등 장류
가득 담은 후 윗부분을
편편하게 깎아 계량한다.

콩, 견과류 등 알갱이류
가득 꾹꾹 눌러 담은 후
윗부분을 깎아 계량한다.

★ 동일한 1컵이라도 밀가루는 더 가볍고 고추장은 더 무거우니
부피와 무게를 동일하게 계산해서는 안 된다.

• 계량도구 없을 때 계량하기

계량컵 vs. 종이컵
계량컵은 200㎖로 종이컵과 거의 비슷하므로 계량컵 대신 종이컵을 사용해도 된다.

계량스푼 vs. 밥숟가락
계량스푼 1큰술 = 15㎖, 밥숟가락 1큰술 = 10~12㎖
밥숟가락 1큰술은 계량스푼 1큰술에 비해 양이 적으므로 수북하게 담아 계량한다.
단, 밥숟가락은 집집마다 크기가 달라 맛에 오차가 생기기 쉬우니 가급적 계량도구를 사용하도록 한다.

• 불 세기 맞추기
집집마다 화력이 다르므로 불꽃과 냄비 바닥 사이의 간격으로 불 세기를 조절한다.

중약 불 →   중강 불 →

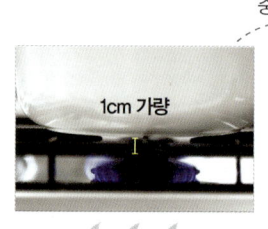

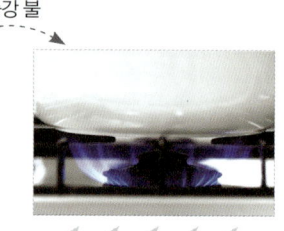

팬 달구기
팬을 중간 불로 달궈 손을
가까이 댔을 때 따뜻한 열기가
느껴지면 적당히 달궈진 것.
특별한 주의가 필요한 경우
레시피의 설명을 따른다.

약한 불
불꽃과 냄비 바닥 사이에 1cm
가량 틈이 있는 정도의 불 세기

중간 불
불꽃과 냄비 바닥 사이에 0.5cm
가량 틈이 있는 정도의 불 세기

센 불
불꽃이 냄비 바닥까지
닿는 정도의 불 세기

| 손대중량 한 줌, 두 줌 등으로 표시되는 재료

식재료의 중량을 측정할 때 저울을 사용하는 것이 정확하지만, 저울이 없을 경우 아래의 손대중량을 참고하여 계량하세요.

소금 약간(1/5작은술 이하)

후춧가루 약간
(가볍게 두 번가량 턴 분량)

소면, 스파게티 1줌(80g)

당면 1줌(100g)

돌미나리 1줌(60g)

아욱, 머위 1줌(100g)

참나물 1줌(100g)

취나물 1줌(50g)

시금치 1줌(50g)

냉이 1줌(50g)

쑥 1줌(50g)

방풍나물 1줌(20g)

어린잎 채소 1줌(20g)

콩나물, 숙주 1줌(50g)

고사리 1컵(60g)

느타리버섯 1줌(50g)

브로콜리 1개(200g)

떡볶이 떡 1컵, 18개(130g)

호두 1컵(70g)

말린 실미역 1줌(4g)

푸짐하고 맛있는 일품요리

제철나물과 뿌리채소, 버섯 등을 듬뿍 넣어 고기가 들어가지 않아도 맛있는 일품요리를
소개합니다. 맛도 좋지만 모양도 예뻐 손님상에 잘 어울리는 일품요리에는 다양한
드레싱의 샐러드부터 속을 따뜻하게 채우는 찜과 만두, 굽고 튀기지만 결코 무겁지 않은
담백한 탕수와 튀김까지 알차게 담겨 있어요.

푸짐하고 맛있는 일품요리

뿌
리
채
소
샐
러
드

채소 샐러드

+ 유자 된장 드레싱

된장은 몸 안에 쌓인 노폐물과 독소를 씻어내고 피를 맑게 할 뿐 아니라
니코틴을 체외로 배출하는 효능도 있어요. 이러한 된장에 상큼한 유자를 넣어
만든 드레싱으로 색다른 샐러드를 즐겨보세요.

조리시간 • 25~30분
재료 • 2~3인분
1인분 열량 • 82kcal

☐ 양상추 1/3통(150g)
☐ 적양배추(또는 양배추)
　손바닥 크기 1장(30g)

☐ 빨강 파프리카 1/20개(10g)
☐ 노랑 파프리카 1/20개(10g)
☐ 셀러리 20cm(30g)
☐ 오이 1/6개(30g)

유자 된장 드레싱
☐ 배(또는 사과) 1/15개(30g)
☐ 식초 3큰술
☐ 유자청 3과 1/2큰술
☐ 된장 3큰술
☐ 구운 소금(또는 죽염) 약간

1

믹서나 푸드 프로세서에 유자
된장 드레싱 재료를 모두 넣고
곱게 간다.

2

적양배추는 가늘게 채 썰어
물에 5분간 담근 후 체에 밭쳐
물기를 뺀다.

3

양상추는 흐르는 물에 한 장씩
씻어 한입 크기로 뜯은 뒤 체에
밭쳐 물기를 뺀다.

4

파프리카는 5cm 길이, 0.5cm
두께로 채 썰고, 셀러리는
필러로 섬유질을 제거한 후 5cm
길이, 0.5cm 두께로 채 썬다.

5

오이는 칼로 가시 부분을
제거하고 5cm 길이, 0.5cm
두께로 채 썬다.

6

그릇에 양상추, 적양배추,
파프리카, 셀러리, 오이를 담고
유자 된장 드레싱을 곁들인다.

❋ 다양한 채소로 응용하기
채소 샐러드를 만들 때
적양배추 대신 양배추,
셀러리 대신 어린잎 채소와
새싹 채소 등을 동량으로
준비해 만들어도 좋아요.

무침하고 맛있는 입품 요리

뿌리채소는 몸을 따뜻하게 해줄 뿐 아니라 뿌리채소에 다량 함유된 당질이
우리 몸의 중요한 에너지원으로 사용된답니다. 아삭아삭한 식감과
담백한 맛의 채소들에 매콤 새콤한 연겨자 배 드레싱을 곁들여 더욱 맛있어요.

+ 연겨자 배 드레싱
뿌리채소 샐러드

조리시간 • 25~30분
재료 • 2~3인분
1인분 열량 • 70kcal

- [ ] 더덕 2개(40g)
- [ ] 셀러리 20cm(30g)
- [ ] 고구마 1/3개(70g)
- [ ] 야콘 1/3개(70g)

- [ ] 무 지름 10cm, 두께 0.3cm
  1토막(30g, 또는 콜라비 1/10개)
- [ ] 당근 1/6개(30g)
- [ ] 비트 1/20개(20g)

연겨자 배 드레싱
- [ ] 배(또는 사과) 1/8개(80g)
- [ ] 설탕 1큰술

- [ ] 식초 2큰술
- [ ] 레몬즙 3큰술(1/2개분)
- [ ] 구운 소금(또는 죽염)
  1/2작은술
- [ ] 연겨자 1작은술

1
믹서나 푸드 프로세서에 연겨자 배
드레싱 재료를 넣고 곱게 간다.

2
더덕은 흐르는 물에 씻어 흙을
닦아내고 작은 칼로 돌려가며
껍질을 벗긴다. ★ 더덕은 끈적한
진액이 나오니 위생 장갑을 끼고
손질하는 것이 좋다.

3
더덕은 소금물(물 2컵 + 소금
1작은술)에 10분간 담가 쓴맛을
제거하고 밀대로 밀거나 두드린
다음 가늘게 채 썬다.
★ 더덕 손질하기 19쪽 참고

4
셀러리는 필러로 섬유질을
제거하고, **고구마, 당근, 무, 야콘,
비트**는 깨끗이 씻은 후 필러로
껍질을 벗긴 뒤 전부 5cm 길이,
0.5cm 두께로 채 썬다.

5
고구마, 야콘, 무, 당근을 물에
5분간 담가 전분기를 제거하고,
비트는 따로 물에 5분간 담가
둔다. 모두 체에 밭쳐 물기를 뺀다.

6
큰 볼에 더덕, 셀러리, 고구마,
야콘, 무, 당근, 비트를 넣고
연겨자 배 드레싱을 뿌려 골고루
버무린다.

＊ 다양한 뿌리채소로 응용하기
이 책에서는 7종류의
뿌리채소를 이용해 샐러드를
만들었지만 기호와 색상을
고려해 3~4가지의 뿌리채소를
선택해 전체 양이 250g 되도록
준비해서 만들어도 좋아요.
또한 콜라비, 도라지, 순무 채
썬 것 또는 끓는 물에 15초간
데친 채 썬 감자를 준비하여
뿌리채소 샐러드를 만들어도
맛있어요.

알감자 샐러드

채식 마요네즈는 특유의 감칠맛이 있지만 느끼하거나 무겁지 않아서
여러 요리와 샐러드에 곁들이기 좋은 만능 드레싱이랍니다. 채식 마요네즈에
약간의 견과류를 넣으면 고소한 맛과 식감이 더해져 더욱 맛있어요.

조리시간 · 25~30분
재료 · 2~3인분
1인분 열량 · 151kcal
□ 알감자 11개(400g)

채식 마요네즈
□ 두부(부침용, 작은 팩)
  1/4모(45g)
□ 셀러리 15cm(25g)
□ 땅콩(또는 아몬드, 캐슈너트)
  1과 1/2큰술(15g)

□ 두유 2와 1/2큰술
□ 올리브유 1/2큰술
□ 구운 소금(또는 죽염)
  1/4~1/2작은술

1

알감자는 깨끗이 씻은 후
4등분한다.

2

냄비에 알감자, 소금물(물 2컵 +
소금 1/2작은술)을 넣고
센 불에서 끓인다. 끓어오르면
뚜껑을 덮은 채 12분간 삶은 후
체에 밭쳐 물기를 뺀다.

3

채식 마요네즈용 셀러리는
필러로 섬유질을 제거하고,
3cm 길이로 썬다.

4

믹서나 푸드 프로세서에 채식
마요네즈 재료를 모두 넣고 곱게
간다.

5

큰 볼에 ②와 채식 마요네즈를
넣고 버무린다.

＊ 남은 채식 마요네즈 보관하기
맛있는 채식 마요네즈를
즐기기 위해서는 바로 만들어
먹는 것이 가장 맛있답니다.
채식 마요네즈가 남았다면
밀폐 용기에 담아 냉장실에서
3~4일간 보관이 가능해요.

썹쌀한 맛의 도라지에 고소한 들깨와 새콤달콤한 유자로 만든 드레싱을 곁들여
도라지를 싫어하는 아이들도 잘 먹는, 입맛을 돋우는 샐러드입니다. 채소에 물기가
남아 있으면 드레싱이 연해져 맛이 없으니 물기를 충분히 제거하고 만드세요.

도라지 샐러드

+ 유자 들깨 드레싱

조리시간 · 25~30분
재료 · 2~3인분
1인분 열량 · 149kcal

- ☐ 상추 손바닥 크기 3장(30g)
- ☐ 양상추 1/4통(100g)
- ☐ 통도라지 4개(60g)

- ☐ 감자 1/3개(70g)
- ☐ 방울토마토 5개

유자 들깨 드레싱
- ☐ 설탕 3과 1/2큰술
- ☐ 통깨 1큰술
- ☐ 들깻가루 4큰술

- ☐ 식초 4와 1/2큰술
- ☐ 유자청 1큰술
- ☐ 구운 소금(또는 죽염)
  1작은술

1

상추와 양상추는 흐르는 물에
한 장씩 씻어 한입 크기로 뜯은 뒤
체에 밭쳐 물기를 뺀다.

2

도라지는 흐르는 물에 깨끗이
씻고 뿌리 윗부분을 제거한다.
작은 칼로 돌려가며 껍질을
벗긴 후 5cm 길이, 0.5cm 두께로
채 썬다. ★ 도라지 손질하기 19쪽

3

감자는 필러로 껍질을 벗기고
1cm 두께로 편 썬 뒤 다시 1cm
폭으로 썬다. 방울토마토는
꼭지를 떼고 반으로 썬다.

4

끓는 소금물(물 5컵 + 소금
1/4작은술)에 도라지를 넣고
30초간 데쳐 체로 건져 찬물에
헹군 후 물기를 뺀다.
물을 계속 끓여 감자를 넣고
센 불에서 3분간 데친 후 찬물에
헹궈 체에 밭쳐 물기를 뺀다.

5

볼에 유자 들깨 드레싱 재료를
넣어 골고루 섞는다. ★ 도라지의
일부 얇은 뿌리는 잘게 다져 유자
들깨 드레싱에 넣어도 좋다.

6

그릇에 상추, 양상추, 도라지,
감자, 방울토마토를 넣고
유자 들깨 드레싱을 곁들인다.

＊ 국산 도라지 구입하기
국산 도라지는 비교적 길이가
짧고 가늘며, 원뿌리가
2~3개로 갈라진 것이 많아요.
또 전체적으로 잔뿌리가 많은
편이에요. 반면 중국산은 굵고
길쭉하며 원뿌리는 1~2개로
미끈한 편이며 대체로 흙이
많이 묻어 있지 않아요. 껍질을
벗겨 판매하는 도라지의 경우
휘지 않고 곧으며 특유의
향긋하고 강한 향이 나는지
확인한 후 구입하도록 하세요.

달콤하고 아삭한 단감으로 만든 특별한 가을 샐러드입니다. 새콤달콤한 요구르트
드레싱이 감 특유의 떫은맛을 중화시켜 더욱 맛있어요.

단감 샐러드

+ 요구르트 드레싱

조리시간 · 20~25분
재료 · 2~3인분
1인분 열량 · 162kcal

- □ 단감 2개(300g)
- □ 빨강 파프리카 1/2개(100g)
- □ 노랑 파프리카 1/2개(100g)
- □ 오이 1/4개(50g)

요구르트 드레싱
- □ 떠먹는 플레인 요구르트
  1통(85g)
- □ 채식 마요네즈
  2와 1/2큰술(40g)
  ★ 채식 마요네즈 만들기
  40쪽 참고

1. 단감은 껍질을 벗기고 2등분한 후
씨를 빼고 0.5cm 두께로 편 썬다.
파프리카는 씨를 제거하고 3cm
크기의 세모 모양으로 썬다.

2. 오이는 칼로 가시 부분을 제거하고
길게 2등분한 후 3cm 크기의 세모
모양으로 썬다. 볼에 요구르트
드레싱 재료를 넣어 골고루 섞는다.

3. 볼에 단감, 파프리카, 오이,
요구르트 드레싱을 넣어 골고루
버무린다.

영양이 풍부하고 부드러운 연두부와 버섯으로 만들어 어린이와 노인들이 편하게
먹을 수 있는 샐러드입니다.

버섯 연두부

+ 레몬 간장 소스

조리시간 · 20~25분
재료 · 2~3인분
1인분 열량 · 126kcal

- □ 모둠 버섯(표고 · 양송이 ·
  새송이 · 느타리버섯 등) 150g
- □ 연두부 2모(400g)
- □ 들기름 1작은술
- □ 어린잎 채소 약간(장식용,
  생략 가능)

소금물
- □ 물 5큰술
- □ 소금 1/4작은술

레몬 간장 소스
- □ 설탕 1과 1/3큰술
- □ 식초 2큰술
- □ 레몬즙 1큰술
- □ 양조간장 4큰술
- □ 고춧가루 2작은술

1. 작은 볼에 소금물 재료를 넣어
섞고, 다른 볼에 레몬 간장 소스
재료를 넣고 골고루 섞는다

2. 모둠 버섯은 모두 밑동을 제거하고
모양대로 0.5cm 두께로 썬다.
연두부는 열십(+)자로 4등분한다.

3. 달군 팬에 들기름을 두르고 버섯을
넣어 센 불에서 소금물을 골고루
뿌려가며 1분 30초간 볶는다.
연두부 위에 볶은 버섯을 올리고
레몬 간장 소스를 뿌린다.
기호에 따라 어린잎 채소를 올린다.

데친 버섯과 콩나물에 드레싱을 곁들여 시원하게 즐길 수 있는 샐러드입니다.
버섯의 쫄깃함과 콩나물의 아삭함이 살아 있도록 살짝 데치는 것이 중요해요.
매실 간장 드레싱은 냉장실에서 하루 동안 숙성시켰다가 사용하면 더욱 맛있답니다.

+ 매실 간장 드레싱
버섯 콩나물 샐러드

조리시간 • 30~35분
재료 • 2~3인분
1인분 열량 • 95kcal

- ☐ 말린 표고버섯 2개
- ☐ 말린 목이버섯 3개
  (3g, 불린 후 30g)
- ☐ 새송이버섯 1개(80g)
- ☐ 양송이버섯 2개(40g)
- ☐ 콩나물 2와 1/2줌(120g)

- ☐ 미나리 15줄기(30g)
- ☐ 구운 소금(또는 죽염) 약간
- ☐ 참기름 약간

표고버섯 양념
- ☐ 설탕 1/4작은술
- ☐ 양조간장 1/2작은술
- ☐ 조청(또는 물엿, 올리고당)
  1/4작은술
- ☐ 참기름 약간

매실 간장 드레싱
- ☐ 설탕 3큰술
- ☐ 식초 4큰술
- ☐ 양조간장 2큰술
- ☐ 매실청 1큰술
- ☐ 배(강판에 간 것, 또는 생수)
  2큰술(20g)
- ☐ 연겨자 1작은술

1

말린 표고버섯, 말린 목이버섯은
미지근한 물(뜨거운 물 1과 1/2컵
+ 찬물 1과 1/2컵)에 20분간
불린다. 표고버섯은 물기를 꼭
짜고 밑동을 제거해 0.5cm 두께로
썬 후 표고버섯 양념에 무치고,
목이버섯은 한입 크기로 뜯는다.

2

새송이버섯은 2등분한 후
0.5cm 두께로 썰고,
양송이버섯은 모양대로 0.5cm
두께로 썬다. **미나리**는 잎을
떼어내고 5cm 길이로 썬다.
매실 간장 드레싱 재료를 섞는다.

3

콩나물은 깨끗하게 씻은 후
냄비에 콩나물과 소금물
(물 1컵 + 소금 1/2작은술)을 넣고
뒤섞는다. 뚜껑을 덮고
센 불에서 3분 30초간 끓인 후
찬물에 헹궈 체에 밭쳐 물기를
뺀다.

4

끓는 소금물(물 5컵 + 소금
1/2작은술)에 새송이버섯,
양송이버섯, 목이버섯을 함께
넣고 30초간 데쳐 체로 건진다.
물을 계속 끓여 미나리를 넣고
30초간 데친 후 찬물에 헹궈
물기를 꼭 짠다.

5

달군 팬에 표고버섯을 넣고
중간 불에서 3분간 볶는다.

6

볼에 목이버섯, 새송이버섯,
양송이버섯, 미나리, 구운 소금,
참기름을 넣고 조물조물 무친다.

7

그릇에 표고버섯, 목이버섯,
새송이버섯, 양송이버섯,
미나리, 콩나물을 넣고
매실 간장 드레싱을 곁들인다.

미나리의 독특한 향과 튀긴 우엉의 바삭한 식감이 입맛을 돋우는 샐러드입니다.
매콤 새콤한 매실 고추장 드레싱을 곁들였어요. 무기질이 풍부한 알칼리성 식품인
미나리와 식이섬유 및 비타민이 풍부한 우엉을 듬뿍 넣은 건강 메뉴랍니다.

+ 매실 고추장 드레싱
미나리 우엉 샐러드

조리시간 • 30~35분
재료 • 2~3인분
1인분 열량 • 139kcal

- ☐ 우엉 지름 2cm,
  길이 10cm 6토막(150g)
- ☐ 말린 표고버섯 3개
- ☐ 돌미나리 1/2줌(30g)
- ☐ 빨강 파프리카 1/13개(15g)

- ☐ 노랑 파프리카 1/13개(15g)
- ☐ 구운 소금(또는 죽염) 약간
- ☐ 참기름 약간
- ☐ 찹쌀가루 3큰술
- ☐ 식용유 2컵(400㎖)

표고버섯 양념
- ☐ 설탕 1/4작은술
- ☐ 양조간장 1/2작은술

- ☐ 조청(또는 물엿, 올리고당)
  1/4작은술
- ☐ 참기름 약간

매실 고추장 드레싱
- ☐ 설탕 2큰술
- ☐ 식초 2큰술
- ☐ 매실청 1큰술
- ☐ 고추장 2큰술

1

볼에 매실 고추장 드레싱 재료를
섞는다.

2

말린 표고버섯은 미지근한
물(뜨거운 물 1컵 + 찬물 1컵)에
20분간 불린다. 물기를 꼭 짜
밑동을 제거해 0.5cm 두께로
썬 후 표고버섯 양념에 조물조물
무친다.

3

우엉은 칼등으로 긁어 껍질을
벗기고 5cm 길이로 얇게 편 썬다.
파프리카는 0.5cm 두께로 채 썰고,
돌미나리는 시든 잎을 떼고 흐르는
물에 씻은 후 5cm 길이로 썬다.

4

볼에 우엉과 구운 소금,
참기름을 넣고 조물조물 무친 후
찹쌀가루를 골고루 묻힌다.

5

냄비에 식용유를 붓고
180℃(우엉을 넣었을 때 잔기포가
많이 생기는 정도)로 달군다.
우엉을 넣고 3분간 튀긴 후
키친타월에 올려 기름기를 뺀다.

6

그릇에 표고버섯, 돌미나리,
파프리카, 튀긴 우엉을 담고
매실 고추장 드레싱을 곁들인다.

**＊ 맵지 않은 매실 고추장
드레싱 만들기**
매실 고추장 드레싱의
고추장 2큰술을 1/2큰술로
줄여 드레싱을 만들면
맵지 않아 아이들도 잘 먹는
샐러드를 만들 수 있어요.

연꽃 오절판
+ 홍시 소스

진흙 속에서 가장 아름다운 꽃을 피우는 연꽃은 극락왕생을 의미합니다. 저는 귀한 분을 대접할 때 꼭 연꽃 오절판을 만들어요. 이 책에서는 집에서 쉽게 만들 수 있도록 구절판을 오절판으로 변형했어요. 밀전병에 각각의 재료들을 싸고 연근 초절임과 잣가루를 곁들인 후 재료마다의 맛과 식감을 음미하며 즐기세요.

조리시간 · 40~45분
재료 · 2~3인분
1인분 열량 · 143kcal

☐ 연꽃 1개(생략 가능)
☐ 연근 지름 4cm, 길이 2cm 1토막(20g)
☐ 오이 1/20개(10g)
☐ 깐 밤 1개(10g, 또는 고구마 1/20개)
☐ 빨강 파프리카 1/10개(20g)
☐ 노랑 파프리카 1/10개(20g)
☐ 비트 1/40개(10g)
☐ 잣 1/2큰술
☐ 식용유 1작은술

밀전병(지름 6cm, 8장분)
☐ 밀가루 4큰술
☐ 물 4큰술
☐ 구운 소금(또는 죽염) 약간

연근 초절임
☐ 설탕 1큰술
☐ 물 1큰술
☐ 식초 2큰술
☐ 구운 소금(또는 죽염) 1/3작은술
☐ 비트 약간

홍시 소스
☐ 홍시(또는 냉동 홍시) 1개(140g)
☐ 식초 1큰술
☐ 꿀 2작은술

1

연근은 필러로 껍질을 벗기고 모양대로 얇게 썬 후 연근 초절임 재료에 담가 10분간 절인다.
★ 연근 손질하기 20쪽 참고

2

소스용 홍시는 껍질을 벗기고 체에 내려 으깬 후 나머지 홍시 소스 재료와 골고루 섞는다.
★ 냉동 홍시일 경우 실온에서 해동 후 사용한다.

3

오이, 밤, 파프리카, 비트는 2cm 길이로 가늘게 채 썬다.

4

볼에 밀전병 재료를 섞은 후 체에 내린다. 잣은 키친타월 위에 올려 곱게 다진다. ★ 밀전병 반죽은 많이 저으며 섞어야 더욱 쫄깃해진다.

5

달군 팬에 식용유를 두르고 키친타월로 닦아낸 후 밀전병 반죽 1큰술을 올려 숟가락 뒷면으로 얇게 편다. 약한 불에서 30초간 구운 후 가장자리가 뜨면 뒤집어 10초 더 굽는다. 나머지 7장도 같은 방법으로 만든다.

6

연꽃을 접시에 펼쳐놓고 오이, 밤, 파프리카, 비트를 올리고 다른 접시에 밀전병과 연근 초절임을 올린다. 밀전병 위에 연꽃과 채소들을 조금씩 올리고 잣가루를 뿌린 다음 밀전병을 접어 홍시 소스에 찍어 먹는다.

＊ 연꽃 구입처
연꽃, 연잎 등은 사찰 음식 전문 온라인 쇼핑몰 산사애(www.sansae.co.kr), 연우농장(전화 주문, 011-504-8998) 등에서 구입할 수 있어요.

함지쌈은 월남쌈을 사찰식으로 변형한 요리로 으깬 감자를 넣어 부드럽고
담백할 뿐만 아니라 먹고 나면 속이 든든해진답니다. 기호에 따라
신선한 제철 채소를 선택해 준비하고 상큼한 연겨자 소스를 곁들이세요.

+연겨자 소스 감자 함지쌈

조리시간 · 30~35분
재료 · 3~4인분
1인분 열량 · 174kcal

- ☐ 라이스 페이퍼(지름 15.5cm)
  12장
- ☐ 감자 2개(400g)
- ☐ 양배추 손바닥 크기 1장(30g)

- ☐ 빨강 파프리카 1/4개(50g)
- ☐ 노랑 파프리카 1/4개(50g)
- ☐ 팽이버섯 1/10봉(20g)
- ☐ 구운 소금(또는 죽염) 1/4작은술
- ☐ 참기름 1작은술

연겨자 소스
- ☐ 배(또는 사과) 1/8개(80g)

- ☐ 설탕 1큰술
- ☐ 식초 2큰술
- ☐ 레몬즙 3큰술(1/2개분)
- ☐ 구운 소금(또는 죽염)
  1/2작은술
- ☐ 연겨자 1작은술

1

감자는 필러로 껍질을 벗기고
냄비에 감자와 감자가 잠길 정도의
물, 소금 1작은술을 넣고 뚜껑을
덮은 채 센 불에서 15분간 삶는다.
체에 밭쳐 한 김 식힌다.

2

믹서나 푸드 프로세서에 연겨자
소스 재료를 넣고 곱게 간다.

3

양배추와 **파프리카**는 6cm 길이,
0.5cm 두께로 채 썬다.
팽이버섯은 밑동을 제거하고
가닥가닥 뜯는다.

4

감자는 숟가락으로 으깨고 구운
소금, 참기름을 넣어 골고루 섞은
다음 12등분(20g씩)한다.

5

라이스 페이퍼를 따뜻한
물(뜨거운 물 3컵 + 찬물 1과
1/2컵)에 10초 정도 담갔다가
건진다.

6

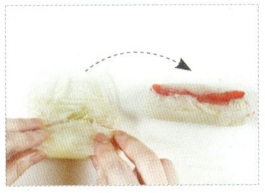

라이스 페이퍼 위에 채소를
1/12분량씩 올리고 ④의 감자를
한 덩이씩 올린다. 라이스
페이퍼의 밑 부분을 올려 접은 뒤
양옆 부분을 접고 아랫부분부터
돌돌 만다. 그릇에 함지쌈을 담고
연겨자 소스를 곁들인다.

＊이 메뉴 색다르게 즐기기
감자 함지쌈에 채소 국물을
만들고 남은 표고버섯 1개를
0.5cm 두께로 채 썰어 넣으면
좋아요. 또한 57쪽의 유자 된장
소스를 곁들여도 맛있어요.

＊남은 라이스 페이퍼 보관하기
라이스 페이퍼는 말린 제품이라
쉽게 상하지 않고 오래
보관할 수 있어요. 지퍼백에
넣고 밀봉하여 햇볕이 들지
않는 서늘한 곳에 보관하거나,
냉동실에 넣어두세요.

대지의 기운이 골고루 담긴 버섯은 진시황, 나폴레옹, 네로 황제가 즐겨 먹었을
정도로 맛과 영양이 뛰어난 웰빙 식품입니다. 버섯회는 버섯을 도톰하게 썰어 끓는
물에 살짝 데친 후 차갑게 식혀 먹어야 식감과 맛이 더 좋아요.

버섯회 +초장 소스

조리시간 · 20~25분
재료 · 2인분
1인분 열량 · 41kcal
☐ 새송이버섯 1개(80g)
☐ 느타리버섯 1줌(50g)

☐ 표고버섯 2개(50g)
☐ 말린 목이버섯 2개
　(2g, 불린 후 20g)

초장 소스
☐ 고춧가루 1/3작은술

☐ 식초 1작은술
☐ 양조간장 1작은술
☐ 매실청 1작은술
☐ 고추장 1작은술
☐ 통깨 약간

1
작은 볼에 초장 소스 재료를 넣고
골고루 섞는다.

2
말린 목이버섯은 미지근한 물에
20분간 불린 뒤 손으로 비벼가며
불순물을 제거하고 물기를 꼭 짠다.

3
버섯은 모두 밑동을 제거한
다음 **새송이버섯**은 모양대로
1cm 두께로 썬다.
느타리버섯은 가닥가닥 뜯고,
표고버섯은 0.5cm 두께로 썬다.

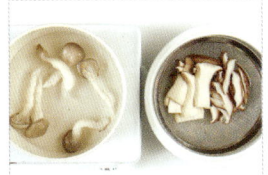

4
끓는 소금물(물 5컵 + 소금
1작은술)에 버섯을 넣고 각각
30초씩 데친다.

5
버섯을 차가운 물에 헹궈 체에
받쳐 물기를 뺀 후 10분간
냉장실에 넣어 차갑게 식힌다.
그릇에 담고 초장 소스에 찍어
먹는다.

**＊ 맵지 않고 새콤 달콤한
소스 만들기**
레몬즙 1큰술, 식초 3큰술,
국간장 1큰술, 올리브유
2큰술, 참기름 1큰술, 설탕
2작은술, 통깨 약간을 넣고
드레싱을 만들면 냉채와
잘 어울리고 아이들도
좋아하는 새콤 달콤한
소스를 만들 수 있어요.

뼈를 튼튼하게 해주는 칼슘과 마그네슘이 풍부한 다시마에 단백질이 다량 함유된 두부를 넣어 어른은 물론 성장기 아이들에게도 좋은 다시마 두부말이를 만들었습니다. 향긋하고 매콤한 유자 고추장 소스를 곁들여 더욱 맛있어요.

다시마 두부말이

+ 유자 고추장 소스

조리시간 · 30~35분
재료 · 2인분
1인분 열량 · 140kcal

- □ 쌈용 다시마 A4 용지 크기
  1장(50g)
- □ 깻잎 4장

- □ 두부(부침용, 작은 팩) 1모(200g)
- □ 미나리 4줄기(8g)
- □ 통깨 1/2작은술
- □ 검은깨 1/4작은술
- □ 구운 소금(또는 죽염) 1/4작은술
- □ 참기름 1작은술

유자 고추장 소스
- □ 채소 국물(또는 생수) 1큰술
  ★ 채소 국물 만들기 28쪽 참고
- □ 식초 1큰술
- □ 유자청 1큰술
- □ 고추장 1큰술

1

다시마는 물에 2~3회 헹군 후 찬물에 10분간 담가 소금기를 제거하고, 깻잎은 흐르는 물에 한 장씩 씻은 후 체에 밭쳐 물기를 뺀다. 작은 볼에 유자 고추장 소스 재료를 넣어 섞는다.

2

끓는 물(5컵)에 두부를 넣고 3분간 데친 후 체로 건져 한 김 식힌다.

3

②의 물을 다시 끓여 다시마를 넣어 30초간 데친 후 체로 건져 물기를 뺀다. 다시 이 물을 끓여 미나리를 넣고 30초간 데친 후 찬물에 헹궈 물기를 꼭 짠다.

4

두부는 면보에 싸서 물기를 꼭 짠다. 볼에 두부, 통깨, 검은깨, 구운 소금, 참기름을 넣고 골고루 섞는다.

5

다시마에 깻잎을 깔고 ④의 두부를 길게 올린 다음 돌돌 만다.

6

미나리를 길게 2등분한 후 3cm 간격으로 다시마 두부말이를 묶는다. 묶음 사이사이를 먹기 좋게 썬 후 그릇에 담고 유자 고추장 소스를 곁들인다.

담백한 두부와 표고버섯의 향이 절묘하게 어우러진 두부 소박이를 바삭하게
튀긴 후 유자 된장 소스를 곁들였어요. 표고버섯을 잘게 다져 넣고 고소하게 튀겨
버섯을 싫어하는 아이들도 잘 먹지요.

두부 소박이 + 유자 된장 소스

조리시간 · 35~40분
재료 · 2~3인분
1인분 열량 · 292kcal

- [ ] 두부(부침용, 큰 팩) 1모(300g)
- [ ] 소금 약간(두부 밑간용)
- [ ] 말린 표고버섯 4개
- [ ] 국간장 1/2큰술

- [ ] 들기름 1/2큰술
- [ ] 녹말가루 4큰술
- [ ] 찹쌀가루 2큰술
- [ ] 식용유 2컵(400㎖)
- [ ] 샐러드 채소 약간(생략 가능)

녹말물
- [ ] 녹말가루 1작은술
- [ ] 물 1큰술

유자 된장 소스
- [ ] 배(또는 사과) 1/15개(30g)
- [ ] 식초 3큰술
- [ ] 유자청 3과 1/2큰술
- [ ] 된장 3큰술
- [ ] 구운 소금(또는 죽염) 약간

1

말린 표고버섯은 미지근한
물(뜨거운 물 1과 1/2컵 + 찬물
1과 1/2컵)에 20분간 불린 후
물기를 꼭 짠다.
소스용 배는 강판에 간 후 나머지
유자 된장 소스 재료와 섞는다.

2

두부는 열십(+)자로 4등분해
0.5cm 두께로 썬다. 두부를
키친타월에 올리고 앞뒤로 소금을
뿌려 10분간 절인 후 키친타월로
물기를 제거한다.

3

①의 표고버섯은 밑동을 제거하고
잘게 다진 후 국간장, 들기름을
넣고 조물조물 버무린다. 작은
볼에 녹말물 재료를 넣어 섞는다.

4

달군 팬에 ③의 표고버섯을 넣고
중간 불에서 1분간 볶다가 녹말물
1큰술(넣기 전에 한 번 더 섞을
것)을 넣고 30초간 더 볶는다.

5

넓은 접시에 녹말가루 2큰술을
넣고 두부를 올려 앞뒤로 골고루
묻힌다. 두부 4개 위에 ④를
1/4분량씩 올린 후 나머지 두부로
덮는다. 녹말가루 2큰술과
찹쌀가루를 섞은 후 두부 소박이
겉면에 골고루 묻힌다.

6

냄비에 식용유를 붓고 180℃
(두부 조각을 넣었을 때 거품이
바글바글 끓어오를 정도로)로
달군다. ⑤를 넣어 2~3분간
튀긴 후 키친타월에 올려
기름기를 뺀다. 그릇에 담아
유자 된장 소스를 올리고 샐러드
채소를 곁들인다.

* 주의하세요!
과정 ③에서 표고버섯을
최대한 잘게 다지고, 두부
앞뒤에 녹말가루를 꼼꼼하게
충분히 묻혀야 소가 잘 붙어
있어요. 표고버섯 소는 레시피
양대로 넣고, 너무 많이 넣지
않도록 주의하세요.

강원도 토속 음식의 하나인 메밀전병은 구수한 메밀전병 안에 매콤한 볶은 김치를
넣어 돌돌 말아 만들지요. 그냥 먹어도 맛있지만 초장이나 연겨자 소스를
곁들이면 더욱 별미랍니다. 메밀 반죽은 차지도록 오래 반죽하고 바로 만들어
따뜻할 때 먹는 것이 좋아요.

조리시간 · 30~35분
재료 · 2~3인분
1인분 열량 · 202kcal

- □ 메밀가루 1컵(120g)
- □ 물 1과 1/4컵(250㎖)
- □ 구운 소금(또는 죽염)
  1/2작은술

- □ 잘 익은 배추김치
  1과 1/3컵(200g)
- □ 들기름 1작은술
- □ 부침용 기름(식용유 1큰술
  + 들기름 1작은술)

1
볼에 메밀가루, 물(1과 1/4컵),
구운 소금을 넣고 찰기가 생기도록
거품기로 골고루 저어 반죽한 후
체에 거른다.

2
배추김치는 소를 털고 국물을
꼭 짠다. 잘게 다진 후 들기름을
넣고 조물조물 무친다.

3
달군 팬에 부침용 기름 1작은술을
두르고 ②를 넣어 중간 불에서
3분간 볶는다.

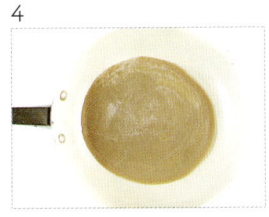

4
③의 팬을 깨끗이 닦아낸 후
다시 달궈 부침용 기름 1작은술을
두른다. ①을 한 국자 떠서
평평하게 돌려 펴 약한 불에서
40초, 뒤집어서 30초간 부친다.
같은 방법으로 2장 더 부친다.

5
메밀전병 위에 ③의 1/3분량을
올려 돌돌 만다. 같은 방법으로
2개 더 만들고 한입 크기로 썰어
따뜻할 때 먹는다.

＊ 이 메뉴에 잘 어울리는
연겨자 소스 만들기
배(또는 사과) 1/8개(80g),
식초 2큰술, 설탕 1큰술,
레몬즙 3큰술, 연겨자
1작은술, 구운 소금(또는 죽염)
1/2작은술을 믹서 또는 푸드
프로세서에 넣고 곱게 갈아
연겨자 소스를 만들어 김치
메밀전병에 곁들여도 좋아요.

도토리묵사발

수제 도토리묵

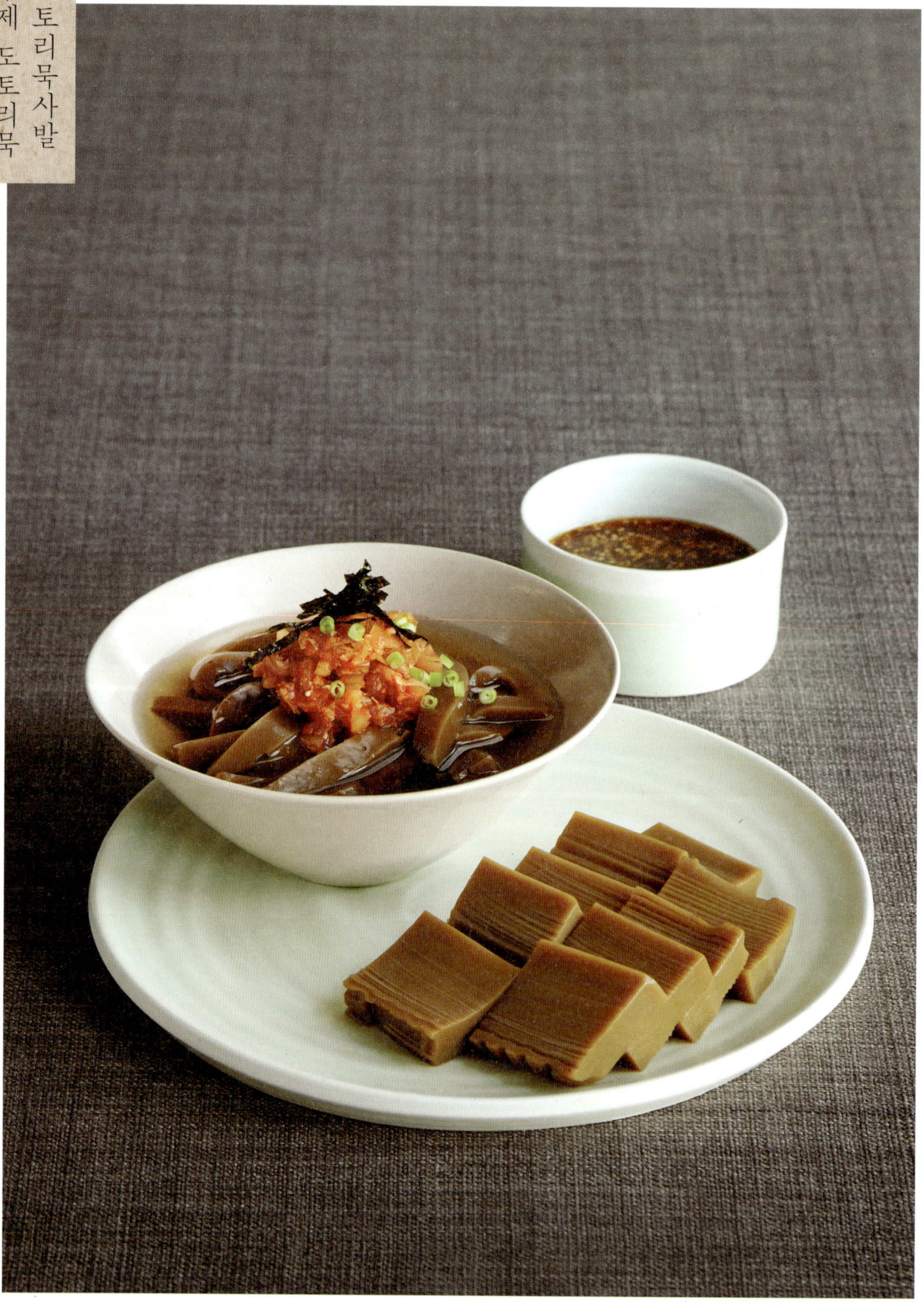

피로 해소 및 숙취 해소에 효과가 탁월한 도토리묵을 만들어보세요. 묵의 식감과 맛,
색은 끓이는 정도에 따라 결정되므로 충분히 저어가며 묵을 쑤는 것이 좋아요.

조리시간 · 40~45분
(+ 묵 굳히기 2~3시간)
재료 · 2~3인분
1인분 열량 · 98kcal

☐ 도토리묵 가루 1/2컵(50g)
☐ 물 3과 1/2컵(700㎖)
양념장
☐ 통깨 1/2큰술

☐ 고춧가루 1/2큰술
☐ 양조간장 2큰술
☐ 들기름 1큰술
☐ 설탕 1/4작은술

1

냄비에 도토리묵 가루와 물(3과
1/2컵)을 넣고 거품기로 골고루
섞은 후 체에 거른다. 작은 볼에
양념장 재료를 넣어 섞는다.

2

냄비에 ①의 도토리묵 반죽을 넣고
센 불에서 가장자리가 보글보글
끓어오르면 약한 불로 줄여 35분간
주걱으로 저어가며 묵을 쑨다.

3

18×10cm 그릇의 안쪽에 물을
묻힌 후 ②를 채우고 상온에서
2~3시간 굳힌다. 도토리묵을
먹기 좋은 크기로 썰어 양념장을
곁들인다.

채소 국물로 담백하게 만든 밑국물과 매콤한 양념 김치를 넣고 시원하게 즐기는
도토리묵사발이에요. 기호에 따라 채 썬 양배추, 오이 등을 곁들여도 좋아요.

조리시간 · 20~25분
재료 · 2인분
1인분 열량 · 58kcal

☐ 도토리묵 200g
☐ 잘 익은 배추김치 1/2컵(80g)
☐ 미나리 1줄기(2g, 생략 가능)
☐ 김가루 약간

☐ 구운 소금(또는 죽염)
　1/3작은술(기호에 따라 가감)
☐ 국간장 1작은술
김치 양념
☐ 식초 2큰술
☐ 고춧가루 1/2작은술
☐ 통깨 1/4작은술

☐ 참기름 1/4작은술
☐ 설탕 약간
채소 국물(완성량 3컵, 600㎖)
☐ 물 4컵(800㎖)
☐ 말린 표고버섯 2개
☐ 다시마 5×5cm 1장

1

냄비에 채소 국물 재료를 넣고
센 불에서 끓인다. 끓어오르면
다시마를 건져내고 약한 불로
줄여 10분 더 끓인다. 표고버섯을
건져내고 한 김 식힌 후
구운 소금과 국간장으로 간하고
냉장실에서 차게 식힌다.

2

도토리묵은 10cm 길이, 1cm
폭으로 썰고, **미나리**는 잎을
떼어낸 후 송송 썬다.
배추김치는 소를 털어내고
잘게 다진 후 김치 양념을 넣어
조물조물 무친다.

3

그릇에 도토리묵과 양념 김치,
미나리, 김가루를 넣고 ①의 채소
국물(3컵)을 붓는다.

쫀득한 식감의 말린 도토리묵을 간장과 설탕으로 달콤 짭쪼름하게 볶아 만들었어요.
아삭하게 살짝 볶은 채소와 꼬들꼬들 말린 도토리묵의 식감, 들기름의 고소함이
어우러져 남녀노소 모두가 좋아하는 요리랍니다.

말린 도토리묵 볶음

조리시간 • 20~25분
(+ 묵 불리기 2시간)
재료 • 2인분
1인분 열량 • 198kcal

- ☐ 말린 도토리묵 2컵(80g)
- ☐ 당근 1/6개(30g)
- ☐ 청고추 1개

- ☐ 홍고추 1개
- ☐ 표고버섯 2개(50g)
- ☐ 미나리 12줄기(25g)
- ☐ 들기름 1작은술

양념
- ☐ 설탕 1큰술
- ☐ 물 8큰술

- ☐ 양조간장 2큰술
- ☐ 조청(또는 물엿, 올리고당)
  1/2큰술
- ☐ 통깨 1/2작은술
- ☐ 들기름 1/2작은술

1

말린 도토리묵은 미지근한
물(3컵)에 담가 2시간 정도 불린다.

2

끓는 물(3컵)에 불린 도토리묵을
넣고 3분간 삶은 후 찬물에 헹궈
체에 밭쳐 물기를 뺀다.

3

당근은 0.5cm 두께로 편 썰고,
청 · 홍고추는 어슷 썬다.
표고버섯은 밑동을 제거해
0.5cm 두께로 썰고, **미나리**는
시든 잎을 떼고 4cm 길이로 썬다.

4

작은 볼에 양념 재료를 넣어
섞는다.

5

달군 팬에 양념과 ②를 넣고
센 불에서 끓인다. 바글바글
끓어오르면 1분간 볶은 후 당근,
표고버섯, 미나리, 청 · 홍고추를
넣고 30초간 볶는다.

6

⑤에 들기름을 넣어 골고루
버무린 후 불을 끈다.

＊ 말린 도토리묵
불리지 않고 만들기
말린 도토리묵은 시간이
없거나 급히 만들어야
할 때는 과정 ①의 불리는
과정을 생략하고 과정 ②에서
끓는 물에 5분간 삶아서
사용하세요. 단, 불린 것
보다 쫄깃한 식감이 떨어질
수 있으니, 꼭 5분 이상 삶지
않도록 주의하세요.

콩나물은 비타민 C와 아스파라긴산이 풍부하여 간의 피로를 풀고 숙취를 해소하는데 효과적인 식재료랍니다. 오늘 저녁은 지친 남편을 위해 콩나물을 아삭하게 데친 후 각종 버섯과 나물을 넣고 잡채를 만들어보는 것은 어떨까요?

콩나물 잡채

조리시간 · 20~25분 **(+ 당면 불리기 1시간)** **재료 · 2~3인분** **1인분 열량 · 172kcal** ☐ 당면 1줌(100g) ☐ 콩나물 3줌(150g)	☐ 표고버섯 2개(50g) ☐ 청고추 2개 ☐ 홍고추 1/2개(생략 가능) ☐ 고춧가루 1/2큰술 **양념** ☐ 물 3/4컵(150㎖)	☐ 설탕 1큰술 ☐ 국간장 1/2큰술 ☐ 양조간장 2큰술 ☐ 통깨 1작은술 ☐ 들기름 1작은술

1

당면은 찬물에 담가 1시간 정도 불린 후 먹기 좋은 크기(약 15cm)로 자른다.

2

콩나물은 깨끗하게 씻은 후 냄비에 콩나물과 소금물(물 1컵 + 소금 1/2작은술)을 넣고 뒤섞는다. 뚜껑을 덮고 3분 30초간 끓인 후 체에 밭쳐 한 김 식힌다.

3

표고버섯은 밑동을 제거하고 0.3cm 두께로 썬다. 청 · 홍고추는 반으로 갈라 씨를 제거하고 5cm 길이로 채 썬다.

* 당면 불리지 않고 만들기

보통 당면은 30분에서 1시간 정도 불린 후 사용하는데 빨리 만들어야 한다면 불리는 과정을 생략하고 삶아서 만들 수 있어요. 끓는 물(5컵)에 당면을 넣고 센 불에서 1분 30초간 데친 후 체에 밭쳐 물기를 빼주세요. 그 후 과정 ⑤에 넣고 동일한 방법으로 만들어요.

4

볼에 양념 재료를 넣어 골고루 섞는다.

5

깊이가 있는 팬을 달군 후 양념을 넣고 센 불에서 끓인다. 바글바글 끓어오르면 당면을 넣고 중간 불로 줄여 5분간 끓인다.

6

⑤의 팬에 표고버섯, 청 · 홍고추를 넣고 중간 불에서 1분간 볶은 후 콩나물을 넣고 골고루 섞는다. 불을 끄고 고춧가루를 넣은 후 골고루 버무린다.

아삭하게 볶은 우엉과 콩나물, 쫄깃한 버섯과 자투리 채소들을 넣어 당면 없이도
맛있는 특별한 잡채를 만들어보세요. 우엉의 알기닌 성분은 혈액순환을 돕고
장내 유익한 세균을 번식시켜 변비 해소에 특히 효과적이랍니다.

우엉 콩나물 잡채

조리시간 · 25~30분
재료 · 2~3인분
1인분 열량 · 126kcal
- ☐ 우엉 지름 2cm,
  길이 10cm 3토막(70g)
- ☐ 콩나물 2줌(100g)
- ☐ 말린 목이버섯 3개
  (3g, 불린 후 30g)

- ☐ 표고버섯 2개(50g)
- ☐ 당근 1/10개(20g, 생략 가능)
- ☐ 청양고추 1개
- ☐ 미나리 25줄기(50g)
- ☐ 들기름 1큰술
- ☐ 검은깨 약간(생략 가능)

양념
- ☐ 물 3/4컵(150㎖)
- ☐ 설탕 2큰술
- ☐ 국간장 1큰술
- ☐ 양조간장 2큰술
- ☐ 통깨 1/2작은술
- ☐ 조청(또는 물엿, 올리고당)
  2작은술

1

우엉은 칼등으로 긁어 껍질을
벗기고 길게 어슷 썬 후 가늘게
채 썬다. 식촛물(물 1컵 + 식초
1/2작은술)에 5분간 담가 아린 맛을
제거한 후 체에 밭쳐 물기를 뺀다.
★ 우엉 손질하기 20쪽 참고

2

콩나물은 깨끗하게 씻은 후
냄비에 콩나물과 소금물(물 1컵 +
소금 1/2작은술)을 넣고 뒤섞는다.
뚜껑을 덮고 3분 30초간 끓인 후
체에 밭쳐 한 김 식힌다.

3

말린 목이버섯은 미지근한 물에
10분간 불린 뒤 불순물을 제거하고
물기를 꼭 짠 다음 한입 크기로
뜯는다. 표고버섯은 밑동을
제거하고 0.5cm 두께로 썬다.
볼에 양념 재료를 넣어 섞는다.
★ 목이버섯 손질하기 21쪽 참고

4

당근은 5cm 길이, 0.5cm 두께로
채 썰고, **청양고추**는 길게 2등분
한 후 씨를 빼고 5cm 길이, 0.3cm
두께로 채 썬다. **미나리**는 잎을
떼어내고 5cm 길이로 썬다.

5

달군 팬에 들기름을 두르고
①을 넣어 센 불에서 1분간
볶은 후 양념 1/2분량을 붓고
2분 더 볶는다.

6

⑤에 콩나물과 양념 1/4분량을
넣고 센 불에서 1분 30초간 볶은
후 목이버섯, 표고버섯, 당근,
청양고추, 미나리, 나머지 양념을
넣고 1분 더 볶는다.
그릇에 담고 검은깨를 뿌린다.

＊ 우엉 콩나물 덮밥 만들기
뜨거운 밥(2공기)에 우엉
콩나물 잡채를 1/2분량씩 올려
덮밥으로 즐겨도 별미랍니다.

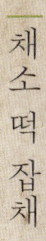
채소
떡
잡채

두부 애호박 잡채

구운 두부를 채 썰어 볶은 채소와 함께 즐기는 잡채입니다. 부드럽고 담백해 치아가 약한 어른들께 대접하기에 좋아요. 두부는 잘 부서지기 때문에 구운 후 충분히 식혀 채 썰고, 애호박은 물이 생기지 않도록 소금에 절인 뒤 볶는 것이 중요해요.

조리시간 · 40~45분
재료 · 2~3인분
1인분 열량 · 160kcal

- □ 두부(부침용, 큰 팩) 1모(300g)
- □ 소금 1/4작은술
  (두부 밑간용)
- □ 애호박 1/2개(140g)
- □ 소금 1/2작은술
  (애호박 밑간용)
- □ 청피망 1/5개(20g)
- □ 홍피망 1/5개(20g)
- □ 새송이버섯 1개(80g)
- □ 볶음용 기름(식용유 1큰술
  + 들기름 1작은술)

양념

- □ 흑설탕(또는 황설탕, 흰설탕)
  1큰술
- □ 채소 국물(또는 생수) 6큰술
  ★ 채소 국물 만들기 28쪽 참고
- □ 양조간장 1큰술
- □ 참기름 1/4작은술

1

두부는 모양대로 0.5cm 두께로 넓적하게 썬다. 두부를 키친타월에 올리고 앞뒤로 소금 1/4작은술을 뿌려 10분간 절인 후 물기를 제거한다.

2

애호박은 8cm 길이로 썰고 돌려 깎기 한 후 0.5cm 두께로 채 썬다. 소금 1/2작은술을 뿌려 10분간 절인다. ★ 애호박 돌려깎기 23쪽 참고

3

새송이버섯은 밑동을 제거하고 2등분한 후 0.5cm 두께로 채 썰고, 청 · 홍피망은 0.5cm 두께로 채 썬다. 볼에 양념 재료를 넣어 섞는다.

4

달군 팬에 볶음용 기름을 두르고 두부를 올려 중약 불에서 앞뒤로 2분씩 노릇하게 굽는다. 접시에 덜어 차게 식힌 후 1cm 두께로 썬다. ★ 두부를 차게 식힌 후 썰어야 부서지지 않는다.

5

④의 팬을 다시 달군 다음 새송이버섯, 양념 1/2분량을 넣고 센 불에서 10초간 볶는다. 애호박, 청 · 홍피망, 양념 1/4분량을 넣고 30초간 볶은 후 접시에 덜어둔다.

6

⑤의 팬을 다시 달군 다음 나머지 양념과 두부를 넣고 센 불에서 1분간 볶는다. 그릇에 ⑤와 함께 섞어 담는다.

* 시판 튀긴 두부 이용하기
두부를 굽는 것이 번거롭다면 시판 튀긴 두부(고소아게)를 사용해도 좋아요. 튀긴 두부를 구입한 후 1cm 두께로 썰고, 과정 ⑥에서 양념과 함께 볶으세요.

쫀득한 떡과 버섯, 채소의 맛과 식감이 조화로운 메뉴입니다. 떡에 양념이 잘 배도록
먼저 충분히 볶고 마지막에 채소를 넣어 볶으세요. 양념을 미리 만들어 냉장실에
넣어 하루 동안 숙성시켜 사용하면 더욱 맛있습니다.

조리시간 · 40~45분
재료 · 2인분
1인분 열량 · 256kcal

□ 말린 호박 10개(20g)
□ 숙주 1줌(50g)
□ 떡볶이 떡 약 22개(160g)

□ 참기름 1/2작은술
　(떡볶이 떡 밑간용)
□ 청피망 1/10개(10g)
□ 홍피망 1/10개(10g)
□ 표고버섯 1개(25g)
□ 통깨 1작은술

양념
□ 채소 국물 1컵(200㎖)
　★ 채소 국물 만들기 28쪽 참고
□ 양조간장 1큰술
□ 설탕 2작은술
□ 국간장 1작은술
□ 들기름 1작은술

1

말린 호박은 따뜻한 물(2컵)에 담가
30분간 불린 후 물기를 꼭 짠다.

2

숙주는 흐르는 물에 깨끗이
씻은 후 체에 밭쳐 물기를 뺀다.

3

볼에 양념 재료를 넣어 섞는다.
떡볶이 떡은 끓는 물(3컵)에 1분간
데치고 체에 밭쳐 물기를 뺀 후
참기름을 넣고 버무린다.

4

말린 호박과 **청 · 홍피망**은
0.5cm 두께로 채 썰고,
표고버섯은 밑동을 제거해
0.5cm 두께로 썬다.

5

깊이가 있는 팬을 달군 후
떡볶이 떡과 양념을 넣고
센 불에서 끓인다. 바글바글
끓어오르면 2분간 볶다가
표고버섯, 말린 호박, 숙주를
넣고 30초간 더 볶는다.

6

⑤에 청 · 홍피망을 넣고 30초간
골고루 볶은 후 불을 끄고
통깨를 뿌린다.

* **말린 호박을 애호박으로
　대체하기**
　애호박을 길게 2등분하고
　0.5cm 두께로 썬 후
　소금 약간을 뿌려 10분간
　절이세요. 물기를 꼭 짠 다음
　과정 ⑤에서 말린 호박 대신
　애호박을 넣어 같은 방법으로
　볶으세요.

단호박 버섯 팔보채

중식에서는 여덟 가지 귀한 재료를 기름에 볶아 만든 요리를 팔보채라고 하지요.
버섯과 단호박, 채소 등 사찰 음식에서 많이 쓰는 여덟 가지 건강한 재료들을
채소 국물로 깔끔하게 볶고 녹말물로 농도를 조절해 사찰식 팔보채를 만들어보세요.

조리시간 · 30~35분
재료 · 2인분
1인분 열량 · 72kcal

□ 말린 목이버섯 1개
　(1g, 불린 후 10g, 생략 가능)
□ 느타리버섯 1줌(50g)
□ 표고버섯 3개(75g)
□ 양송이버섯 3개(60g)

□ 단호박 1/16개(50g)
□ 청피망 1/3개(30g)
□ 홍피망 1/2개(50g)
□ 죽순(통조림) 1/5개(30g)
□ 청경채 1개(60g)
□ 채소 국물 2컵(400㎖)
　★ 채소 국물 만들기 28쪽 참고

□ 국간장 1큰술
　(기호에 따라 가감)
□ 구운 소금(또는 죽염)
　1/2작은술
□ 참기름 1/2작은술

녹말물
□ 녹말가루 1큰술
□ 물 1큰술

1

말린 목이버섯은 미지근한
물(1컵)에 담가 10분간 불린
뒤 손으로 비벼가며 불순물을
제거한다. 물기를 꼭 짠 후
한입 크기로 뜯는다.

2

느타리버섯은 밑동을 제거한
후 가닥가닥 뜯고, **표고버섯,
양송이버섯**은 밑동을 제거하고
열십(+)자로 4등분한다.

3

단호박은 껍질을 벗기고
모양대로 0.5cm 두께로 썬다.
청 · 홍피망은 씨를 제거해
2cm 크기의 삼각형으로 썰고,
죽순은 모양대로 0.5cm 두께로
썬다.

＊ 단호박 껍질 쉽게 벗기기
단호박은 전자레인지(700W)에
2~3분 정도 살짝 익히면
겉면이 부드러워져 껍질이 잘
벗겨져요. 전자레인지에서
꺼낸 단호박을 2등분한
후 씨를 빼고 썰어진 단면을
도마에 대고 밀지 않고
손으로 누른 후 칼을 이용해
안쪽에서부터 바깥쪽으로
조금씩 저미듯이 껍질을
벗겨내세요.

4

청경채는 길게 4등분한 후 반으로
썬다. 작은 볼에 녹말물 재료를
넣고 섞는다.

5

깊이가 있는 팬에 채소
국물(2컵)을 넣고 센 불에서
끓인다. 바글바글 끓어오르면
단호박을 넣고 30초간 끓인다.
목이버섯, 느타리버섯,
표고버섯, 양송이버섯을 넣고
1분간 더 끓인다.

6

⑤의 팬에 청 · 홍피망, 죽순,
청경채, 국간장, 구운 소금을 넣고
30초간 끓이다가 녹말물
(넣기 전에 한 번 더 섞을 것)을
넣고 30초간 끓인다. 불을 끄고
참기름을 넣은 후 골고루 섞는다.

손님 초대 요리로 좋은 양장피를 사찰식으로 건강하게 만들어보세요.
쫄깃한 양장피에 고기 대신 버섯과 채소를 듬뿍 넣고 김치와 톡 쏘는 연겨자 소스를
함께 곁들인 일품요리랍니다.

조리시간 · 35~40분
재료 · 2~3인분
1인분 열량 · 205kcal
- □ 양장피 1장(50g)
- □ 말린 목이버섯 3개
  (3g, 불린 후 30g)
- □ 양배추 손바닥 크기 2장(60g)
- □ 당근 1/4개(50g)
- □ 돌미나리 10줄기(20g)
- □ 팽이버섯 1/2봉(50g)
- □ 느타리버섯 3줌(150g)
- □ 배추김치 1컵(150g)
- □ 참기름 1큰술

김치 양념
- □ 설탕 약간
- □ 참기름 약간

느타리버섯 양념
- □ 구운 소금(또는 죽염) 약간
- □ 참기름 약간

연겨자 땅콩 소스
- □ 설탕 2큰술
- □ 물 2와 1/3큰술
- □ 식초 3큰술
- □ 양조간장 1큰술
- □ 연겨자 2와 1/2큰술
- □ 땅콩버터(또는 다진 땅콩) 1큰술
- □ 구운 소금(또는 죽염) 1작은술
- □ 참기름 1작은술

1

양장피는 물(4컵)에 담가 30분간 불린다. 찬물로 헹궈 먹기 좋은 크기로 뜯고 체에 밭쳐 물기를 뺀다. 말린 목이버섯은 미지근한 물(3컵)에 담가 10분간 불린 뒤 손으로 비벼 불순물을 제거하고 물기를 꼭 짠 후 한입 크기로 뜯는다.

2

양배추, 당근은 6cm 길이, 0.3cm 두께로 채 썬다. **돌미나리**는 지저분한 잎을 떼어내 6cm 길이로 썰고, **팽이버섯**과 **느타리버섯**은 밑동을 제거하고 가닥가닥 뜯는다.

3

배추김치는 소를 털어내고 0.5cm 두께로 채 썬 후 김치 양념을 넣어 조물조물 무친다. 볼에 연겨자 땅콩 소스 재료를 넣어 섞는다.

4

느타리버섯은 끓는 물(3컵)에 넣어 30초간 데치고 물기를 꼭 짠 후 느타리버섯 양념을 넣고 조물조물 무친다.

5

달군 팬에 참기름 1/2큰술을 두르고 양장피를 넣어 중간 불에서 30초간 볶은 후 접시에 덜어둔다.

6

⑤의 팬을 다시 달궈 참기름 1/2큰술을 두르고 목이버섯을 넣어 중간 불에서 1분간 볶는다.

7

접시에 모든 재료를 돌려 담고 연겨자 땅콩 소스를 곁들인다.

두부와 버섯에 들깻가루를 첨가해 고소하고 담백하게 만든 영양 들깨찜입니다.
성장기 아이나 몸이 허약한 가족에게 영양이 풍부한 두부와 버섯을 듬뿍 넣어
만들어주면 잃어버린 입맛과 활력을 되찾을 겁니다.

조리시간 · 30~35분
재료 · 2~3인분
1인분 열량 · 331kcal

- [ ] 두부(부침용, 큰 팩) 1/2모(150g)
- [ ] 소금 약간(두부 절임용)
- [ ] 새송이버섯 1개(80g)

- [ ] 표고버섯 3개(75g)
- [ ] 미나리 10줄기(20g)
- [ ] 볶음용 기름(식용유 1큰술
   + 들기름 1작은술)
- [ ] 들기름 1큰술
- [ ] 국간장 1큰술
- [ ] 들깻가루 1/2컵(50g)

채소 국물(완성량 1컵, 200㎖)

- [ ] 물 2컵(400㎖)
- [ ] 말린 표고버섯 2개
- [ ] 다시마 5×5cm 1장

1

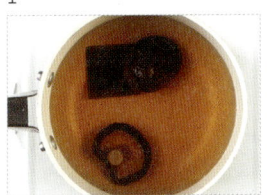

냄비에 채소 국물 재료를 넣고
센 불에서 끓인다. 끓어오르면
다시마를 건진 뒤 약한 불로 줄여
10분간 끓인다.

2

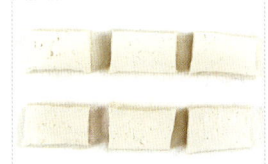

두부는 길게 2등분해 1.5cm 두께로
썬다. 키친타월에 올리고 앞뒤로
소금을 뿌려 10분간 절인 후
키친타월로 물기를 제거한다.

3

새송이버섯은 4등분한 후 0.5cm
두께로 썰고, **표고버섯**은 밑동을
제거해 0.5cm 두께로 썬다.
미나리는 지저분한 잎을 떼어내고
5cm 길이로 썬다.

4

깊이가 있는 팬을 달군 후 볶음용
기름을 두르고 두부를 넣어
중간 불에서 앞뒤로 2분 30초씩
노릇하게 구운 다음 접시에
덜어둔다.

5

④의 팬을 키친타월로 닦은 후
다시 달궈 들기름을 두르고
표고버섯, 새송이버섯, 국간장을
넣어 중간 불에서 1분간 볶는다.

6

⑤의 팬에 ①의 채소 국물(1컵)을
붓고 끓인다. 끓어오르면
들깻가루, 두부를 넣고 30초간
끓인 뒤 미나리를 넣고 30초간 더
익힌다.

두부와 떡을 채소 국물과 매콤한 양념으로 자작하게 조려 만든 매콤 두부 떡찜은
아이들 영양 간식, 어른들 술안주로 좋은 메뉴입니다. 채소는 빨리 넣으면 물러져서
맛이 없으니 마지막에 넣고 살짝 볶는 것이 좋아요.

매콤 두부 떡찜

조리시간 · 40~45분
재료 · 2~3인분
1인분 열량 · 299kcal
- ☐ 두부(부침용, 큰 팩) 1/2모(150g)
- ☐ 소금 약간(두부 절임용)
- ☐ 가래떡 30cm(200g)
- ☐ 양배추 손바닥 크기 2장(60g)
- ☐ 청고추 1개

- ☐ 홍고추 1/2개(생략 가능)
- ☐ 깐 밤 1개(생략 가능)
- ☐ 볶음용 기름(식용유 1큰술
  + 들기름 1작은술)
- ☐ 통깨 약간(생략 가능)

채소 국물(완성량 2컵, 400㎖)
- ☐ 물 3컵(600㎖)
- ☐ 말린 표고버섯 2개

- ☐ 다시마 5×5cm 1장

양념
- ☐ 고춧가루 2큰술
- ☐ 국간장 2큰술
- ☐ 조청(또는 물엿, 올리고당) 2큰술
- ☐ 통깨 1/2작은술
- ☐ 고추장 1작은술
- ☐ 참기름 1작은술

1

냄비에 채소 국물 재료를 넣고
센 불에서 끓인다. 바글바글
끓어오르면 다시마를 건진 뒤
약한 불로 줄여 10분간 끓인다.

2

두부는 길게 2등분해 1.5cm 두께로
썬다. 두부를 키친타월에 올리고
앞뒤로 소금을 뿌려 10분간 절인 후
키친타월로 물기를 제거한다.
가래떡은 한입 크기로 어슷 썬다.

3

양배추는 3×4cm 크기로 썰고,
청 · 홍고추는 어슷 썬다.
①의 **표고버섯** 2개를 건져 물기를
꼭 짠 후 밑동을 제거해 0.5cm
두께로 썰고, **밤**은 편 썬다.

4

볼에 양념 재료를 넣어 섞는다.

5

깊이가 있는 팬을 달군 후 볶음용
기름을 두르고 두부를 올려
중간 불에서 앞뒤로 2분 30초씩
노릇하게 구워 접시에 덜어둔다.

6

⑤의 팬을 키친타월로 닦고
①의 채소 국물(2컵), 양념,
가래떡을 넣고 센 불에서 끓인다.
바글바글 끓어오르면 2분간
끓인 뒤 두부를 넣고 3분 더
끓인다. 중간에 눌어붙지 않도록
주걱으로 젓는다.

7

⑥에 표고버섯을 넣고 중간
불로 줄여 1분 30초, 양배추를
넣고 30초, 청 · 홍고추와 밤을
넣고 1분간 더 끓인 후 불을 끄고
통깨를 뿌린다.

고소한 두부에 파프리카를 잘게 다져 넣고 양배추로 돌돌 말아 찐 후 구수한
된장 소스에 찍어 먹는 요리랍니다. 양배추는 너무 많이 찌면 물러지고 덜 찌면
뻣뻣해 말아지지가 않으니 레시피에 제시한 시간대로 잘 찌는 것이 중요해요.

양배추 말이찜 두부 파프리카

조리시간 · 35~40분
재료 · 2~3인분
1인분 열량 · 86kcal

- □ 양배추 손바닥 크기 5장(150g)
- □ 깻잎 5장
- □ 두부(부침용, 큰 팩)
  1/2모(150g)

- □ 파프리카 1/6개
  (30g, 빨강 · 노랑 · 녹색
  파프리카 각각 10g씩)
- □ 미나리 10줄기(20g)

두부 양념
- □ 통깨 1작은술
- □ 구운 소금(또는 죽염) 1/4작은술

- □ 참기름 1작은술

된장 소스
- □ 감자 1/4개(50g)
- □ 채소 국물 1/2컵(100㎖)
  ★ 채소 국물 만들기 28쪽 참고
- □ 된장 1큰술

1

깻잎은 흐르는 물에 씻은 후
꼭지를 떼고 체에 밭쳐 물기를
뺀다. 김이 오른 찜기에
양배추를 넣고 6분간 찐 후 체에
밭쳐 한 김 식힌다.

2

된장 소스용 **감자**는 필러로
껍질을 벗기고 강판에 간다.
파프리카는 굵게 다지고,
미나리는 잎 부분을 떼어낸다.

3

냄비에 채소 국물(1/2컵)을 붓고
된장을 넣어 푼 후 센 불에서
끓인다. 바글바글 끓어오르면
②의 간 감자를 넣고 되직해질
때까지 3분간 끓여 된장 소스를
만든다.

4

끓는 물(3컵)에 두부를 넣어 3분간
데친 후 체로 건져 한 김 식힌다.
물을 계속 끓여 미나리, 소금
1/2작은술을 넣고 30초간 데친 후
찬물에 헹궈 물기를 꼭 짠다.

5

④의 두부는 면보에 싸서 물기를
꼭 짠 후 볼에 두부, 두부 양념,
파프리카를 넣고 골고루 섞는다.

6

찐 양배추 위에 깻잎을 깔고
⑤의 1/5분량을 올려 돌돌 만 후
미나리로 양옆을 묶는다. 나머지
4개도 같은 방법으로 만든다.

7

김이 오른 찜기에 젖은 면보를
깔고 ⑥을 올려 뚜껑을 덮은 채
센 불에서 1분간 찐다. 그릇에
담고 된장 소스를 곁들인다.

애호박 안에 으깬 고구마를 넣고 찐 애호박 고구마찜은 채소의 은은한 단맛이
배어나 아이들도 좋아하는 메뉴로, 고소한 다진 호두를 곁들여 더욱 맛있어요.
고구마 대신 으깬 감자를 넣으면 조금 더 담백한 애호박찜을 만들 수 있어요.

조리시간 · 40~45분
재료 · 2~3인분
1인분 열량 · 78kcal

- ☐ 애호박 1/2개(140g)
- ☐ 소금 약간(애호박 절임용)
- ☐ 고구마 1/2개(100g)
- ☐ 호두 2개(10g)
- ☐ 구운 소금(또는 죽염) 1/3작은술
- ☐ 참기름 1/2작은술

1

애호박은 길게 2등분해 1cm 폭으로
썬 후 가운데 부분을 0.5cm 정도
남기고 칼집을 넣는다. 칼집을
넣은 윗부분에 소금을 뿌려 10분간
절인다.

2

고구마는 필러로 껍질을 벗기고
모양대로 1.5cm 두께로 썬다.
호두는 키친타월에 올려 곱게
다진다.

3

냄비에 고구마와 고구마가
잠길 정도의 물을 넣고 센 불에서
끓인다. 끓어오르면 중간 불로
줄여 10분간 삶는다.

4

볼에 고구마를 넣고 숟가락으로
으깬 후 구운 소금과 참기름을
섞는다.

5

①의 애호박 사이에 ④의
고구마를 넣고 젓가락으로 꼭꼭
누른다. ★ 고구마를 넣다가
애호박이 반으로 쪼개지면
그 상태 그대로 붙인다.

6

김이 오른 찜기에 젖은 면보를
깔고 ⑤를 올려 뚜껑을 덮은 채
센 불에서 5분간 찐다.
그릇에 담고 다진 호두를 뿌린다.

＊고구마 대신 감자로 대체하기
고구마 대신 감자로 대체할
경우 과정 ③에서 15분간
삶아주세요.

＊주의하세요!
애호박 고구마찜은
레시피대로 5분간만 찌는
것이 중요해요. 그 이상 찌면
애호박이 너무 물러
식감과 색이 좋지 않아요.

가지 감자찜

가지 안에 으깬 감자와 다진 채소를 넣고 담백하게 쪄낸 후 톡 쏘는 연겨자 소스를 곁들여 먹는 요리입니다. 모양도 예뻐 손님상에도 잘 어울린답니다.
가지는 특유의 쫄깃한 식감이 살아 있도록 레시피대로 오래 찌지 않는 것이 좋아요.

조리시간 • 40~45분
재료 • 2~3인분
1인분 열량 • 102kcal
- □ 감자 1개(200g)
- □ 가지 2개(300g)
- □ 소금 약간(가지 절임용)
- □ 미나리 6줄기(12g)

- □ 당근 1/10개(20g)
- □ 청고추 1/2개(생략 가능)
- □ 홍고추 1/2개(생략 가능)
- □ 표고버섯 1/2개(10g)
- □ 국간장 1/4작은술
- □ 구운 소금(또는 죽염) 1/3작은술
- □ 참기름 1작은술

연겨자 소스
- □ 식초 2큰술
- □ 조청(또는 물엿, 올리고당) 2큰술
- □ 양조간장 1작은술
- □ 연겨자 1작은술

1

감자는 강판에 갈아 면보에 싸서 물기를 꼭 짠 다음 물은 20분간 가만히 둔다.
웃물은 버리고 가라앉은 전분과 물기를 짠 감자를 골고루 섞는다.
★ 감자 반죽 만들기 22쪽 참고

2

가지는 4cm 길이로 썰고 2.5cm 깊이의 열십(+)자 모양으로 칼집을 넣은 후 소금을 약간 뿌려 10분간 절인다. 끓는 소금물(물 4컵 + 소금 1/2작은술)에 미나리를 넣고 30초간 데친 후 찬물에 헹구고 물기를 뺀다.

3

당근, 청·홍고추, 표고버섯은 잘게 다진다. 홍고추는 흐르는 물에 한 번 헹궈 체에 밭쳐 물기를 뺀다. 볼에 연겨자 소스 재료를 넣어 섞는다. ★ 홍고추는 물에 헹궈 붉은 물을 빼야 감자에 물이 들지 않는다.

4

볼에 ①의 감자, 당근, 청·홍고추, 표고버섯, 국간장, 구운 소금을 넣고 골고루 섞는다.

5

②의 가지에 ④를 넣고 젓가락으로 꼭꼭 누른 후 벌어지지 않도록 옆면을 데친 미나리로 묶는다.

6

김이 오른 찜기에 젖은 면보를 깔고 가지를 올린 후 뚜껑을 덮은 채 센 불에서 7분간 찐다.
그릇에 담고 연겨자 소스를 곁들인다.

＊ 다양한 가지찜 만들기
감자 대신 고구마 또는 연근 200g을 준비해 가지찜을 만들어도 좋아요. 고구마는 냄비에 고구마와 고구마가 잠길 정도의 물을 넣고 중간 불에서 10분간 삶아 으깬 후 가지찜 안에 넣고, 연근은 강판에 갈고 면보에 싸서 물기를 꼭 짠 후 소금 약간 넣고 섞어 가지찜 안에 넣으세요.

85

새송이 무찜

새송이버섯과 무를 이용해 시원하고 담백하게 즐길 수 있는 요리예요. 새송이버섯
안에 무를 넣을 때 부서지지 않게 조심하고, 채소 국물을 자작하게 부어
찌듯이 익히는 것이 중요해요. 새송이 무찜에서 나오는 시원한 국물도 함께 드세요.

조리시간 · 20~25분
재료 · 2인분
1인분 열량 · 19kcal

□ 미니 새송이버섯 10개(60g)
□ 무 지름 10cm, 두께 0.5cm
　1토막(50g)

□ 구운 소금(또는 죽염)
　1/3작은술
□ 참기름 1/2작은술
□ 국간장 1/2작은술

채소 국물
(완성량 1/2컵, 100㎖)
□ 물 1과 1/2컵(300㎖)
□ 말린 표고버섯 2개
□ 다시마 5×5cm 1장

1

냄비에 채소 국물 재료를 넣고
센 불에서 끓인다. 바글바글
끓어오르면 다시마를 건진 뒤
약한 불로 줄여 10분간 더 끓인
다음 표고버섯을 건진다.

2

미니 새송이버섯은 지저분한
밑동을 제거해 1cm 정도 남기고
가운데 열십(+)자로 칼집을 낸다.

3

무는 껍질을 벗기고 3cm 길이로
가늘게 채 썬다.

4

볼에 무, 구운 소금, 참기름을 넣고
조물조물 무친다.

5

②의 미니 새송이버섯 안에 ④의
무를 젓가락으로 꼭꼭 눌러 넣어
채운다.

6

①의 냄비에 국간장, ⑤를 넣고
센 불에서 끓어오르면
약한 불로 줄인 후 뚜껑을 덮고
5분간 더 끓인다.

✽ 새송이버섯으로 만들기
미니 새송이버섯 10개는
새송이버섯 4개로 대체할 수
있어요. 새송이버섯으로
모든 과정을 동일하게
만들면 좀 더 푸짐해 보이는
일품요리가 만들어져요.

버섯 안에 섬유질이 풍부한 우엉을 듬뿍 채워 만든 건강한 찜 요리입니다.
찜 요리는 재료의 영양소 파괴를 막고 가장 담백하게 조리할 수 있어 사찰 음식에
자주 사용되는 조리 방법이랍니다. 버섯 우엉찜은 부드러운 식감과 깔끔한 맛으로
매콤한 고추장 소스나 톡 쏘는 연겨자 소스와 잘 어울려요.

버섯 우엉찜

조리시간 · 25~30분
재료 · 2~3인분
1인분 열량 · 97kcal

□ 우엉 지름 2cm,
　길이 10cm 2토막(50g)
□ 표고버섯 4개(100g)
□ 양송이버섯 4개(80g)

□ 다진 브로콜리 1큰술
　(10g, 생략 가능)
□ 다진 당근 1큰술(10g, 생략 가능)
□ 두부(부침용, 작은 팩) 1/2모
　(100g)
□ 구운 소금(또는 죽염) 1/3작은술
□ 참기름 1/2작은술

□ 녹말가루 1큰술
고추장 소스
□ 설탕 1/2큰술
□ 식초 1/2큰술
□ 고추장 1큰술
□ 참기름 1/2큰술

1

우엉은 칼등으로 긁어 껍질을
벗기고 흐르는 물에 깨끗이 씻은 후
푸드 프로세서로 곱게 간다.
★ 우엉 손질하기 20쪽 참고

2

표고버섯과 **양송이버섯**은
밑동을 제거한다. **브로콜리**와
당근은 잘게 다진다.

3

두부는 칼 옆면으로 눌러 곱게
으깬 후 면보에 싸서 물기를
꼭 짠다. 작은 볼에 고추장 소스
재료를 넣어 골고루 섞는다.
★ 두부 으깨기 24쪽 참고

4

볼에 우엉, 두부, 브로콜리, 당근,
구운 소금, 참기름을 넣고 골고루
섞는다.

5

표고버섯과 양송이버섯 안쪽에
녹말가루를 골고루 묻히고 ④를
채운다. 녹말가루를 체에 내리며
버섯 윗면에 골고루 뿌린다.

6

김이 오른 찜기에 젖은 면보를
깔고 ⑤를 올려 뚜껑을 덮은 채
센 불에서 6분간 찐다.
그릇에 담고 고추장 소스를
곁들인다.

＊ 이 메뉴에 어울리는
　연겨자 소스 만들기
배(또는 사과) 1/8개(80g),
식초 2큰술, 설탕 1큰술,
레몬즙 3큰술(1/2개분),
연겨자 1작은술, 구운 소금
(또는 죽염) 1/2작은술을
준비하여 믹서 또는 푸드
프로세서에 넣고 곱게 갈아요.

파프리카찜

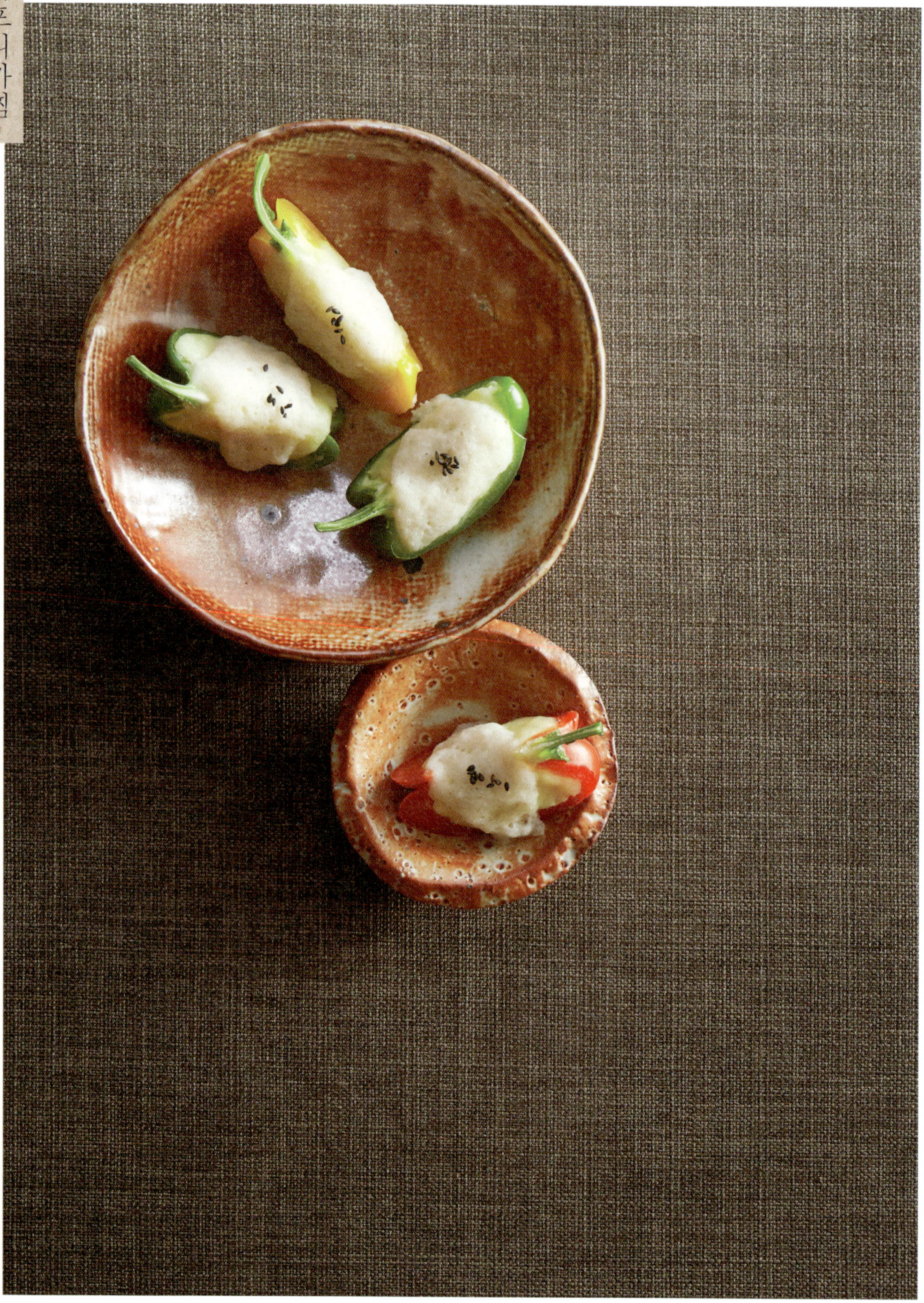

파프리카찜

상큼한 파프리카 속을 담백하고 고소한 감자와 고구마로 채운 파프리카찜은
사과를 닮은 귀여운 모양과 알록달록한 색상으로 아이들 영양 간식은 물론
손님상에도 잘 어울리는 요리지요. 윗면에 마 대신 연근을 갈아 올려도 좋답니다.

조리시간 · 25~30분
재료 · 2~3인분
1인분 열량 · 88kcal

☐ 고구마 1/2개(100g)
☐ 감자 1/2개(100g)
☐ 빨강 파프리카 1/3개(70g)

☐ 노랑 파프리카 1/3개(70g)
☐ 녹색 파프리카 1/3개(70g)
☐ 마 지름 5cm, 길이 2.5cm
   1토막(50g)
☐ 구운 소금(또는 죽염) 약간
   (마 밑간용)

☐ 참기름 약간(마 밑간용)
☐ 구운 소금 (또는 죽염)
   1/3작은술
☐ 참기름 1/2작은술
☐ 검은깨 약간(생략 가능)

1

고구마와 감자는 필러로 껍질을
벗기고 1.5cm 폭으로 썬다.
냄비에 고구마와 감자, 잠길 정도의
물을 넣고 센 불에서 끓어오르면
중간 불로 줄여 10분간 삶는다.

2

파프리카는 꼭지 부분을 살리고
씨 부분을 제거한 후 모양대로
2등분한다.

3

마는 흐르는 물에 씻어 흙을
닦아낸 뒤 필러로 껍질을 벗기고
다시 한 번 흐르는 물에 씻는다.
★ 마의 점액이 손에 묻으면
가려움증이 생길 수 있으니 위생
장갑을 끼고 손질한다.

4

마는 물기를 제거하고 강판
또는 푸드 프로세서에 간다.
마에 구운 소금, 참기름 약간을
넣어 골고루 섞는다.

5

볼에 삶은 고구마와 감자를 넣고
숟가락으로 으깬 후 구운 소금
1/3작은술, 참기름 1/2작은술을
넣어 섞는다.

6

파프리카 안에 ⑤를 채우고
숟가락으로 꼭꼭 눌러 모양을
잡은 뒤 윗면에 ④를 올린다.

7

김이 오른 찜기에 젖은 면보를
깔고 ⑥을 올려 뚜껑을 덮은 채
센 불에서 3분간 찐다. 찜기에서
꺼낸 후 검은깨를 뿌린다.

마는 식이섬유와 단백질, 칼슘, 비타민 C 등의 영양 성분이 풍부하고
마의 뮤신 성분이 위점막을 보호해 위장 장애, 소화불량 등에 효과적이에요.
마의 끈적거리는 식감 때문에 즐겨 먹지 못한 분들은 참마 은행찜을 만들어보세요.
찜 요리로 만들면 마의 식감이 부드럽고 맛이 고소해진답니다.

참마 은행 찜

조리시간 · 30~35분
재료 · 2~3인분
1인분 열량 · 37kcal

□ 마 지름 5cm,
　 길이 5cm 1토막(100g)
□ 구운 소금(또는 죽염) 1/3작은술

□ 참기름 1/2작은술
□ 은행 4개
□ 표고버섯 1/5개(5g)
□ 대추 1개(생략 가능)
□ 잣 1큰술
□ 식용유 1작은술

1

마는 흐르는 물에 씻어 흙을
닦아낸 뒤 필러로 껍질을 벗기고
다시 한 번 흐르는 물에 씻는다.
★ 마의 점액이 손에 묻으면
가려움증이 생길 수 있으니 위생
장갑을 끼고 손질한다.

2

마는 물기를 제거하고 강판
또는 푸드 프로세서에 간다.
마에 구운 소금, 참기름을 넣어
골고루 섞는다.

3

달군 팬에 식용유를 두르고
키친타월로 닦아낸 후 은행을
넣고 약한 불에서 5분간 볶는다.
키친타월에 은행을 올려 비벼가며
껍질을 벗긴다.

4

표고버섯은 밑동을 제거하고 잘게
다진다. **대추**는 돌려 깎아 씨를
제거한 뒤 잘게 다지고, ③의 볶은
은행은 2등분한다.

5

내열 용기에 ②의 마를 담은 후
윗면에 은행, 대추, 표고버섯, 잣을
올리고 랩을 씌운다.

6

김이 오른 찜기에 젖은 면보를
깔고 내열 용기째 넣어 뚜껑을
덮은 채 센 불에서 15~20분간
찐다.

＊ 마 손질하기
　마를 손질할 때는 손에
가려움증이 생길 수 있으니
위생 장갑을 끼고, 가려움증이
생겼을 때는 식초를 희석한
물에 씻으세요. 마는 껍질을
벗기고 바로 먹지 않으면
갈변 현상이 일어나고 아삭한
식감이 줄어드니 식촛물
(물 3컵 + 식초 1작은술)에
담가두세요.

애호박편수

+ 고추 소스

편수는 채소로 만든 소를 넣고 네모 모양으로 만든 개성식 만두로 물 위에 조각이 떠 있는 모양이라 하여 편수(片水)라 이름 붙였어요. 애호박편수는 따뜻하게도 먹지만 주로 여름철에 시원한 국물과 함께 즐겨 먹는답니다.

조리시간 · 40~45분
재료 · 2~3인분
1인분 열량 · 378kcal

□ 만두피 지름 10cm 9장
□ 말린 표고버섯 3개
□ 숙주 1줌(50g)
□ 두부(부침용, 큰 팩)
  1/2모(150g)

□ 애호박 1개(280g)
□ 구운 소금(또는 죽염) 1작은술

표고버섯 양념
□ 국간장 1/2작은술
□ 참기름 1/2작은술

애호박 · 숙주 양념
□ 구운 소금(또는 죽염)
  1/3작은술

□ 참기름 1/2작은술

고추 소스
□ 다진 청고추 1/4개분
□ 다진 홍고추 1/4개분
□ 설탕 2/3큰술
□ 식초 1큰술
□ 양조간장 1큰술

1

작은 볼에 고추 소스 재료를 넣어 섞는다. 말린 표고버섯은 미지근한 물(뜨거운 물 1과 1/2컵 + 찬물 1과 1/2컵)에 20분간 불린다.

2

숙주는 끓는 물(4컵)에 넣고 1분 30초간 데친 후 체로 건져 찬물에 헹군 후 물기를 꼭 짠다. 물을 계속 끓여 두부를 넣어 3분간 데친 후 한 김 식히고 면보에 싸서 물기를 꼭 짠다.

3

애호박은 5cm 길이로 썰어 돌려 깎은 후 0.5cm 두께로 채 썬다. **숙주**는 2cm 길이로 썰고, **표고버섯**은 물기를 꼭 짠 후 밑동을 제거하고 0.3cm 두께로 썬다.

＊ 시원한 국물 곁들이기
채소 국물을 만든 후 냉장실에 1시간 이상 넣어 차갑게 준비하세요. 애호박편수를 그릇에 담고 차가운 채소 국물을 자작하게 부어 먹으면 여름철 별미 만두 요리가 된답니다.
★ 채소 국물 만들기 28쪽 참고

4

표고버섯은 표고버섯 양념 재료와 버무리고, 애호박과 숙주는 애호박 · 숙주 양념 재료와 무친다. 큰 볼에 두부, 표고버섯, 애호박과 숙주를 넣고 골고루 섞는다.

5

만두피 중앙에 ④의 만두소 1과 1/2큰술을 넣고 가장자리에 물을 살짝 바른다. 반죽의 네 귀퉁이를 접어 붙여 사진과 같은 모양으로 빚는다.

6

김이 오른 찜기에 젖은 면보를 깔고 ⑤를 올려 뚜껑을 덮은 채 센 불에서 10분간 찐다. 그릇에 담고 고추 소스를 곁들인다.

만두소를 배춧잎으로 감싸 쪄 후 구수한 된장 소스를 곁들었어요. 만두피 대신
배추를 이용해 맛이 깔끔하고, 섬유질이 풍부한 재료를 넣어 먹고 난 후에
속이 편안해요. 만두소에 잣과 다진 견과류를 넣으면 맛이 더 고소해진답니다.

조리시간 • 40~45분
(＋ 배추 절이기 1시간)
재료 • 2~3인분
1인분 열량 • 165kcal

- ☐ 배춧잎 8~10장(300g)
- ☐ 당면 1/3줌(30g)
- ☐ 말린 표고버섯 1개
- ☐ 숙주 1/2줌(25g)
- ☐ 두부(부침용, 작은 팩)
  1/2모(90g)

- ☐ 시금치 1/2줌(25g)
- ☐ 당근 1/20개(10g, 생략 가능)
- ☐ 땅콩 1과 1/2큰술(15g)
- ☐ 녹말가루 4큰술
- ☐ 구운 소금(또는 죽염)
  1/2작은술
- ☐ 참기름 1/2작은술
- ☐ 후춧가루 약간

된장 소스
- ☐ 설탕 1과 1/2큰술

- ☐ 배(강판에 간 것, 또는 생수)
  1큰술(10g)
- ☐ 채소 국물(또는 생수)
  2와 1/2큰술★ 채소 국물
  만들기 28쪽 참고
- ☐ 식초 1큰술
- ☐ 조청(또는 물엿, 올리고당)
  1작은술
- ☐ 된장 2작은술
- ☐ 고추장 1/2작은술
- ☐ 참기름 1/2작은술

1

배춧잎은 소금물(물 1/2컵 ＋ 소금
3큰술)에 담가 1시간 절인 후
찬물에 헹궈 체에 밭쳐 물기를 뺀다.
당면은 잠길 정도의 물을 넣고
30분간 불린다. **표고버섯**은
미지근한 물(뜨거운 물 1과 1/2컵 ＋
찬물 1과 1/2컵)에 20분간 불린다.

2

끓는 물에 숙주를 1분간 데친 후
체로 건져 찬물에 헹궈 물기를
꼭 짠다. 물을 계속 끓여 당면을
넣고 5분간 삶은 다음 체로 건져
찬물에 헹궈 물기를 뺀다.

3

②의 당면 삶은 물에 두부를 넣고
3분간 데친 후 체로 건져 한 김
식힌다. 물을 계속 끓여
시금치와 소금 1/2작은술을 넣고
30초간 데친 후 찬물에 헹궈
물기를 꼭 짠다.

4

시금치, 숙주, 당면은 3cm 길이로
썬다. **당근, 표고버섯, 땅콩**은 굵게
다진다. **두부**는 칼 옆면으로 눌러
곱게 으깬 후 면보에 싸서 물기를
꼭 짠다. ★ 두부 으깨기 24쪽 참고

5

볼에 당면, 숙주, 시금치,
표고버섯, 당근, 땅콩, 두부와
구운 소금, 참기름, 후춧가루를
넣고 골고루 섞는다. 작은 볼에
된장 소스 재료를 넣어 섞는다.

6

배춧잎 안쪽에 녹말가루를
골고루 묻힌 후 배춧잎 두꺼운
부분 쪽에 ⑤를 2큰술씩 넣고
돌돌 만다. 배추만두에
다시 녹말가루를 골고루 묻힌다.
나머지도 같은 방법으로 만든다.

7

김이 오른 찜기에 젖은 면보를
깔고 ⑥을 올려 뚜껑을 덮은 채
센 불에서 6~7분간 찐다. 그릇에
담고 된장 소스를 곁들인다.

감자만두

+ 고추 소스

감자만두는 만들기도 쉽고 영양도 풍부할 뿐 아니라 쫀득하고 담백한 감자의 새로운 맛을 즐길 수 있는 메뉴입니다. 구운 소금과 참기름만으로 고소하게 반죽한 만두소와 매콤한 고추 소스가 잘 어울리지요. 식감이 부드러워 아이들 영양식으로도 좋답니다.

조리시간 · 35~40분
재료 · 2~3인분
1인분 열량 · 176kcal

- □ 만두피 지름 8cm 8장
- □ 감자 2개(400g)
- □ 구운 소금(또는 죽염) 1/2작은술
- □ 참기름 1/2작은술

고추 소스

- □ 다진 청고추 1/4개분
- □ 다진 홍고추 1/4개분
- □ 설탕 2/3큰술
- □ 식초 1큰술
- □ 양조간장 1큰술

1

감자는 강판에 갈고 젖은 면보에 감싸 물기를 꼭 짠 다음 물은 20분간 가만히 둔다.

2

작은 볼에 고추 소스 재료를 넣어 섞는다.

3

①의 웃물은 버리고 가라앉은 전분과 물기를 짠 감자를 골고루 섞는다.

4

③의 반죽에 구운 소금, 참기름을 넣고 골고루 섞는다.

5

만두피 가운데에 ④의 만두소를 1/8분량씩(20g) 올리고 가장자리에 물을 살짝 바른다. 반을 접어 양 끝 부분을 붙이고 사진처럼 중심부를 잡아 접어 붙인다.

6

김이 오른 찜기에 젖은 면보를 깔고 ⑤를 올린 후 뚜껑을 덮은 채 센 불에서 10분간 찐다. 그릇에 담고 고추 소스를 곁들인다.

＊ 이 메뉴 색다르게 즐기기
감자만두에 채소 국물을 만들고 남은 표고버섯 1개를 잘게 다져 넣거나, 다진 견과류(호두, 땅콩, 아몬드 등) 2큰술을 넣어도 맛있어요.

부침하고 먹었는 일품요리

만두피 없이 만두소만 둥글게 빚은 후 밑국물을 자작하게 부어 먹는 간편한
만둣국입니다. 은은한 취나물 향과 두부의 담백함이 어우러진 별미랍니다. 봄에는
신선한 봄나물을, 겨울철에는 말린 나물을 넣어 다양한 굴림만두를 만들어보세요.

취나물 두부 굴림만두

조리시간 • 25~30분
(+ 취나물 손질하기 1시간)
재료 • 2인분
1인분 열량 • 79kcal

- □ 불린 취나물 24g
  (말린 취나물 6g, 6시간 불린 것)

- □ 두부(부침용, 큰 팩)
  1/2모(150g)
- □ 구운 소금(또는 죽염) 약간
- □ 참기름 약간
- □ 녹말가루 1큰술
- □ 국간장 1작은술

채소 국물(완성량 2컵, 400㎖)
- □ 물 3컵(600㎖)
- □ 말린 표고버섯 2개
- □ 다시마 5×5cm 1장

1

불린 취나물은 찬물에 헹군 후
냄비에 취나물과 물(4컵)을 넣고
센 불에서 바글바글 끓어오르면
약한 불로 줄이고 뚜껑을 덮어
20~30분간 삶는다. ★ 취나물
손질하기 20쪽 참고

2

삶은 취나물은 맑은 물이 나올
때까지 찬물에 2~3회 헹군 후
취나물이 잠길 정도의 차가운
물에 30분 정도 담가둔다.
체에 밭쳐 물기를 빼고 억센 줄기
부분을 제거하고 3cm 길이로 썬다.

3

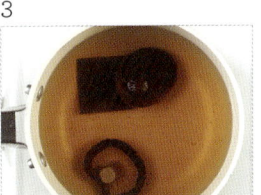

냄비에 채소 국물 재료를 넣고
센 불에 끓인다. 바글바글
끓어오르면 다시마를 건진 뒤
약한 불로 줄여 10분간 더 끓인다.

4

두부는 끓는 물(4컵)에 넣어 3분간
데치고 체에 밭쳐 한 김 식힌 후
면보에 싸서 물기를 꼭 짠다.

5

볼에 취나물과 두부, 구운 소금,
참기름을 넣고 골고루 섞는다.
반죽을 지름 2cm 크기로
동그랗게 빚은 후 녹말가루를
골고루 묻힌다.

6

김이 오른 찜기에 젖은 면보를
깔고 ⑤를 올린 후 뚜껑을 덮은 채
센 불에서 5분간 찐다.

7

냄비에 ③의 채소 국물(2컵)과
국간장을 넣고 바글바글
끓어오르면 불을 끈다.
그릇에 굴림만두를 담고
국물을 붓는다.

단
호
박
두
유
그
라
탱

쑥 연근 그라탱

연근은 얕은 연못이나 깊은 논의 땅속에서 자라는 연의 뿌리줄기로 비타민 C는 물론 폴리페놀 같은 항산화 물질이 풍부하답니다. 평소에 연근을 즐겨 먹지 않는 아이들에게 연근으로 그라탱을 만들어주세요.

조리시간 · 35~40분
재료 · 2~3인분
1인분 열량 · 124kcal

- □ 두부(부침용, 작은 팩) 1/2모(100g)
- □ 쑥 1줌(50g)

- □ 연근 지름 4cm, 길이 10cm 1토막(200g)
- □ 표고버섯 2개(50g)
- □ 청피망 약간(생략 가능)
- □ 홍피망 약간(생략 가능)
- □ 구운 소금(또는 죽염) 1/2작은술

- □ 참기름 1작은술
- □ 마 지름 5cm, 길이 5cm 1토막(100g)
- □ 구운 소금(또는 죽염) 약간 (마 밑간용)

1

두부는 끓는 물(3컵)에 넣어 3분간 데친 후 체로 건져 한 김 식힌다. 물을 계속 끓여 소금 1/2작은술, 쑥을 넣고 30초간 데친 후 찬물에 헹궈 물기를 꼭 짠다. ★ 과정 ⑥의 오븐을 180℃로 예열한다.

2

연근은 필러로 껍질을 벗기고 2/3분량은 푸드 프로세서(또는 강판)에 갈고 나머지는 잘게 다진다. ★ 연근을 모두 갈아서 넣으면 조금 더 부드러운 식감의 그라탱이 된다.

3

표고버섯은 밑동을 제거해 사방 0.5cm 크기로 썰고, **데친 쑥**은 1cm 폭으로 썬다. **두부**는 면보에 싸서 물기를 꼭 짜고, **청 · 홍피망**은 잘게 다진다.

4

볼에 두부, 연근, 표고버섯, 쑥과 구운 소금(1/2작은술), 참기름을 넣고 골고루 섞는다.

5

마는 필러로 껍질을 벗기고 푸드 프로세서(또는 강판)에 간 후 구운 소금을 넣고 골고루 섞는다. ★ 마의 점액이 손에 묻으면 가려움증이 생길 수 있으니 위생 장갑을 끼고 손질한다.

6

내열 용기에 ④를 넣고 위에 ⑤의 마를 올린다. 180℃로 예열한 오븐의 가운데 칸에서 10~15분간 윗면이 노릇해질 때까지 굽는다. 오븐에서 꺼낸 후 다진 청 · 홍피망을 뿌린다.

＊ 쑥 대신 다른 나물로 대체하기
쑥이 나오지 않는 계절에는 취나물, 참나물, 곤드레나물 등의 산나물 50g을 준비하여 쑥 대신 넣으세요.

마와 단호박을 이용해 열량이 낮고 영양은 풍부한 단호박 두유 그라탱은 단호박의
달콤함과 두유의 고소함이 더해져 아이들도 좋아하는 자연식 그라탱입니다.
두유 대신 우유를 이용하거나 마 대신 피자 치즈를 올려 구워도 좋아요.

조리시간 • 35~40분
재료 • 2~3인분
1인분 열량 • 254kcal
- □ 단호박 1/3개(300g)
- □ 청피망 1/2개(50g)
- □ 홍피망 1/2개(50g)

- □ 표고버섯 2개(50g)
- □ 밀가루 3큰술(15g)
- □ 식용유 2큰술
- □ 두유 1과 1/2컵(300㎖)
- □ 구운 소금 (또는 죽염) 1/2작은술

- □ 마 지름 지름 5cm, 길이 5cm 1토막(100g)
- □ 구운 소금 (또는 죽염) 약간 (마 밑간용)

1

단호박은 껍질을 벗기고 씨를
제거한 후 0.3cm 두께로 편 썬다.
청 · 홍피망은 씨를 빼고 1cm 두께로
썰고, **표고버섯**은 밑동을 제거하고
0.5cm 두께로 썬다. ★ 과정 ⑥의
오븐을 180℃로 예열한다.

2

달군 팬에 밀가루를 넣고 중간
불에서 1분간 볶다가 식용유
1큰술을 넣고 주걱으로 저어가며
약한 불에서 2분간 볶아 접시에
덜어둔다.

3

②의 팬을 깨끗이 닦은 후 다시
달궈 식용유 1큰술을 두르고
단호박을 올려 센 불에서 2분간
볶는다.

4

③에 청 · 홍피망, 표고버섯,
두유, ②를 넣고 주걱으로 잘 푼
후 1분간 끓이다가 구운 소금
1/2작은술을 넣고 골고루 섞는다.

5

마는 필러로 껍질을 벗기고 푸드
프로세서(또는 강판)에 간 후
구운 소금 약간을 넣고 골고루
섞는다. ★ 마의 점액이 손에 묻으면
가려움증이 생길 수 있으니 위생
장갑을 끼고 손질한다.

6

내열 용기에 ④를 넣고 위에
⑤의 마를 올린다. 180℃로
예열한 오븐의 가운데 칸에서
10~15분간 윗면이 노릇해질
때까지 굽는다.

든든하고 맛있는 일품요리

아삭한 연근과 부드러운 두부의 식감이 절묘하게 어우러지는 연근 두부탕수에
사과와 매실청을 넣어 향과 맛을 풍부하게 살린 소스를 곁들였습니다. 당근과
피망같이 사각사각한 채소를 곁들여 고기 없이도 맛있는 탕수를 만들어보세요.

연근 두부탕수
+ 사과 소스

조리시간 • 40~45분
재료 • 2~3인분
1인분 열량 • 499kcal

- ☐ 연근 지름 4cm,
  길이 20cm 1개(400g)
- ☐ 두부(부침용, 작은 팩) 1/2모
  (100g)
- ☐ 소금 약간(두부 밑간용)
- ☐ 녹말가루 5큰술

- ☐ 식용유 3컵(600㎖, 튀김용)

튀김옷
- ☐ 밀가루 1/2컵(50g)
- ☐ 녹말가루 1/2컵(50g)
- ☐ 물 1컵(200㎖)
- ☐ 구운 소금(또는 죽염) 1작은술

사과 소스
- ☐ 사과 1/2개(100g)
- ☐ 청피망 1/3개(30g)

- ☐ 홍피망 1/3개(30g)
- ☐ 당근 1/5개(40g)
- ☐ 물 3/4컵(150㎖)
- ☐ 국간장 1/2큰술
- ☐ 매실청 6큰술
- ☐ 식용유 1큰술

녹말물
- ☐ 녹말가루 1큰술
- ☐ 물 1큰술

1

두부는 사방 2cm 크기로 썬다.
두부를 키친타월에 올리고 앞뒤로
소금을 뿌려 10분간 절인 후
키친타월로 물기를 제거한다.

2

연근은 필러로 껍질을 벗기고
길게 4~6등분한 후 삼각형으로
썬다. 소스용 **청 · 홍피망**은
씨를 빼고 2cm 폭의 삼각형으로
썰고, **당근**은 길이대로 2등분한 후
0.3cm 두께로 썬다.

3

소스용 사과를 강판에 간 후
물(3/4컵), 국간장, 매실청과
섞는다. 작은 볼에 녹말물 재료를
넣어 섞고, 큰 볼에 튀김옷 재료를
넣어 골고루 섞는다.

4

위생팩에 녹말가루, 연근을 넣고
가볍게 흔들어 골고루 묻히고
연근을 덜어낸 후 두부를 넣어
같은 방법으로 녹말가루를
묻힌다.

5

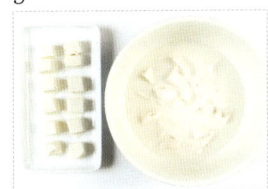

튀김옷 반죽에 ④의 연근과
두부를 넣고 젓가락을 이용해
반죽을 골고루 입힌다.

6

작은 냄비에 식용유를 붓고
180℃(튀김옷을 넣었을 때 중간
정도에 머물렀다가 떠오르는
정도)로 달군다. 연근을 넣어
3분간, 두부를 넣고 2분간 튀긴 후
키친타월에 올려 기름기를 뺀다.

7

달군 팬에 식용유 1큰술을 두르고
센 불에서 청 · 홍피망, 당근을 넣어
30초간 볶는다. ③의 사과 소스
양념을 부어 바글바글 끓어오르면
1분, 녹말물(넣기 전에 한 번 더 섞을
것)을 넣고 30초 더 끓인다. 그릇에
⑥을 담고 사과 소스를 붓는다.

콩물 단호박탕수

따뜻하고 맛있는 일품요리

106

달콤한 단호박과 고소한 두부를 으깨 동글동글하게 빚고 기름에 튀긴 후
달달한 콩물 소스를 곁들였어요. 부드러운 식감과 달콤한 맛 덕분에 아이들이
좋아하는 별미 메뉴랍니다.

콩물 단호박탕수

조리시간 • 30~35분
재료 • 2~3인분
1인분 열량 • 283kcal

- [ ] 단호박 1/3개(300g)
- [ ] 두부(부침용, 작은 팩) 1/2모 (100g)
- [ ] 다진 당근 1큰술(10g)

- [ ] 녹말가루 5큰술
- [ ] 구운 소금(또는 죽염) 1/3작은술
- [ ] 식용유 3컵(600㎖)

콩물 소스
- [ ] 불린 콩(백태, 6시간 불린 것) 1/4컵(50g)
- [ ] 물 3/4컵(150㎖)

- [ ] 설탕 2큰술
- [ ] 구운 소금(또는 죽염) 1작은술

녹말물
- [ ] 녹말가루 1큰술
- [ ] 물 1큰술

1

단호박은 껍질을 벗기고 숟가락으로 씨를 뺀 후 1cm 두께로 썬다. **두부**는 끓는 물(4컵)에 넣어 3분간 데쳐 한 김 식힌 후 면보에 싸서 물기를 꼭 짠다.

2

단호박은 김이 오른 찜기에 넣어 뚜껑을 덮은 채 중간 불에서 10분간 찐 후 숟가락으로 곱게 으깬다.

3

큰 볼에 단호박, 당근, 두부, 녹말가루, 구운 소금을 넣고 잘 치댄 후 지름 2cm 크기로 동그랗게 빚는다. ★ 단호박의 수분이 많을 경우 녹말가루를 더한다.

4

냄비에 식용유를 붓고 180℃(반죽을 넣었을 때 중간 정도에 머물렀다가 떠오르는 정도)로 달군다. ③을 넣고 2분 30초간 튀긴 후 키친타월에 올려 기름기를 뺀다.

5

믹서에 불린 콩과 물(3/4컵)을 넣고 곱게 간 후 체에 걸러 콩물을 만든다. 작은 볼에 녹말물 재료를 넣어 섞는다.

6

냄비에 콩물, 설탕, 구운 소금을 넣고 센 불에서 끓인다. 바글바글 끓어오르면 중간 불로 줄여 2분간 끓이다가 녹말물 1큰술 (넣기 전에 한 번 더 섞을 것)을 넣고 10초 더 끓인다. 그릇에 ④를 담고 콩물 소스를 붓는다.

*＊시판 콩물, 두유로
콩물 소스 만들기*
콩을 불려 콩물 소스를 만들기 번거로울 때는 시판 콩물(콩국수용) 또는 무가당 두유를 사용해도 좋아요. 과정 ⑤의 콩물을 만들지 않고 생략한 후 과정 ⑥에서 시판 콩물(또는 무가당 두유) 1컵을 넣으면 됩니다. 가당 두유를 사용할 경우 콩물 소스 레시피에서 설탕 2큰술을 빼고 같은 방법으로 만드세요.

느타리버섯은 비타민 D가 풍부하며 혈액 속의 노폐물을 제거하고 콜레스테롤 수치를 저하시키는 효과가 있어요. 튀긴 느타리버섯의 쫄깃쫄깃한 식감과 고추기름으로 매콤하게 만든 간장 깐풍 소스가 입맛을 돋우는 요리랍니다.

느타리 깐풍

조리시간 • 25~30분
재료 • 2~3인분
1인분 열량 • 265kcal
□ 느타리버섯 5줌(250g)
□ 소금 1/3작은술
　 (느타리버섯 밑간용)
□ 녹말가루 2큰술
□ 식용유 3컵(600㎖)

□ 고추기름(또는 식용유) 1큰술
튀김옷
□ 녹말가루 1/2컵(70g)
□ 밀가루 1/2컵(50g)
□ 물 1컵(200㎖)
간장 깐풍 소스
□ 다진 청양고추 1개분
□ 다진 홍고추 1개분

□ 설탕 1과 1/2큰술
□ 채소 국물(또는 생수) 1큰술
　 ★ 채소 국물 만들기 28쪽 참고
□ 식초 1큰술
□ 양조간장 2큰술

1

느타리버섯은 밑동을 제거하고 가닥가닥 뜯은 후 소금을 골고루 뿌려 밑간한다.

2

위생팩에 느타리버섯과 녹말가루를 넣고 가볍게 흔들어 골고루 묻힌다.

3

작은 볼에 간장 깐풍 소스 재료를 넣어 골고루 섞고, 다른 볼에 튀김옷 재료를 넣어 골고루 섞는다.

4

튀김옷에 느타리버섯을 넣고 반죽을 골고루 입힌다.

5

냄비에 식용유를 붓고 180℃(튀김옷을 넣었을 때 바로 떠오르는 정도)로 달군다. ④의 느타리버섯 1/3분량을 넣고 2분간 튀긴 후 키친타월에 올려 기름기를 뺀다. 나머지도 같은 방법으로 튀긴다.

6

깊이가 있는 팬을 달군 후 고추기름을 두르고 간장 깐풍 소스를 부어 센 불에 끓인다. 바글바글 끓어오르면 1분 30초간 끓인 후 ⑤를 넣어 30초간 빠르게 골고루 섞는다.

＊ 집에서 고추기름 만들기
냄비에 식용유 1컵, 잘게 썬 대파 15cm, 편 썬 마늘 2쪽, 편 썬 생강 1톨을 넣고 센 불에서 끓이세요. 바글바글 끓어오르면 약한 불로 줄여 3분간 더 끓인 후 불을 끄고 1분간 식히세요. 고춧가루 1/4컵을 넣고 다시 1분간 끓인 뒤 불을 끄고 5분간 식히고 나서 체에 걸러 고추기름을 만들어요.

튀긴 누룽지에 채소 국물로 만든 깔끔한 소스를 곁들여 느끼하지 않고
담백하게 즐길 수 있는 요리입니다. 누룽지가 소스를 많이 흡수하기 때문에
소스를 넉넉하게 만들고 먹기 직전에 붓는 것이 좋아요.

누룽지 탕수

조리시간 · 30~35분
재료 · 2~3인분
1인분 열량 · 106kcal
- □ 찹쌀 누룽지(또는 일반 누룽지)
  5×10cm 5개
- □ 죽순(통조림) 1/6개(25g)
- □ 당근 1/10개(20g)
- □ 청경채 1개(60g)

- □ 표고버섯 1개(25g)
- □ 말린 목이버섯 2개
  (2g, 불린 후 20g)
- □ 식용유 3컵(600㎖)

녹말물
- □ 녹말가루 3큰술
- □ 물 3큰술

탕수 소스
- □ 채소 국물 2와 1/2컵(500㎖)
  ★ 채소 국물 만들기 28쪽 참고
- □ 생강(마늘 크기) 1/2톨
- □ 구운 소금(또는 죽염) 1작은술
- □ 양조간장 2작은술
- □ 매실청 1작은술

1

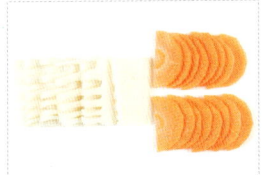

죽순은 모양대로 0.5cm 두께로
썰고, 당근은 길게 2등분한 후
0.3cm 두께로 썬다.

2

청경채는 밑동을 제거한 후 크기에
따라 모양대로 4등분한다.

3

볼에 녹말물 재료를 넣어 섞는다.
표고버섯은 밑동을 제거해 0.5cm
두께로 썰고, 말린 목이버섯은
미지근한 물에 10분간 불리고
불순물을 제거한 후 물기를 꼭 짜
한입 크기로 뜯는다.

4

냄비에 탕수 소스 재료를 넣고
센 불에서 끓인다. 끓어오르면
생강을 건지고 죽순, 당근, 청경채,
표고버섯, 목이버섯을 넣어 30초간
끓인다. 녹말물 3큰술(넣기 전에
한 번 더 섞을 것)을 넣고 주걱으로
저어가며 20초 더 끓인다.

5

냄비에 식용유를 붓고 200℃(찹쌀
누룽지를 넣으면 바로 떠오르는
정도로) 달군다. 찹쌀 누룽지를
넣고 기름 위로 떠오르지 않도록
젓가락으로 눌러가며 10초간
튀긴다. ★ 누룽지를 고온에서
빨리 튀겨야 바삭하게 잘 부푼다.

6

그릇에 누룽지를 담고 ④의
탕수 소스를 한 번 더 끓여
뜨겁게 붓는다.

＊찹쌀 누룽지 구입처
수입 식재료 판매상 또는
중국 식재료 판매처, 온라인
쇼핑몰에서 구입이 가능해요.

버섯을 바삭하게 튀겨서 매실 고추장 양념으로 버무린 버섯 씨앗강정입니다.
새송이버섯이나 느타리버섯, 또는 두부를 튀겨서 만들어도 좋습니다. 너무 낮은
온도에서 버섯을 튀기면 버섯이 기름을 흡수해 맛이 없어지니 주의하세요.

조리시간 • 25~30분
재료 • 2~3인분
1인분 열량 • 246kcal
- ☐ 표고버섯 10개(250g)
- ☐ 소금 1/3작은술(표고버섯 밑간용)
- ☐ 녹말가루 2큰술
- ☐ 다진 청피망 1/4개(25g)
- ☐ 다진 홍피망 1/4개(25g)

- ☐ 다진 견과류(아몬드 슬라이스,
  호박씨, 해바라기씨,
  다진 호두 등) 5큰술
- ☐ 식용유 3컵(600㎖)

튀김옷
- ☐ 녹말가루 1컵(140g)
- ☐ 밀가루 1컵(100g)
- ☐ 물 2컵(400㎖)

매실 고추장 양념
- ☐ 레몬즙 1큰술
- ☐ 식초 1/2큰술
- ☐ 매실청 1과 1/2큰술
- ☐ 조청(또는 물엿, 올리고당)
  1과 1/2큰술
- ☐ 고추장 2큰술

1

표고버섯은 밑동을 제거하고
4~6등분한 후 소금을 골고루
뿌려 밑간한다.

2

위생팩에 표고버섯과 녹말가루를
넣고 가볍게 흔들어 골고루 묻힌다.

3

작은 볼에 매실 고추장 양념
재료를 넣고 섞고, 다른 볼에
튀김옷 재료를 넣어 골고루
섞는다.

4

튀김옷 반죽에 표고버섯을 넣고
반죽을 골고루 입힌다.

5

냄비에 식용유를 붓고
180℃(튀김옷을 넣었을 때 중간
정도에 머물렀다가 떠오르는
정도)로 달군다. ④의 표고버섯
1/3분량을 넣고 2분간 튀긴 후
키친타월에 올려 기름기를 뺀다.
나머지도 같은 방법으로 튀긴다.

6

달군 팬에 매실 고추장 양념을
넣고 센 불에서 끓인다. 바글바글
끓어오르면 표고버섯을 넣어
30초간 빠르게 볶는다.
불을 끄고 다진 청·홍피망과
다진 견과류를 뿌린 후 가볍게
섞는다.

＊ 맵지 않은 매실 고추장
   양념 만들기
   매실 고추장 양념 레시피의
   고추장 2큰술을 1/2~1큰술로
   줄여 만들면 맵지 않아
   아이들도 잘 먹는 버섯 씨앗
   강정을 만들 수 있어요.

콩과 두부로 담백하게 만든 콩가스는 영양도 풍부할 뿐 아니라 바삭한 식감과
고소한 맛이 아주 매력적이에요. 새콤한 매실청 간장 소스를 곁들이고, 튀기지 않고
팬에 바삭하게 구워 느끼하지 않고 깔끔하지요.

콩가스

조리시간 · 40~45분
(+ 콩 불리기 3시간)
재료 · 2~3인분
1인분 열량 · 402kcal

- ☐ 검은콩 1컵(130g)
- ☐ 두부(부침용, 작은 팩) 1/2모(80g)
- ☐ 감자 1개(200g)
- ☐ 구운 소금(또는 죽염) 1/3작은술
- ☐ 밀가루 2큰술

- ☐ 빵가루 1컵(50g)
- ☐ 식용유 2큰술

매실청 간장 소스

- ☐ 표고버섯 1개(25g)
- ☐ 사과 1/4개(50g)
- ☐ 물 1컵(200㎖)
- ☐ 매실청 6큰술
- ☐ 국간장 1작은술

녹말물

- ☐ 녹말가루 1큰술
- ☐ 물 1큰술

장식용 채소(생략 가능)

- ☐ 방울토마토 2개
- ☐ 미니 새송이버섯 2개
- ☐ 브로콜리 1/15개(20g)
- ☐ 당근 1/20개(20g)
- ☐ 식용유 1/2큰술

1

검은콩은 깨끗이 씻어 물(5컵)에
담가 3시간 동안 불린 후 끓는
물(5컵)에 10분간 삶는다.
체에 밭쳐 물기를 빼고 믹서나
푸드 프로세서에 넣어 굵게 간다.

2

두부는 끓는 물(4컵)에 3분간
데친 후 체로 건져 한 김 식히고
면보에 싸서 물기를 꼭 짠다. 물을
계속 끓여 4등분한 감자와 소금
1/2작은술을 넣고 뚜껑을 덮은 채
센 불에서 10분간 삶는다.

3

소스용 표고버섯은 밑동을 제거해
모양대로 0.5cm 두께로 썬다.
사과는 강판에 간 후 체에 걸러
나머지 매실청 간장 소스 재료와
섞는다. 볼에 녹말물 재료를 넣어
섞는다.

4

볼에 감자를 넣고 곱게 으깬 후,
①과 두부, 구운 소금, 밀가루를
넣고 잘 치댄다.
반죽을 4등분하여 지름 10cm
크기로 둥글 넙적하게 빚은 후
앞뒤로 빵가루를 꾹꾹 눌러가며
묻힌다.

5

달군 팬에 식용유 2큰술을 두르고
④를 올려 중약 불에서 앞뒤로
2~3분씩 노릇하게 굽는다.
팬이 작다면 두 번으로 나누어
굽는다. ★ 중간에 기름이
부족하면 더 넣어가며 굽는다.

6

냄비에 매실청 간장 소스를 넣고
센 불에서 끓인다. 바글바글
끓어오르면 중간 불로 줄여
10분간 끓인 후 녹말물 1큰술
(넣기 전에 한 번 더 섞을 것)을
넣고 30초간 더 끓인다.

7

방울토마토, 미니 새송이버섯,
브로콜리는 한입 크기로, **당근**은
1cm 두께로 썬다. 달군 팬에
식용유 1/2큰술을 두르고 채소를
올려 센 불에서 2~3분간 볶는다.
그릇에 ⑤의 콩가스를 담고
장식용 채소와 소스를 곁들인다.

표고버섯, 당근, 브로콜리로 각각의 맛과 색을 내어 동글동글하게 빚어 구운
두부감자 꼬치구이는 식사 대신 가볍게 즐길 수 영양 간식입니다. 약간 심심한듯한
맛의 두부감자 꼬치구이에 새콤한 참나물무침을 곁들이면 더욱 맛있어요.

두부감자 꼬치구이

+ 참나물무침

조리시간 • 30~35분
재료 • 2~3인분
1인분 열량 • 190kcal

- ☐ 감자 3개(600g)
- ☐ 참나물 2줌(100g)
- ☐ 두부(부침용, 작은 팩)
  1/4모(50g)
- ☐ 다진 당근 1큰술(10g)

- ☐ 다진 브로콜리 1큰술(10g)
- ☐ 말린 표고버섯 1개
- ☐ 구운 소금(또는 죽염) 1/4작은술
- ☐ 참기름 1/4작은술
- ☐ 식용유 1작은술

참나물 양념

- ☐ 다진 홍고추 1/3개분
- ☐ 설탕 1과 1/2작은술
- ☐ 고춧가루 1/2작은술
- ☐ 식초 2작은술
- ☐ 국간장 2작은술
- ☐ 참기름 1작은술
- ☐ 통깨 약간

1

감자는 열십(+)자로 4등분하고
냄비에 소금물(물 2컵 + 소금
1/3작은술)과 함께 넣어 뚜껑을
덮은 채 센 불에서 15분간 삶는다.
삶은 감자는 볼에 넣고 숟가락으로
곱게 으깬다.

2

참나물은 지저분한 잎을 제거하고
흐르는 물에 씻은 후 체에 밭쳐
물기를 뺀다. 두부는 칼 옆면으로
눌러 곱게 으깬 후 면보에 싸서
물기를 꼭 짠다. ★ 두부 으깨기
24쪽 참고

3

표고버섯은 미지근한 물(뜨거운
물 1컵 + 찬물 1컵)에 20분간
불려 물기를 꼭 짠 후 밑동을
제거하고 잘게 다진다.
참나물은 3cm 길이로 썬다.

4

①의 감자에 두부, 구운 소금,
참기름을 넣고 골고루 섞은 후
3등분한다. 각각의 반죽에
당근, 브로콜리, 표고버섯을 섞어
잘 치댄 후 지름 2cm 크기로
동그랗게 빚는다.

5

달군 팬에 식용유를 두르고
키친타월로 닦아낸 후
④를 넣고 센 불에서 굴려가며
3분간 노릇하게 굽는다.
한 김 식힌 후 꼬치에 꽂는다.

6

큰 볼에 참나물과 참나물 양념을
넣고 골고루 무친 후 두부감자
꼬치구이에 곁들인다.

**＊ 참나물 대신 샐러드 채소로
대체하기**
참나물 대신 양상추, 시금치 등
샐러드용 채소 100g을 취향에
따라 준비하여 참나물 양념에
무치면 두부감자 꼬치구이와
잘 어울리는 채소 무침이 돼요.

더덕 찹쌀구이

더덕에 찹쌀가루를 묻히고 잣 소스를 듬뿍 발라 쫀득하게 구웠어요.
맵지 않아 아이들도 먹기 좋은 요리랍니다. 더덕 찹쌀구이를 구울 때는 기름을
많이 두르지 않고 담백하게 굽는 것이 중요해요.

조리시간 · 30~35분
재료 · 2인분
1인분 열량 · 202kcal

□ 더덕 6개(120g)
□ 찹쌀가루 3큰술
□ 볶음용 기름(식용유 1큰술
   + 들기름 1작은술)

잣 소스
□ 배(또는 사과) 1/10개(50g)
□ 잣 4큰술(20g)
□ 구운 소금(또는 죽염)
   1/4작은술
□ 참기름 1/4작은술

1

더덕은 흐르는 물에 씻어 흙을
닦아내고 작은 칼로 돌려가며
껍질을 벗긴다. ★ 더덕은 끈적한
진액이 나오니 위생 장갑을 끼고
손질하는 것이 좋다.

2

더덕은 소금물(물 1컵 + 소금
1작은술)에 10분간 담가 쓴맛을
제거한다.

3

더덕을 길게 2등분한 뒤 도마 위에
올려 밀대로 두드리며 얇게 편다.

4

믹서에 잣 소스 재료를 넣고
곱게 간다.

5

더덕을 포개어가며 숟가락으로
잣 소스를 골고루 바르고 10분간
재운다.

6

⑤의 더덕에 찹쌀가루를 골고루
뿌린 후 앞뒤로 뒤집어가며
고르게 묻힌다.

7

달군 팬에 볶음용 기름을 두르고
키친타월로 닦아낸 후 ⑥을
올려 약한 불에서 앞뒤로 2분씩
노릇하게 굽는다.

담백하고 맛있는 일품요리

새송이버섯, 연근, 마를 들기름으로 담백하게 구웠어요. 연근과 마는 구우면
식감이 포실포실하고 고소해지며, 새송이버섯은 부드럽고 은근한 풍미가 느껴져요.
잣 소금을 곁들여 손님상에 올리면 근사한 일품요리가 된답니다.

마·연근구이·새송이버섯·

조리시간 · 25~30분
재료 · 2~3인분
1인분 열량 · 160kcal

□ 마 지름 5cm, 길이 4cm
　1토막(80g)
□ 연근 지름 4cm, 길이 4cm
　1토막(80g)

□ 새송이버섯 1개(80g)
□ 들기름 3큰술

잣 소금
□ 잣 1큰술
□ 구운 소금(또는 죽염)
　1/4작은술

1

새송이버섯은 밑동을 제거하고
모양대로 0.5cm 두께로 썬다.

2

마는 흐르는 물에 씻어 흙을
닦아낸 뒤 필러로 껍질을 벗기고
다시 한 번 흐르는 물에 씻은 후
0.5cm 두께로 편 썬다.
★ 마의 점액이 손에 묻으면
가려움증이 생길 수 있으니 위생
장갑을 끼고 손질한다.

3

연근은 필러로 껍질을 벗기고
깨끗이 씻은 후 0.5cm 두께로
편 썬다.

4

잣을 키친타월에 올려 곱게 다진
후 구운 소금과 섞어 잣 소금을
만든다.

5

달군 팬에 들기름 1큰술을 두르고
새송이버섯을 올려 센 불에서
앞뒤로 1분 30초씩 노릇하게
구운 후 접시에 덜어둔다.

6

⑤의 팬을 다시 달궈 들기름
1큰술을 두르고 마를 약한 불에서
앞뒤로 1분 30초씩 노릇하게 굽는다.
연근도 같은 방법으로 굽는다.
접시에 구운 재료를 담고 잣 소금을
곁들인다.

* **오븐으로 마와 연근 굽기**
오븐 팬에 유산지를 깔고
마와 연근을 올려요.
170℃로 예열한 오븐의
가운데 칸에서 25분간 구우면
맛과 풍미가 더욱 좋아요.

두 가지 양념의 표고버섯구이

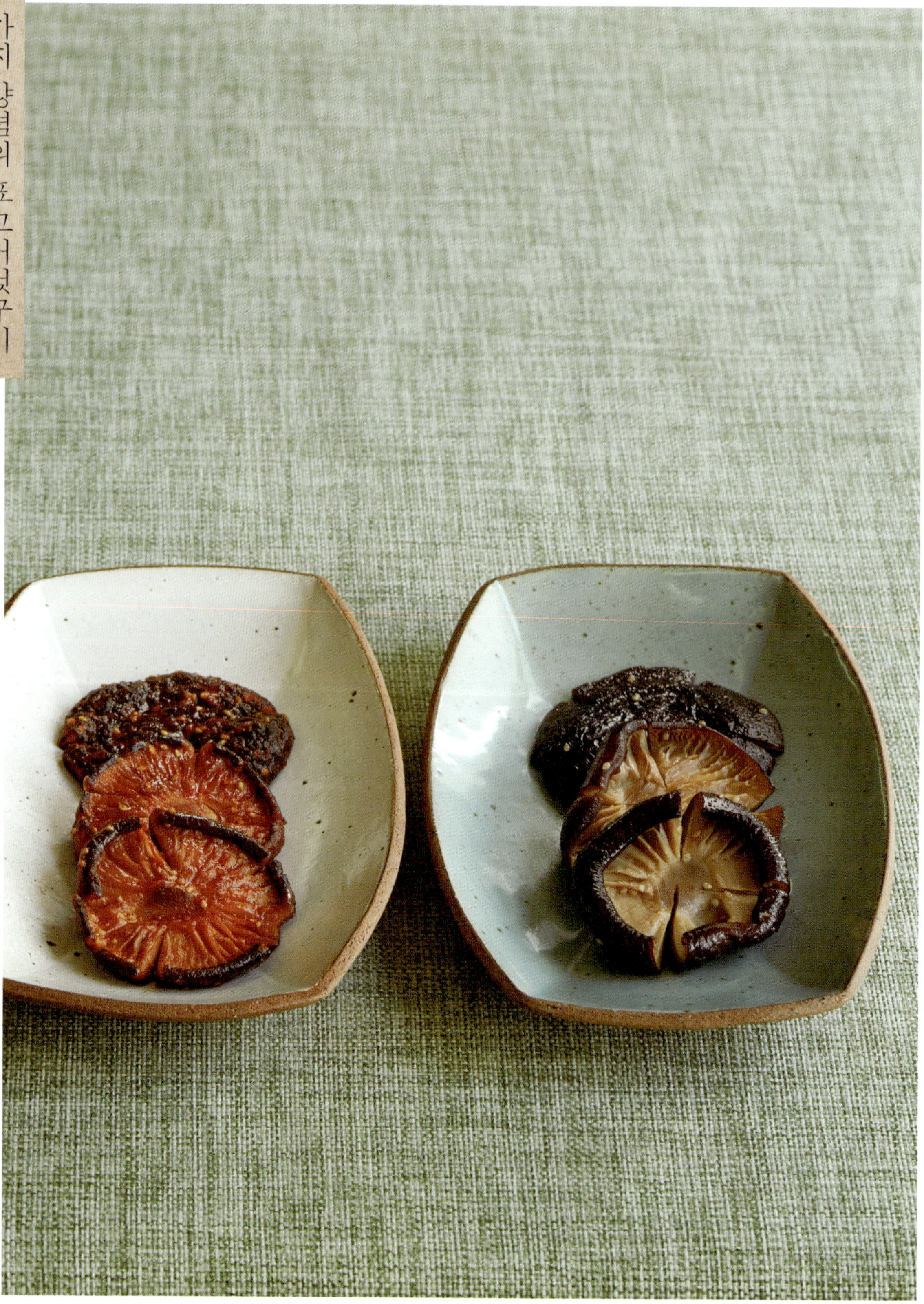

사찰 음식에 가장 많이 사용되는 재료인 표고버섯은 단백질과 비타민이
풍부한 저칼로리 식품으로 체력 보강과 빈혈 예방, 항암 효과가 뛰어나답니다.
매콤하고, 짭쪼름한 양념을 발라 구운 표고버섯구이로 버섯 특유의 풍미와 맛을
즐겨보세요.

두 가지 양념의 표고버섯구이

조리시간 · 20~25분
(+ 표고버섯 양념하기 30분)
재료 · 2~3인분
1인분 열량 · 143kcal

□ 말린 표고버섯 6개
□ 들기름 2작은술

간장 양념장
□ 채소 국물(또는 생수) 6큰술
　★ 채소 국물 만들기 28쪽 참고
□ 국간장 2큰술
□ 조청(또는 물엿, 올리고당)
　1큰술
□ 통깨 1작은술
□ 매실청 1작은술
□ 들기름 1작은술

고추장 양념
□ 채소 국물(또는 생수) 1큰술
□ 조청(또는 물엿, 올리고당)
　1큰술
□ 고추장 2큰술
□ 통깨 1작은술
□ 매실청 1작은술
□ 들기름 1작은술

1

말린 표고버섯은 미지근한
물(뜨거운 물 1과 1/2컵 + 찬물 1과
1/2컵)에 20분간 불린 뒤 물기를 꼭
짜고 밑동을 제거한다.

2

볼에 두 가지 양념 재료를 넣어
각각 섞는다.

3

①의 표고버섯은 가위를 이용해
바깥 쪽을 6~8군데 2cm 길이로
자른다.

4

각각의 양념장에 표고버섯을
3개씩 넣어 30분간 재운다.

5

달군 팬에 들기름 1작은술을
두르고 간장 양념 표고버섯을
올려 중약 불에서 2분 30초간
굽는다. 간장 양념장 1/2분량을
붓고 뒤집어서 2분간 더 조린다.

6

⑤의 팬을 깨끗이 닦고 달군
후 들기름 1작은술을 두르고
고추장 양념 표고버섯을 올려
약한 불에서 앞뒤로 1분 30초씩
굽는다.

＊ 남은 표고버섯 밑동 활용하기
표고버섯의 밑동은 따로
모아뒀다가 채소 국물을 만드는
재료로 활용하면 좋아요. 또는
잘게 다져 냉동 보관해두었다가
영양밥, 조림, 볶음 등의
양념장에 넣어도 맛있어요.

수삼은 면역력을 높이고 갈증 해소와 피부 미용에도 도움을 주는 재료입니다.
찹쌀가루를 묻혀 바삭하게 튀긴 후 오이와 유자청으로 상큼하게 만든 소스를
곁들이세요. 수삼의 잔뿌리는 잘게 다져 소스에 넣어 먹어도 좋답니다.

수삼 찹쌀튀김
+ 오이 유자 소스

조리시간 · 25~30분
재료 · 2인분
1인분 열량 · 77kcal
- ☐ 수삼 1뿌리(50g)
- ☐ 찹쌀가루 1큰술

- ☐ 녹말가루 1/2큰술
- ☐ 식용유 3컵(600㎖)

오이 유자 소스
- ☐ 오이 1/10개(20g)
- ☐ 유자청 1큰술

1

수삼은 깨끗이 씻은 후 칼등으로
긁어 껍질을 벗긴다. 두꺼운 부분은
0.5cm 폭으로 편 썰고 잔뿌리
부분은 모양 그대로 살린다.

2

소스용 오이는 칼로 가시 부분을
제거해 흐르는 물에 씻은 후
씨 부분을 제거하고 사방 0.5cm
크기로 다진다.
유자청은 사방 0.5cm 크기로
다진다.

3

볼에 다진 오이와 유자청을 넣고
섞어 오이 유자 소스를 만든다.

4

넓은 접시에 찹쌀가루와
녹말가루를 골고루 섞는다.
①의 수삼을 물에 적신 후
가루를 골고루 묻힌다.

5

작은 냄비에 식용유를 붓고
180℃(수삼을 넣었을 때 중간
정도에 머물렀다가 떠오르는
정도)로 달군다. 수삼을 넣고 1분
30초간 바삭하게 튀긴 후 체에
밭쳐 기름기를 뺀다. 그릇에 담고
오이 유자 소스를 곁들인다.

고구마 잡채 김말이튀김

푸짐하고 맛있는 일품요리

집에 남아 있는 자투리 재료를 이용해 만들 수 있는 김말이튀김이에요.
고구마를 넣어 달고 고소할 뿐 아니라 각종 채소들을 듬뿍 넣어 영양도 풍부해요.
김치를 잘게 다져 넣어 매콤하게 만들어도 별미랍니다.

김말이튀김 고구마 잡채

조리시간 · 40~45분
(+ 당면 불리기 30분)
재료 · 3~4인분
1인분 열량 · 273kcal

- ☐ 김 A4 용지 크기 4장
- ☐ 당면 1/2줌(50g)
- ☐ 고구마 1개(200g)
- ☐ 말린 표고버섯 1개
- ☐ 시금치 1줌(50g)
- ☐ 당근 1/6개(30g)
- ☐ 청고추 1개(생략 가능)
- ☐ 홍고추 1개(생략 가능)
- ☐ 녹말가루 2큰술
- ☐ 구운 소금(또는 죽염) 약간
- ☐ 참기름 약간
- ☐ 식용유 1큰술(볶음용)
- ☐ 식용유 3컵(600㎖, 튀김용)

양념

- ☐ 물 7큰술
- ☐ 양조간장 1큰술
- ☐ 설탕 2작은술
- ☐ 통깨 1/2작은술
- ☐ 들기름 1/2작은술
- ☐ 후춧가루 약간

튀김옷

- ☐ 밀가루(또는 튀김가루) 1/2컵(50g)
- ☐ 물 1/2컵(100㎖)
- ☐ 녹말가루 1큰술
- ☐ 구운 소금(또는 죽염) 1/2작은술
- ☐ 얼음 1/2컵(50g, 생략 가능)

1

당면은 물에 30분간 불리고 끓는
물(5컵)에 5분간 삶은 다음 찬물에
헹궈 체에 밭쳐 물기를 뺀다.
말린 표고버섯은 미지근한 물
(뜨거운 물 1컵 + 찬물 1컵)에 넣어
20분간 불린다.

2

고구마는 필러로 껍질을 벗기고
2cm 폭으로 썬 후 냄비에 고구마와
물(1컵)을 넣고 센 불에서 10분간
삶는다. 삶은 고구마를 숟가락으로
으깬 후 구운 소금, 참기름을
약간씩 넣고 골고루 섞는다.

3

시금치는 물에 깨끗이 씻고 끓는
소금물(물 5컵 + 소금 1작은술)에
넣어 30초간 데친 후 찬물에
헹궈 물기를 꼭 짠다. 볼에 데친
시금치와 구운 소금, 참기름을
약간씩 넣고 조물조물 무친다.

4

당근은 5cm 길이로 가늘게 채
썰고, **청 · 홍고추**는 길게 반 갈라
씨를 제거한 뒤 5cm 길이로
가늘게 채 썬다. **표고버섯**은
물기를 꼭 짠 후 밑동을 제거하고
0.5cm 두께로 썬다.
볼에 양념 재료를 넣어 섞는다.

5

달군 팬에 식용유를 두르고
④의 채소를 넣고 센 불에서
30초간 볶아 접시에 덜어둔다.
같은 팬에 양념, 당면을 넣고
센 불에서 바글바글 끓어오르면
1분 30초간 볶은 후 불을 끄고
덜어둔 채소를 넣고 버무린다.

6

김 위에 ②의 1/4분량을 펼쳐
올리고 시금치와 ⑤를 1/4분량씩
올린다. 꾹꾹 눌러가며 돌돌
말아 4등분한다. 나머지도 같은
방법으로 만든 후 녹말가루와
튀김옷을 순서대로 묻힌다.

7

깊은 냄비에 식용유를 붓고
180℃(튀김옷을 넣었을 때
중간 정도에서 떠오르는 정도)로
달군다. ⑥을 넣어 3분 30초간
튀긴 후 키친타월에 올려
기름기를 뺀다.

입안 가득 봄의 향기와 맛을 느낄 수 있는 채소튀김입니다. 기호에 따라
좋아하는 제철 나물을 선택해 만들어보세요. 튀김을 할 때 튀김옷에
얼음을 넣으면 더욱 바삭하게 튀길 수 있어요. 이때 얼음이 녹아 반죽이 묽어지면
밀가루를 조금 더 넣어 처음의 농도에 맞게 조절하세요.

채소튀김

조리시간 · 25~30분
재료 · 3~4인분
1인분 열량 · 127kcal
- ☐ 쑥 1/5줌(10g)
- ☐ 냉이 1/2줌(10g)
- ☐ 취나물 5줄기(10g)

- ☐ 참나물 6줄기(10g)
- ☐ 단호박 1/20개(40g)
- ☐ 통들깨 1큰술(생략 가능)
- ☐ 녹말가루 3큰술
- ☐ 식용유 3컵(600㎖)

튀김옷
- ☐ 밀가루 1/2컵(50g)
- ☐ 물 1/2컵(100㎖)
- ☐ 녹말가루 1큰술
- ☐ 구운 소금(또는 죽염) 1/2작은술
- ☐ 얼음 1/2컵(50g, 생략 가능)

1

쑥, 냉이, 취나물, 참나물은 깨끗이
씻은 후 체에 밭쳐 물기를 빼고
취나물과 참나물은 줄기 부분을
10cm 길이로 썬다. **통들깨**는
체에 밭쳐 흐르는 물에 헹군 후
물기를 뺀다.

2

단호박은 깨끗이 씻은 후 껍질째
모양대로 0.5cm 두께로 썬다.

3

위생팩에 녹말가루와 채소들을
각각 넣고 가볍게 흔들어 골고루
묻힌다.

4

큰 볼에 튀김옷 재료를 섞은
후 작은 볼에 반죽 3큰술을
덜어둔다. 쑥, 냉이, 취나물,
참나물을 넣고 튀김옷을 골고루
입힌다. ★ 이때 반죽을 너무
휘저으면 바삭함이 떨어지니
주의한다.

5

덜어둔 튀김옷 반죽에 통들깨를
넣고 섞은 후 단호박을 넣어
묻힌다.

6
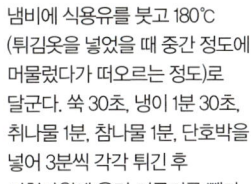

냄비에 식용유를 붓고 180℃
(튀김옷을 넣었을 때 중간 정도에
머물렀다가 떠오르는 정도)로
달군다. 쑥 30초, 냉이 1분 30초,
취나물 1분, 참나물 1분, 단호박을
넣어 3분씩 각각 튀긴 후
키친타월에 올려 기름기를 뺀다.

**＊ 튀김에 곁들이면 좋은
간장 양념 만들기**
채소 국물(또는 생수)
2큰술(채소 국물 만들기 28쪽
참고)에 국간장 1큰술을 넣고
튀김 간장을 만들어요.
이때 당귀, 구기자 등을
넣고 튀김 간장을 센 불에서
바글바글 끓인 후 불을 끄고
차게 식히면 향과 맛이 깊은
사찰식 간장 양념이 돼요.

한그릇 식사

소박하고 담백한

영양이 풍부한 제철 채소와 친근한 재료들로 담백하게 만든 한그릇 식사는 먹고 나면
속이 편하고 든든해요. 어른들이 좋아하는 죽과 영양밥, 아이들을 위한 주먹밥과 김밥,
잃어버린 입맛을 돋우는 면요리, 사찰식으로 만든 파스타, 그라탱, 짜장면까지 쉽게
뚝딱 만들어 맛있게 즐길 수 있는 건강한 요리들이 가득해요.

소박하고 담백한 한 그릇 식사

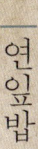

냉이밥

냉이는 사람의 발길이 잘 닿지 않는 곳에서 자라는 나물이지만, 산속 깊은 곳에 위치한 절에서는 쉽게 구할 수 있는 식재료 중에 하나였지요. 사찰에서는 냉이 같은 봄나물로 다양한 요리를 만들어 부족한 섬유질을 보충하였답니다.

★ 냄비 대신 다른 도구로 영양밥 하기 29쪽 참고

조리시간 · 40~45분
(+ 쌀 불리기 2시간)
재료 · 2~3인분
1인분 열량 · 325kcal
□ 쌀 1컵(160g)
□ 현미 1/4컵(40g)

□ 냉이 2줌(100g)
□ 당근 1/5개(40g)
□ 표고버섯 4개(100g)
□ 물 1과 1/2컵
　(300㎖, 밥짓는 용)

국간장 비빔장
□ 설탕 1큰술
□ 국간장 2큰술
□ 생수 2큰술
□ 참기름 1큰술
□ 통깨 1작은술

1

쌀과 현미는 깨끗이 씻은 후 물(3컵)을 넣고 2시간 정도 불린 다음 체에 밭쳐 물기를 뺀다.

2

냉이는 시든 잎을 떼어낸 후 작은 칼을 이용해 잔뿌리를 긁어낸다. 볼에 냉이가 잠길 정도의 물과 냉이를 담고 살살 흔들어 여러 번 씻는다. ★ 냉이 손질하기 18쪽 참고

3

냉이는 2cm 길이로 썬다. **당근**은 사방 0.5cm 크기로 다지고, **표고버섯**은 밑동을 제거한 뒤 사방 0.5cm 크기로 다진다.

4

볼에 국간장 비빔장 재료를 넣어 섞는다. ★ 139쪽 양조간장 비빔장을 곁들여도 좋다.

5

냄비에 ①의 쌀과 물(1과 1/2컵)을 넣고 뚜껑을 덮어 센 불에서 1분간 끓인 후 냉이, 표고버섯, 당근을 넣는다.

6

⑤의 냄비 뚜껑을 덮고 중간 불로 줄여 2분, 약한 불로 줄여 15분간 끓인 후 불을 끄고 뚜껑을 덮은 채 5분 정도 뜸을 들인다. 그릇에 담고 국간장 비빔장을 곁들인다.

＊쌀 제대로 불리기
쌀을 불릴 때 묵은 쌀은 1시간, 햅쌀은 30분 정도 불리는 것이 좋아요. 묵은 쌀로 밥을 할 때 우유 1큰술을 넣으면 우유의 단백질 성분 덕분에 밥에 윤기가 살아나요.

연잎은 사찰 음식에서 많이 쓰이는 재료로 항균과 방부 작용이 뛰어나 천연 방부제 역할을 한답니다. 찰밥의 쫄깃한 식감과 은은한 연잎 향이 입안 가득 느껴지는 대표적인 사찰식 영양밥, 연잎밥은 특별한 날 손님 초대 요리로도 좋아요.

연잎밥

조리시간 · 2시간
(+ 찹쌀 불리기 2~3시간)
재료 · 3인분
1인분 열량 · 433kcal

☐ 찹쌀 2컵(320g)
☐ 연잎 3장

☐ 대추 3개
☐ 깐 밤 3개
☐ 잣 1큰술
☐ 은행 9개
☐ 식용유 1작은술

소금물
☐ 물 1큰술
☐ 소금 1/4작은술

1

찹쌀은 깨끗이 씻은 후 물(3컵)을 넣고 2~3시간 정도 불린 다음 체에 밭쳐 물기를 뺀다.

2

연잎은 마른 행주나 키친타월로 깨끗이 닦는다. 작은 볼에 소금물 재료를 섞는다.

3

대추는 돌려 깎아 씨를 빼고, **밤**은 2등분한다. **잣**은 고깔을 떼어낸다. **은행**은 달군 팬에 식용유를 두르고 약한 불에서 5분간 볶은 다음 키친타월에 올려 비벼가며 껍질을 벗긴다.

4

김이 오른 찜기에 젖은 면보를 깔고 찹쌀을 넓게 펼쳐 올린 뒤 뚜껑을 덮고 센 불에서 20분간 찐다. 윗면에 소금물을 골고루 뿌린 뒤 뚜껑을 덮고 20분간 더 찐다.

5

④를 한 김 식히고 연잎 위에 1/3분량(150g)씩 올린 후 대추, 밤, 잣, 은행을 각각 1/3분량씩 올린다. 연잎의 아랫부분을 접어 올리고 양옆을 접은 후 아래에서 위로 감싸며 돌돌 만다. 나머지 2개도 같은 방법으로 만든다.

6

김이 오른 찜기에 젖은 면보를 깔고 ⑤를 올려 뚜껑을 덮은 채 센 불에서 30~35분간 찐다.

＊**연잎밥 냉동 보관해 활용하기**
연잎은 항균과 방부 작용이 뛰어나 밥이 잘 쉬지 않기 때문에 여행, 등산, 나들이에 간단한 도시락용으로 연잎밥을 준비하면 좋아요. 연잎밥을 미리 만들어 지퍼백에 하나씩 포장하고 냉동실에 보관해두었다가 필요할 때마다 꺼내 전자레인지(700W)에서 10분간 해동해 드세요.

＊**연잎 구입처**
연잎, 연꽃 등은 사찰 음식 전문 온라인 쇼핑몰 산사애(www.sansae.co.kr), 연우농장(전화 주문, 011-504-8998) 등에서 구입할 수 있어요.

소박하고 담백한 한 그릇 식사

우엉버섯밥

마밥

'산에서 나는 장어'라고 불리는 마는 단백질과 칼륨이 풍부하여 성인병 예방과 피로
해소에 좋아요. 마에 풍부한 뮤신 성분은 위벽 보호, 위궤양 완화에 효과적이랍니다.
굽거나 익혀 먹으면 고구마처럼 맛이 더 좋아지는 마를 듬뿍 넣어 마밥을
만들어보세요. 마밥은 뜨거울 때 비빔장에 비벼 먹어야 더욱 맛있답니다.

★ 냄비 대신 다른 도구로 영양밥 하기 29쪽 참고

조리시간 · 35~40분
(+ 쌀 불리기 2시간)
재료 · 2~3인분
1인분 열량 · 301kcal
- □ 쌀 1컵(160g)
- □ 현미 1/4컵(40g)

- □ 마 지름 5cm, 길이 5cm
  1토막(100g)
- □ 물 1과 1/2컵(300㎖, 밥짓는 용)

고추 간장 비빔장
- □ 다진 청고추 1개분
- □ 다진 홍고추 1개분

- □ 양조간장 3큰술
- □ 통깨 1작은술
- □ 설탕 1작은술
- □ 고춧가루 1작은술
- □ 참기름 1작은술

1

쌀과 현미는 깨끗이 씻은 후
물(3컵)을 넣고 2시간 정도 불린
다음 체에 밭쳐 물기를 뺀다.

2

마는 흐르는 물에 씻어 흙을
제거한 뒤 필러로 껍질을 벗기고
다시 한 번 흐르는 물에 씻는다.
★ 마의 점액이 손에 묻으면
가려움증이 생길 수 있으니 위생
장갑을 끼고 손질한다.

3

마는 사방 1.5cm 크기로 썰어
물(2컵)에 담가둔다.
★ 마를 물에 담가두면 갈변되는
것을 방지할 수 있다.

4

볼에 고추 간장 비빔장 재료를
섞는다. ★ 134쪽 국간장 비빔장을
곁들여도 좋다.

5

냄비에 ①의 불린 쌀, 물(1과
1/2컵), 마를 넣는다.

6

⑤의 냄비 뚜껑을 덮고 센 불에서
1분간 끓이다가 물이 끓어오르면
중간 불로 줄여 2분, 약한 불로
줄여 15분간 끓인다. 불을 끄고
뚜껑을 덮은 채 5분 정도 뜸을
들인다. 그릇에 담고 고추 간장
비빔장을 곁들인다.

***

* **견과류 넣어 고소한
  마밥 만들기**
  마밥에 견과류(은행, 잣,
  대추, 깐 밤 등) 2큰술(20g)을
  준비하여 과정 ⑤에서 마와 함께
  넣으면 맛과 식감이 색다른
  마 견과류밥을 즐길 수 있어요.

* **맵지 않은 양념장 만들기**
  고추 간장 비빔장에서 다진
  청 · 홍고추를 빼고 만들면
  맵지 않아 아이들도 잘 먹는
  비빔장을 만들 수 있답니다.

우엉은 식이섬유와 항산화 물질인 사포닌이 풍부해 비만 예방과 노화 방지에
효과적이라고 알려져 있어요. 우엉 버섯밥에는 향이 좋은 표고버섯과 아삭한 식감의
우엉이 듬뿍 들어가 더욱 맛있고 영양도 풍부하답니다.
★ 냄비 대신 다른 도구로 영양밥 하기 29쪽 참고

우엉 버섯밥

조리시간 · 35~40분
(+ 쌀 불리기 2시간)
재료 · 2~3인분
1인분 열량 · 303kcal
- □ 쌀 1컵(160g)
- □ 현미 1/4컵(40g)
- □ 말린 표고버섯 3개

- □ 우엉 지름 2cm, 길이 25cm
  1토막(60g)
- □ 국간장 1/2작은술
- □ 들기름 1/2작은술
- □ 물 1과 1/2컵
  (300㎖, 밥짓는 용)

양조간장 비빔장
- □ 설탕 1/2큰술
- □ 양조간장 1큰술
- □ 물 1큰술
- □ 참기름 1/2큰술
- □ 통깨 1작은술
- □ 고춧가루 1/2작은술(생략 가능)

1

쌀과 현미는 깨끗이 씻은 후
물(3컵)을 넣고 2시간 정도
불린 뒤 체에 밭쳐 물기를 뺀다.
말린 표고버섯은 미지근한 물
(뜨거운 물 1과 1/2컵 + 찬물 1과
1/2컵)에 담가 20분간 불린다.

2

우엉은 칼등으로 긁어 껍질을
벗기고 5cm 길이로 썰어 식촛물
(물 2컵 + 식초 1작은술)에 5분간
담가둔다.

3

우엉은 가늘게 채 썰고, 불린
표고버섯은 물기를 꼭 짠 후
밑동을 제거하고 0.5cm 두께로
썬다. 볼에 양조간장 비빔장
재료를 넣어 섞는다.

4

볼에 우엉, 표고버섯, 국간장,
들기름을 넣고 조물조물 무친 후
5분간 재운다.

5

달군 팬에 ④를 넣고 중간 불에서
2분간 볶는다.

6

냄비에 불린 쌀과 물(1과 1/2컵),
⑤를 넣고 뚜껑을 덮어 센 불에서
1분간 끓이다가 물이 끓어오르면
중간 불로 줄여 2분, 약한 불로
줄여 15분간 끓인다. 불을 끄고
뚜껑을 덮은 채 5분 정도 뜸을
들인다. 그릇에 담고 비빔장을
곁들인다.

시래기 된장밥

시래기는 무청을 자연 건조해 만든 것으로 섬유질과 미네랄, 칼슘 등의 영양소가 풍부한 겨울철 별미예요. 시래기는 물에 여러 번 헹궈야 특유의 냄새가 사라지고, 섬유질 부분을 벗겨야 식감이 부드러운 시래기 된장밥을 만들 수 있어요.

★ 냄비 대신 다른 도구로 영양밥 하기 29쪽 참고

조리시간 · 50~55분
(+ 시래기 불리기 19시간)
재료 · 2~3인분
1인분 열량 · 323kcal

- □ 말린 시래기 40g(불린 후 200g)
  - ★ 고르기 및 보관하기 15쪽 참고
- □ 쌀 1컵(160g)
- □ 현미 1/4컵(40g)

- □ 된장 1큰술
- □ 국간장 1/2큰술
- □ 들기름 1작은술

채소 국물
(완성량 1과 1/2컵, 300㎖)

- □ 물 2와 1/2컵(500㎖)
- □ 말린 표고버섯 2개
- □ 다시마 5×5cm 1장

비빔장

- □ 다진 청고추 1개분
- □ 다진 홍고추 1개분
- □ 양조간장 3큰술
- □ 통깨 1작은술
- □ 설탕 1작은술
- □ 고춧가루 1작은술
- □ 참기름 1작은술

1

말린 시래기는 물에 헹군 후 따뜻한 물에 담가 6시간 불린다. 냄비에 시래기와 물(10컵)을 넣고 센 불에서 바글바글 끓어오르면 뚜껑을 덮어 30~40분간 삶는다. 냄비를 불에서 내려 12시간 정도 그대로 둔다.

2

쌀과 현미는 깨끗이 씻은 후 물(3컵)을 넣고 2시간 정도 불린 뒤 체에 밭쳐 물기를 뺀다.

3

냄비에 채소 국물 재료를 넣고 센 불에서 끓인다. 끓어오르면 다시마를 건진 뒤 약한 불로 줄여 10분간 더 끓인다.

4

①의 시래기는 맑은 물이 나올 때까지 찬물에 2~3회 헹구고 표면의 섬유질을 벗겨낸 후 약간의 물기를 머금은 정도로 짠 다음 3cm 길이로 썬다. ③의 표고버섯 2개를 건져 물기를 짠 다음 밑동을 제거하고 0.5cm 두께로 썬다.

5

볼에 시래기와 표고버섯, 된장, 국간장, 들기름을 넣고 조물조물 무친 후 10분간 재운다.

6

볼에 비빔장 재료를 섞는다.

7

냄비에 불린 쌀과 ③의 채소 국물(1과 1/2컵), ⑤를 넣고 뚜껑을 덮어 센 불에서 1분간 끓이다가 물이 끓어오르면 중간 불로 줄여 2분, 약한 불로 줄여 15분간 끓인다. 불을 끄고 뚜껑을 덮은 채 5분 정도 뜸을 들인다. 그릇에 담고 비빔장을 곁들인다.

취나물 특유의 진한 향을 즐길 수 있는 영양밥입니다. 취나물은 칼륨이 풍부한 알칼리성 식품으로 몸 안에 축적되어 있는 염분을 배출해준답니다. 취나물밥을 만들 때 물 대신 채소 국물을 이용해 밥을 지으면 영양과 맛이 더욱 좋아져요.

★ 냄비 대신 다른 도구로 영양밥 하기 29쪽 참고

취
나
물
밥

조리시간 · 40~45분
(+ 취나물 불리기 6시간)
재료 · 2~3인분
1인분 열량 · 323kcal

□ 말린 취나물 25g(불린 후 100g)
□ 쌀 1컵(160g)
□ 찹쌀 1/4컵(40g)
□ 표고버섯 3개(75g)

□ 들기름 1큰술
□ 국간장 1작은술
□ 물(또는 채소 국물)
　1과 1/2컵(300㎖, 밥짓는 용)
　★ 채소 국물 만들기 28쪽 참고

비빔장
□ 다진 청고추 1/4개분
□ 다진 홍고추 1/4개분

□ 양조간장 1과 1/2큰술
□ 통깨 1작은술
□ 설탕 1/2작은술
□ 고춧가루 1/4작은술
□ 참기름 1/2작은술

1

볼에 말린 취나물과 찬물(5컵)을 넣어 실온에서 6시간 동안 불리고 중간에 물을 한 번 갈아준다. 쌀과 찹쌀은 물(3컵)을 넣고 2시간 정도 불린 뒤 체에 밭쳐 물기를 뺀다.

2

볼에 비빔장 재료를 섞는다. 표고버섯은 밑동을 제거해 0.5cm 두께로 썰고, 불린 취나물은 억센 줄기 부분을 손으로 뜯고 물기를 짠다.

3

볼에 취나물, 표고버섯, 들기름, 국간장을 넣고 조물조물 무친 후 10분간 재운다.

4

달군 팬에 ③을 넣고 중간 불에서 1분간 볶는다.

5

냄비에 불린 쌀과 물(1과 1/2컵), ④를 넣고 뚜껑을 덮는다. 센 불에서 1분간 끓이다가 물이 끓어오르면 중간 불로 줄여 2분, 약한 불로 줄여 15분간 끓인다. 불을 끄고 뚜껑을 덮은 채 5분 정도 뜸을 들인다. 그릇에 담고 비빔장을 곁들인다.

＊주의하세요!
냄비로 밥을 지을 때는
코팅이 잘 되어 있고 바닥이
두꺼운 냄비를 사용해야
밥이 눌어붙거나 타지 않아요.
또한 밥의 양에 비해 너무 큰
냄비는 피하는 것이 좋아요.

검은콩 단호박밥

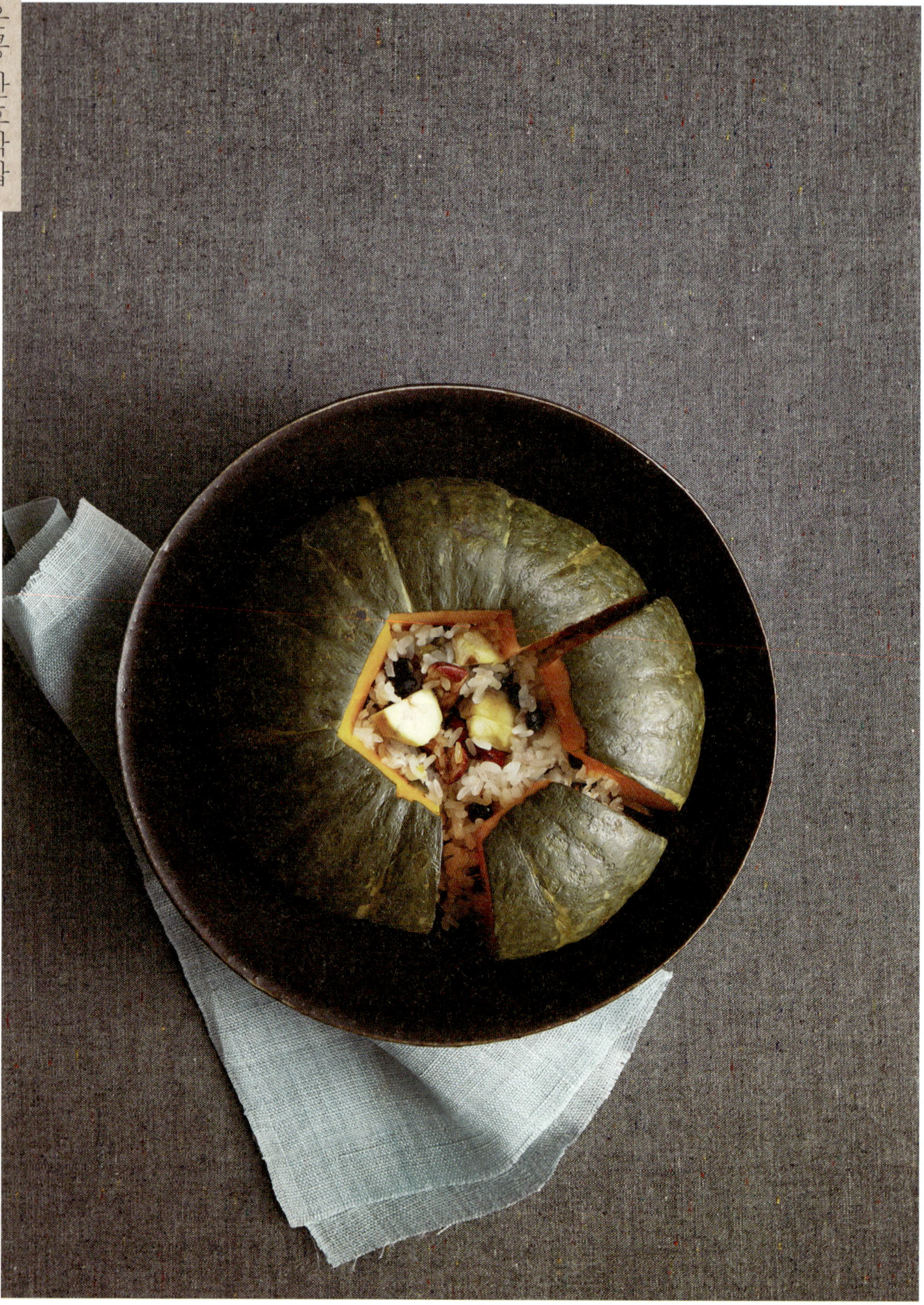

검은콩 단호박밥

단호박 안에 찹쌀과 콩, 단호박, 대추, 밤 등을 채워 특별한 모양과 나누어 먹는 재미가 있는 영양밥이에요. 단호박은 항산화 성분인 베타카로틴이 풍부한 대표적인 컬러 푸드로 노화를 억제하고 성인병 예방에도 효과적이지요. 또한 다른 호박에 비해 단맛이 많고 수분이 적어 찜 요리에 잘 어울려요.

조리시간 · 1시간 30분
(+ 찹쌀, 콩 불리기 2~3시간)
재료 · 2~3인분
1인분 열량 · 424kcal

☐ 찹쌀 1컵(160g)
☐ 쥐눈이콩(또는 검은콩)
  2큰술(20g)
☐ 단호박 1개(800g)
☐ 대추 3개
☐ 깐 밤 3개

소금물
☐ 물 1큰술
☐ 소금 1/4작은술

1
찹쌀에 물(3컵), 쥐눈이콩에 물(1컵)을 각각 넣고 2~3시간 정도 불린 뒤 체에 밭쳐 물기를 뺀다. 작은 볼에 소금물 재료를 섞는다.

2
김이 오른 찜기에 젖은 면보를 깔고 찹쌀과 쥐눈이콩을 넓게 펼쳐 올린 뒤 뚜껑을 덮고 센 불에서 15분간 찐다. 소금물을 골고루 뿌린 뒤 15분 더 찐다.

3
단호박은 깨끗이 씻고 윗부분을 오각형이나 육각형으로 파내어 뚜껑을 만든 후 숟가락으로 씨를 파낸다.

4
대추는 돌려 깎아 씨를 빼고, 밤은 2등분한다.

5
단호박 안에 ②와 대추, 밤을 채워 넣고 단호박 뚜껑을 덮는다.

6
김이 오른 찜기에 젖은 면보를 깔고 ⑤를 올린 후 뚜껑을 덮고 푹 익을 때까지 센 불에서 35~40분간 찐다.
★ 젓가락으로 찔러보아 쉽게 들어가면 푹 익은 것이다.

***색다른 단호박밥 만들기**
단호박을 깨끗이 씻고 먹기 좋은 크기로 썬 후 ②의 찐 밥, 대추, 밤과 골고루 섞어요. 과정 ⑥의 찜기에 넣고 센 불에서 35~40분 찌면 색다른 단호박밥을 쉽게 만들 수 있어요.

연꽃의 뿌리인 연근은 사찰 음식의 대표적인 식재료로, 연근에 있는 8개의 구멍은 깨달음을 얻기 위한 여덟 가지 바른 자세, 팔정도를 의미한답니다. 당근, 검은깨, 녹찻가루로 세 가지 맛과 색을 낸 찰밥에 연근을 넣어 만든 영양밥은 마음에 편안함을 주는 건강식이에요.

삼색 연근밥

조리시간 · 1시간 10분
(+ 찹쌀 불리기 2~3시간)
재료 · 2인분
1인분 열량 · 241kcal

□ 찹쌀 1컵(160g)
□ 연근 지름 4cm, 길이
　약 12cm 1토막(150g)
□ 당근 1/10개(20g)
□ 검은깨 1/2큰술
□ 녹찻가루 1/2작은술
□ 구운 소금(또는 죽염) 약간

소금물
□ 물 1큰술
□ 소금 1/4작은술

1
찹쌀은 물(3컵)을 넣고 2~3시간 불린 뒤 체에 밭쳐 물기를 뺀다. 작은 볼에 소금물 재료를 섞는다.

2
김이 오른 찜기에 젖은 면보를 깔고 찹쌀을 넓게 펼쳐 올린 뒤 뚜껑을 덮고 센 불에서 15분간 찐다. 윗면에 소금물을 골고루 뿌린 뒤 15분간 더 찐다.

3
연근은 필러로 껍질을 벗기고 식촛물(물 5컵 + 식초 1큰술)에 5분간 담근 후 길게 4등분하고 삼각형으로 썬다.

4
당근은 잘게 다지고, **검은깨**는 위생팩에 넣어 밀대로 밀어 곱게 으깬다. **녹찻가루**와 함께 작은 볼에 각각 담는다.

5
②를 3등분한 뒤 다진 당근, 으깬 검은깨, 녹찻가루를 각각 넣고 골고루 섞는다. 각각의 볼에 연근 1/3분량씩과 구운 소금 약간씩을 넣고 섞는다.

6
김이 오른 찜기에 젖은 면보를 깔고 ⑤를 올린 후 뚜껑을 덮고 센 불에서 35분간 찐다.

＊**색다른 연근밥 만들기**
　연근을 반으로 썰고 밑부분에 랩을 씌운 후 당근, 검은깨 가루, 녹찻가루 섞은 밥을 연근 구멍에 젓가락으로 꾹꾹 눌러 넣어요. 김이 오른 찜기에 넣고 35분간 찐 후 한 김 식혀 1cm 두께로 모양대로 썰면 145쪽 사진처럼 색다른 연근밥을 만들 수 있어요.

소박하고 담백한 한 그릇 식사

순두부 덮밥

장아찌 비빔밥

버섯과 나물로 만든 장아찌를 곁들인 색다른 비빔밥이에요. 자신의 기호에 맞게 집에 있는 장아찌를 응용하여 만들어도 좋아요. 참죽나무의 새순을 가죽이라고 하는데요, 독특한 향이 있는 가죽나물은 스님들이 즐겨 먹는 나물로도 유명하답니다.

★ 버섯장아찌 대신 246쪽 새송이버섯장아찌를 이용해도 좋아요.

조리시간 • 20~25분
(+ 장아찌 숙성하기 3일)
재료 • 2인분
1인분 열량 • 393kcal

- □ 밥 2공기(400g)
- □ 애호박 1/2개(140g)
- □ 소금 1/2작은술
  (애호박 절임용)

- □ 가죽나물장아찌(또는
  무장아찌, 깻잎장아찌) 2큰술
- □ 버섯장아찌(또는
  새송이버섯장아찌) 1컵(80g)
- □ 들기름 4작은술
- □ 김 가루 2큰술

버섯장아찌
- □ 말린 고기 느타리버섯
  (또는 느타리버섯) 30g

- □ 말린 표고버섯 2개
- □ 물 1/2컵(100㎖)
- □ 설탕 2/3큰술
- □ 양조간장 2와 1/2큰술
- □ 조청(또는 물엿, 올리고당)
  1/2큰술
- □ 다진 생강 1/2작은술
- □ 후춧가루 약간

버섯장아찌 만들기

1

말린 고기 느타리버섯, 말린 표고버섯은 미지근한 물(뜨거운 물 1과 1/2컵 + 찬물 1과 1/2컵)에 담가 20분간 불린 후 물기를 꼭 짠다.

2

냄비에 물(1/2컵), 설탕, 양조간장, 조청, 다진 생강, 후춧가루를 넣고 센 불에서 끓인다. 끓어오르면 불을 끄고 차게 식힌다.

3

저장 용기에 ①의 버섯과 ②의 달임장을 넣고 냉장고에서 3일간 숙성시킨다.

장아찌 비빔밥 만들기

＊ 가죽나물장아찌 만들기
손질한 가죽나물 6줌(300g)에 소금 60g을 뿌려 30분간 절인 후 물에 헹궈 체에 밭쳐 물기를 빼요. 냄비에 양조간장 1과 1/2컵, 국간장 1/2컵, 설탕 1/2컵, 조청 1과 1/2컵을 넣고 중간 불에서 5분간 끓인 후 차게 식혀요. 차게 식힌 달임장에 고추장 1컵, 찹쌀풀 1/2컵, 매실청 4큰술을 넣고 저장 용기에 가죽나물과 달임장을 넣고 100일간 숙성시켜요.

4

애호박은 1cm 두께로 썰어 4등분한 후 소금을 뿌려 5분간 절인다. 가죽나물장아찌는 잘게 다진다.

5

달군 팬에 들기름 1작은술을 두르고 애호박을 넣어 센 불에서 1분간 볶은 후 그릇에 덜어둔다. 다시 팬을 달궈 들기름 1작은술을 두르고 버섯장아찌를 넣어 1분간 볶는다.

6

그릇에 밥 1공기를 담은 후 애호박, 버섯장아찌, 가죽나물장아찌 1/2분량씩과 들기름 1작은술, 김 가루 1큰술을 넣고 골고루 섞는다. 나머지 1공기도 같은 방법으로 담는다.

잘 익은 배추김치와 순두부를 넣어 칼칼하면서도 부드러운 맛을 즐길 수 있는
순두부 덮밥이에요. 다시마와 표고버섯으로 만든 채소 국물을 베이스로 만들어
더욱 진하고 담백해요.

순 두 부 덮 밥

조리시간 · 25~30분
재료 · 2인분
1인분 열량 · 395kcal

- □ 밥 2공기(400g)
- □ 순두부 1/2봉(150g)
- □ 잘 익은 배추김치 1컵(150g)
- □ 청양고추 1개(생략 가능)

- □ 식용유 1/2큰술
- □ 김칫국물 3큰술
- □ 국간장 1작은술
- □ 녹말물(녹말가루 1큰술 + 물 1큰술)

김치 양념
- □ 고춧가루 1작은술

- □ 들기름 1작은술

채소 국물(완성량 2컵, 400㎖)
- □ 물 3컵(600㎖)
- □ 말린 표고버섯 2개
- □ 다시마 5×5cm 1장

1

냄비에 채소 국물 재료를 넣고
센 불에서 끓인다. 끓어오르면
다시마를 건진 뒤 약한 불로 줄여
10분간 끓인다.

2

배추김치는 양념을 털어내고
길이대로 2등분하여 1cm 폭으로
썬 후 김치 양념을 넣어 섞는다.
①의 **표고버섯** 2개는 물기를 꼭 짠
후 밑동을 제거해 0.5cm 두께로
썰고, **청양고추**는 송송 썬다.

3

달군 냄비에 식용유를 두르고
배추김치, 표고버섯을 넣어 중간
불에서 1분 30초간 볶은 후
①의 채소 국물(2컵), 김칫국물을
넣고 센 불에서 5분간 끓인다.

4

청양고추, 국간장을 넣고
중간 불에서 1분간 끓인 후
센 불로 올린다. 끓어오르면
녹말물 1큰술(넣기 전에 한 번 더
섞을 것)을 넣고 30초간 골고루
섞으며 끓인다.

5

순두부를 포장째 반으로 썰어
부서지지 않게 주의하며
덩어리 있게 뚝뚝 끊어 넣고
1분간 더 끓인다. 그릇에 밥을
담은 후 순두부를 올린다.

＊주의하세요!
녹말물을 넣을 때 한 번
더 섞어서 넣어야 국물이
덩어리지지 않고 부드러워요.

세
가
지
나
물
보
쌈
밥

소박하고 담백한 한 그릇 식사

세 가 지 나 물 보 쌈 밥

나물 본연의 맛을 즐길 수 있는 별미밥으로 고소한 견과류 쌈장을 곁들여 더욱 맛있어요. 녹색 채소는 열과 산, 공기에 의해 영양소가 파괴되므로 짧은 시간에 데쳐야 영양소 파괴를 막고 색도 선명하답니다.

★ 냄비 대신 다른 도구로 영양밥 하기 29쪽 참고

조리시간 · 50~55분
(+ 쌀 불리기 2시간)
재료 · 2~3인분
1인분 열량 · 318kcal

□ 쌀 1컵(160g)
□ 현미 1/4컵(40g)
□ 브로콜리 1/4개(70g)
□ 취나물 10장

□ 두릅 4개(50g)
□ 표고버섯 1개(25g)
□ 당근 1/10개(20g)
□ 구운 소금(또는 죽염) 약간
□ 참기름 약간
□ 물 1과 1/2컵(300㎖, 밥짓는 용)

밥 양념
□ 참기름 1큰술

□ 구운 소금(또는 죽염) 1/3작은술
□ 통깨 1작은술

견과류 쌈장
□ 된장 1큰술
□ 다진 견과류(아몬드, 땅콩, 호두 등) 1작은술
□ 고추장 1작은술
□ 들기름 1/2작은술

1

쌀과 현미는 물(3컵)에 넣고 2시간 정도 불린 뒤 체에 받쳐 물기를 뺀다.

2

브로콜리는 송이는 모양대로 0.7cm 두께로 4쪽을 썰고, 나머지는 잘게 다진다. **당근**은 사방 0.5cm 크기로 다진다. **표고버섯**은 밑동을 제거하고 사방 0.5cm 크기로 다진다.

3

끓는 소금물(물 6컵 + 소금 1/2큰술)에 송이 모양대로 썬 브로콜리 4쪽, 취나물, 두릅을 각각 30초씩 데치고 찬물에 헹군 후 취나물, 두릅은 물기를 꼭 짜고, 브로콜리는 체에 받쳐 물기를 뺀다.

4

볼에 취나물을 넣고 구운 소금, 참기름을 약간씩 넣어 조물조물 무친 후 볼의 한쪽에 둔다. 두릅도 같은 방법으로 무친다. 볼에 견과류 쌈장 재료를 골고루 섞는다. ★ 재료 본연의 맛을 해치지 않도록 각각 따로 무친다.

5

냄비에 불린 쌀과 물을 넣고 뚜껑을 덮어 센 불에서 1분간 끓이다가 물이 끓어오르면 중간 불로 줄여 2분, 약한 불로 줄여 15분간 끓인다. 불을 끄고 다진 브로콜리, 당근, 표고버섯을 넣어 골고루 섞은 후 뚜껑을 덮어 5분 정도 뜸을 들인다.

6

볼에 ⑤의 밥, 밥 양념을 넣고 골고루 섞는다. 밥을 한입 크기로 뭉친 후 견과류 쌈장을 약간씩 얹고 브로콜리, 두릅을 각각 올린다. 취나물을 펼친 후 견과류 쌈장, 밥을 놓고 감싼다.

버섯과 각종 채소들을 넣어 만든 별미 강된장으로 맛있는 쌈밥을 만들어보세요.
버섯 강된장은 미리 만들어두었다가 고기 요리에 곁들이는 쌈장, 강된장 찌개에
이용해도 좋고 각종 채소들을 넣고 강된장 비빔밥을 만들어도 별미랍니다.

버섯 강된장 모둠쌈밥

조리시간 · 40~45분
재료 · 2~3인분
1인분 열량 · 264kcal

- □ 밥 2공기(400g)
- □ 양배추 손바닥 크기 3장(90g)
- □ 쌈 채소 6장(쫑상추, 비트 잎, 깻잎, 적겨자 잎 등)
- □ 쌈 다시마 김밥 김 1장 크기 1장(50g)

- □ 배추김치 2잎(80g)

밥 양념
- □ 구운 소금(또는 죽염) 1/4작은술
- □ 통깨 1작은술
- □ 참기름 1작은술

버섯 강된장
- □ 새송이버섯 1/3개(30g, 또는 표고버섯 1개, 느타리버섯 1/2줌)

- □ 감자 1/10개(20g)
- □ 애호박 1/14개(20g)
- □ 청고추 1/2개
- □ 홍고추 1/2개
- □ 식용유 1/2작은술
- □ 물 1/2컵(100㎖)
- □ 된장 5큰술

1

강된장용 **새송이버섯**은 밑동을 제거하고, **감자**는 필러로 껍질을 벗긴 후 **애호박**과 함께 사방 0.5cm 크기로 다진다. **청 · 홍고추**는 송송 썬다.

2

달군 팬에 식용유를 두르고 ①의 채소를 넣어 중간 불에서 1분 30초간 볶은 뒤 물(1/2컵), 된장을 넣고 주걱으로 저어가며 4분간 더 볶는다.

3

김이 오른 찜기에 젖은 면보를 깔고 양배추를 올려 뚜껑을 덮고 센 불에서 10분간 찐다.

4

쌈 채소는 끓는 물(4컵)에 30초간 데친 후 찬물에 헹궈 물기를 꼭 짠다. 물을 계속 끓여 **쌈 다시마**를 넣고 30초간 데친 후 체에 밭쳐 물기를 뺀다. **배추김치**는 깨끗이 씻은 뒤 물기를 꼭 짠다.

5

볼에 밥과 밥 양념을 넣고 골고루 섞는다.

6

밥 1/3분량과 강된장을 **양배추**, **쌈 채소**에 각각 나누어 넣어 돌돌 만다. 다시마와 배추김치에 밥 1/3분량씩을 올린 뒤 **다시마**는 돌돌 말아 한입 크기로 썬 후 강된장을 얹고, **배추김치**는 강된장을 넣어 돌돌 말아 썬다.

＊주의하세요!
버섯 강된장을 만들 때는 타기 쉬우니 주걱으로 잘 저으며 볶아야 해요. 된장 맛은 집집마다 조금씩 차이가 있으니 간을 보면서 넣는 양을 조절하세요.

영양이 가득한 버섯과 단백질이 풍부한 두부가 들어가 어린이 영양식으로 좋은
주먹밥이에요. 버섯과 두부의 담백한 맛과 고소한 들기름, 짭짤한 김자반이 어우러져
더욱 맛있어요. 두부 버섯 주먹밥은 속이 편하고 든든해 바쁜 아침 식사로도 좋아요.
★ 냄비 대신 다른 도구로 영양밥 하기 29쪽 참고

조리시간 · 30~35분
(+ 쌀 불리기 2시간)
재료 · 2~3인분
1인분 열량 · 456kcal

- □ 쌀 1과 1/2컵(240g)
- □ 현미 1/2컵(80g)
- □ 느타리버섯 1/2줌(30g)
- □ 팽이버섯 1/5봉지(30g)
- □ 두부(부침용, 큰 팩) 1/2모(150g)
- □ 김자반 1/2컵(10g)
- □ 물 2와 1/4컵(450㎖, 밥 짓는 용)
- □ 구운 소금(또는 죽염) 1/2작은술
- □ 들기름 1작은술

1

쌀과 현미는 물(3컵)을 넣고 2시간
정도 불린 뒤 체에 밭쳐 물기를
뺀다.

2

느타리버섯, 팽이버섯은 밑동을
제거하고 사방 0.5cm 크기로 썬다.

3

두부는 칼 옆면으로 으깬 후
면보에 싸서 물기를 꼭 짠다.
★ 두부 으깨기 24쪽 참고

4

냄비에 불린 쌀과 물(2와 1/4컵)을
넣고 뚜껑을 덮어 센 불에서
1분간 끓이다가 물이 끓어오르면
중간 불로 줄여 2분, 약한 불로
줄여 15분간 끓인다. 불을 끄고
느타리버섯, 팽이버섯, 두부를
밥 위에 올린 뒤 뚜껑을 덮어 5분
정도 뜸을 들인다.

5

볼에 ④와 김자반, 구운 소금,
들기름을 넣고 골고루 섞은 후
5등분하여 주먹밥을 만든다.
★ 주먹밥을 만들지 않고 그냥
먹어도 된다.

＊ **볶은 버섯 넣어 만들기**
달군 팬에 느타리버섯,
들기름 1작은술, 구운 소금
1/3작은술을 넣고 중간 불에서
1분간 볶은 후 과정 ④에 넣어
만들면 더욱 고소하게 즐길 수
있어요.

＊ **김자반 만들기**
밥 반찬으로 곁들여도 좋은
김자반은 간단하게 만들 수
있어요. 김밥 김 A4 크기
5장을 위생팩에 넣고 사방
2~3cm 크기로 부숴요. 통깨
1작은술, 설탕 1과 1/3작은술,
소금 2/3작은술, 참기름 1과
1/2큰술을 섞은 후 김을 넣고
버무려요. 양념에 버무린 김을
달군 팬에 올려 중간 불에서
2~3분간 볶으면 완성!

단백질과 지방이 풍부하여 밭에서 나는 고기라고 불리는 콩. 콩으로 만든 두부와
버섯, 시금치를 듬뿍 넣어 만든 건강식 김밥이에요. 무말랭이무침 대신 오이지를
넣어 만들어도 맛있답니다.

무말랭이 김밥

구운 두부

조리시간 • 35~40분
재료 • 2인분
1인분 열량 • 297kcal

- [ ] 밥 1과 1/2공기(300g)
- [ ] 두부(부침용, 큰 팩) 1/2모(150g)
- [ ] 소금 약간(두부 밑간용)
- [ ] 말린 표고버섯 2개
- [ ] 시금치 1줌(50g)

- [ ] 무말랭이무침 1/2컵(60g)
- [ ] 김 A4 용지 크기 2장
- [ ] 깻잎 6장
- [ ] 볶음용 기름(식용유 1큰술 +
      들기름 1작은술)

표고버섯 양념
- [ ] 들기름 1작은술
- [ ] 구운 소금(또는 죽염) 약간

시금치 양념
- [ ] 구운 소금(또는 죽염)
      1/4작은술
- [ ] 참기름 1/2작은술

밥 양념
- [ ] 참기름 1큰술
- [ ] 통깨 1작은술
- [ ] 구운 소금(또는 죽염) 1/4작은술

1

두부는 1.5×1.5×8cm 크기로
썬 후 키친타월 위에 올려 앞뒤로
소금을 뿌려 10분간 절인다.
말린 표고버섯은 미지근한 물
(2컵)에 20분간 불린 후 물기를
꼭 짠다. 밑동을 제거하고 0.5cm
두께로 썬다.

2

시금치는 지저분한 잎을 떼고
칼로 뿌리를 제거한 후 한 장씩
떼어낸다. 끓는 소금물(물 5컵 +
소금 1작은술)에 넣어 30초간 데친
후 찬물에 헹궈 물기를 꼭 짠다.
★ 시금치 손질하기 19쪽 참고

3

볼에 표고버섯과 표고버섯 양념을
넣어 조물조물 무치고, 다른 볼에
시금치와 시금치 양념을 넣고
조물조물 무친다.

4

달군 팬에 볶음용 기름을
두르고 두부를 올려 중간 불에서
뒤집어가며 5분간 노릇하게
구운 후 그릇에 덜어둔다.
팬을 다시 달군 후 표고버섯을
넣고 중간 불에서 1분간 볶는다.

5

볼에 밥과 밥 양념을 넣고 골고루
섞는다.

6

김에 밥 1/2분량을 올려 김의
2/3 지점까지 넓게 편 후
깻잎 3장을 올리고 두부, 시금치,
표고버섯, 무말랭이무침을
1/2분량씩 올린 후 김밥을 돌돌
만다. 나머지 1개도 같은 방법으로
만들어 한입 크기로 썬다.

유자 무장아찌 샌드는 상큼한 오이와 새콤한 유자청, 짭쪼름한 무장아찌의 맛이
잘 어우러져 어른부터 아이까지 모두가 좋아하는 메뉴랍니다.
무장아찌와 오이를 잘게 다져 샌드 위에 올려 장식하면 손님상에 내기 좋아요.

조리시간 • 20~25분
재료 • 2인분
1인분 열량 • 296kcal

☐ 현미밥 1과 1/2공기(300g)
☐ 김 A4 용지 크기 1과 1/2장
☐ 무장아찌 60g(다진 후 1/2컵,
  또는 오이지)

☐ 오이 1/4개(50g)
☐ 유자청 2/3큰술(10g)
☐ 참기름 1작은술

밥 양념
☐ 구운 소금(또는 죽염) 1/3작은술
☐ 참기름 1작은술

1

김밥 김은 4등분한다.

2

무장아찌와 오이는 잘게 다진다.
★ 다진 무장아찌와 오이로 장식을
하려면 약간씩 덜어둔다.

3

볼에 무장아찌와 유자청,
참기름을 넣고 골고루 섞는다.

4

볼에 현미밥과 밥 양념을 넣고
주걱으로 잘 섞은 후 ③과 오이를
넣고 골고루 섞는다.

5

12×12cm 사각 틀 안에 ①의 김을
깔고 ④의 밥 1/4분량을 고르게
펴 꼭꼭 눌러 넣은 후 김을 올리고
다시 밥 1/4분량, 김 순으로
올린다. 같은 방법으로 1개 더
만든다.

6

칼 옆면에 참기름을 살짝 바른 후
열십(+)자로 4등분한다.
기호에 따라 다진 무장아찌와
오이를 올려 장식한다.

＊ **색다른 모양으로 만들기**
유자 무장아찌 샌드는
주먹밥용 틀을 이용하여
만들거나, 김밥처럼 돌돌말아
만들어도 좋아요. 단 썰 때
안의 내용물이 흘러질 수
있으니 칼 옆면에 참기름을
발라 조심스럽게 잘라주세요.

소박하고 단백한 향긋한 사사

사찰 음식에서 가장 많이 사용하는 재료 중 하나인 버섯은 혈중 콜레스테롤 수치를 낮춰주고 암을 예방하는 웰빙 식품으로 각광받고 있어요. 또한 몸의 독소를 제거하고 혈액순환을 좋게 하며, 면역력을 높이는 효과가 있답니다. 이런 버섯을 이용하여 영양만점의 초밥을 만들어보세요.

모둠 버섯 초밥

조리시간 · 30~35분
재료 · 2인분
1인분 열량 · 292kcal

- ☐ 뜨거운 밥 1과 1/2공기(300g)
- ☐ 표고버섯 2개(50g)
- ☐ 양송이버섯 2개(40g)
- ☐ 새송이버섯 1/2개(40g)
- ☐ 느타리버섯 1/2줌(30g)
- ☐ 대추 2개
- ☐ 미나리 3줄기(생략 가능)
- ☐ 들기름 2작은술
- ☐ 고추냉이 약간

소금물
- ☐ 물 1큰술

- ☐ 소금 1/4작은술

단촛물
- ☐ 설탕 1과 1/2큰술
- ☐ 식초 1과 1/2큰술
- ☐ 레몬즙(또는 유자즙) 1큰술
- ☐ 구운 소금(또는 죽염) 1/4작은술

1

표고버섯, 양송이버섯, 새송이버섯은 밑동을 제거하고 0.5cm 두께로 모양대로 썬다. **느타리버섯**은 밑동을 제거하고 가닥가닥 뜯는다. **대추**는 씨를 빼고 3등분한다. 작은 볼에 단촛물을 섞는다.

2

미나리는 잎을 떼어내고 흐르는 물에 씻은 뒤 끓는 소금물(물 3컵 + 소금 1/2작은술)에 30초간 데치고 찬물에 헹군다. 작은 볼에 소금물 재료를 섞는다.

3

김이 오른 찜기에 젖은 면보를 깔고 표고버섯과 새송이버섯을 올린다. 소금물을 골고루 뿌린 뒤 뚜껑을 덮고 센 불에서 5분간 찐다.

4

달군 팬에 들기름 1작은술을 두르고 키친타월로 기름을 골고루 바른 후 느타리버섯을 넣고 중간 불에서 2분간 볶아 그릇에 덜어둔다. 같은 방법으로 양송이버섯을 볶는다.

5

큰 볼에 뜨거운 밥을 넣고 단촛물을 조금씩 넣어가며 골고루 섞은 후 한입 크기(약 20g)로 빚는다.

6

밥 위에 고추냉이를 바르고 표고버섯, 새송이버섯, 느타리버섯을 각각 올린다. 느타리버섯은 데친 미나리로 묶고, 양송이버섯과 대추는 밥 위에 겹쳐 올린다.

＊주의하세요!
초밥을 만들 때는 뜨거운 밥을 한 김 식힌 후 단촛물을 재빨리 섞는 것이 좋아요. 밥이 따뜻해야 단촛물이 골고루 섞이고 밥알이 뭉치지 않는답니다. 밥이 질어지면 초밥 모양을 잡기가 어려우니 단촛물은 한꺼번에 넣지 말고 밥의 질기 정도를 확인하여 더하세요. 또한 버섯을 너무 오래 찌면 식감이 질겨지니 레시피 시간을 준수하세요.

순박하고 담백한 한 그릇 식사

오이 호두 초밥

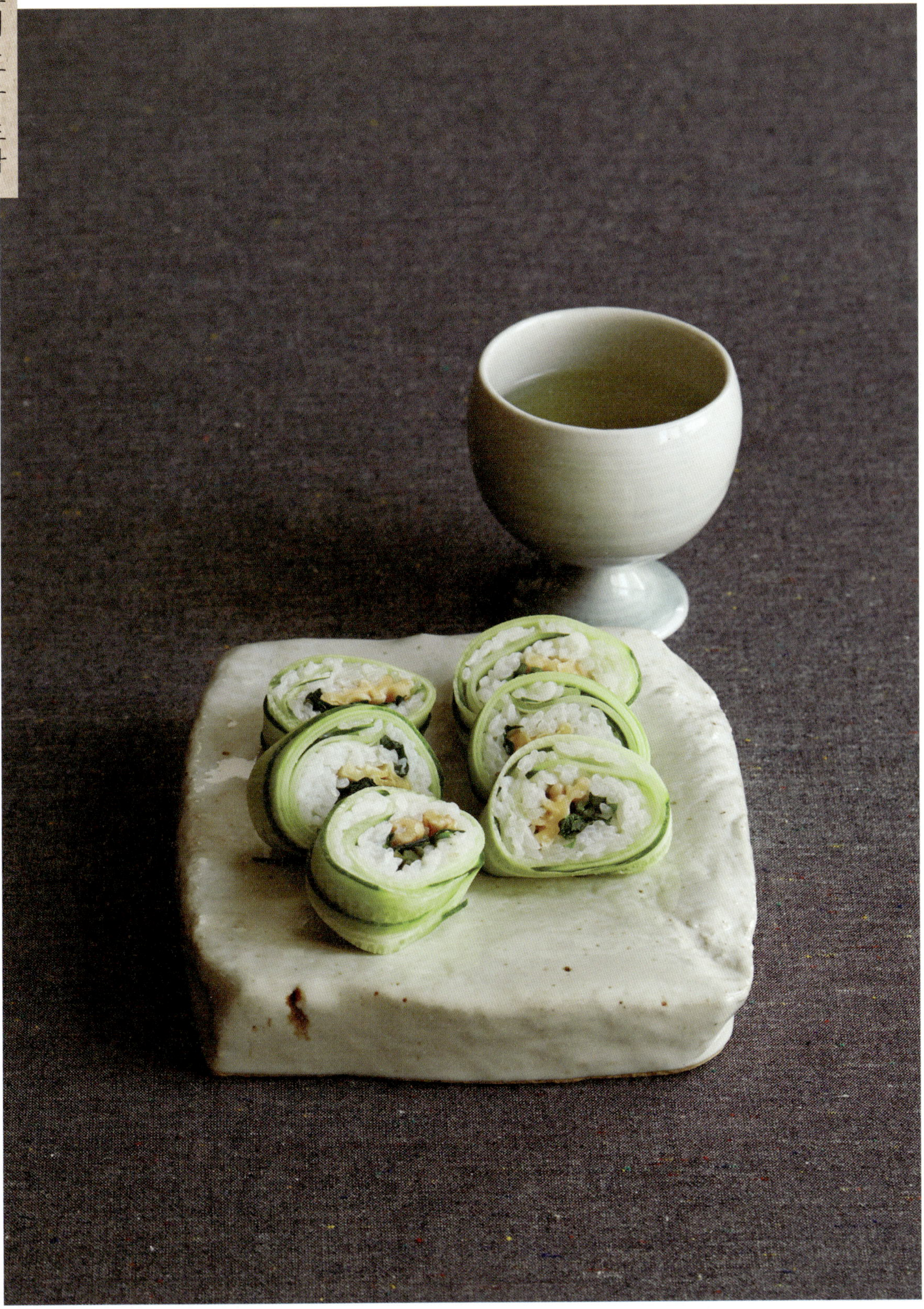

도라지 초밥

섬유질과 무기질, 사포닌 성분이 풍부하게 들어 있는 도라지는 면역력 향상, 기관지 건강 등에 좋은 우수한 알칼리성 식품이에요. 도라지 초밥은 만들기도 쉬울 뿐 아니라 도라지의 쌉쌀한 맛과 보리의 구수한 맛이 어우러져 입맛을 돋우는 별미랍니다.

★ 냄비 대신 다른 도구로 영양밥 하기 29쪽 참고

조리시간 • 40~45분
(+ 쌀, 보리 불리기 2시간)
재료 • 2인분
1인분 열량 • 327kcal

□ 쌀 2/3컵(100g)
□ 보리 1/3컵(50g)

□ 도라지 3개(50g)
□ 물 1과 1/2컵(300㎖,
   밥 짓는 용)
□ 무순 약간(생략 가능)

단촛물
□ 설탕 1과 1/2큰술
□ 식초 1과 1/2큰술
□ 레몬즙(또는 유자즙) 1큰술
□ 구운 소금(또는 죽염)
   1/3작은술

1

쌀과 보리는 깨끗하게 씻은 후 쌀에 물(2컵), 보리에 물(1컵)을 각각 넣고 2시간 정도 불린다.
★ 뜨거운 밥(2공기)으로 대체할 경우 ①, ②, ④ 과정을 생략한다.

2

냄비에 불린 보리와 물(1컵)을 넣고 센 불에서 15분간 삶은 뒤 체에 밭쳐 물기를 뺀다.

3

작은 볼에 단촛물 재료를 섞는다. 볼에 도라지와 소금 1큰술을 넣고 바락바락 주물러 맑은 물이 생길 때까지 씻은 후 찬물에 2~3회 헹군다. 체에 밭쳐 물기를 뺀 뒤 사방 0.5cm 크기로 썬다.

4

냄비에 불린 쌀과 삶은 보리, 물(1과 1/2컵)을 넣고 뚜껑을 덮어 센 불에서 1분간 끓이다가 물이 끓어오르면 중간 불로 줄여 2분, 약한 불로 줄여 15분간 끓인다. 불을 끄고 도라지를 넣어 뚜껑을 덮은 채 5분 정도 뜸을 들인다.

5

④의 밥을 한 김 식힌 후 단촛물을 조금씩 넣으며 주걱으로 골고루 섞는다.

6

밥을 한입 크기로 동그랗게 빚고 무순을 올려 장식한다.

＊보리 대신 현미로 대체하기
도라지 초밥을 만들 때 보리가 없을 경우 현미 또는 멥쌀 1/3컵으로 대체하세요. 집에 있는 뜨거운 밥 2공기(400g)를 준비하여 도라지 초밥을 만들어도 좋아요.

오이는 수분과 비타민 C가 풍부해 갈증 해소는 물론 부기를 가라앉히고
노폐물을 배출시키는 효과가 있어요. 상큼한 오이를 이용해 여름철
시원하고 간편하게 즐길 수 있는 초밥을 만들어보세요. 기호에 따라 취나물 대신
누구나 잘 먹는 시금치를 넣어서 만들어도 맛있답니다.

조리시간 · 30~35분
재료 · 2~3인분
1인분 열량 · 395kcal

☐ 뜨거운 밥 2공기(400g)
☐ 오이 2개(400g)
☐ 호두 1컵(70g)

☐ 취나물(또는 시금치) 1줌(50g)
☐ 구운 소금(또는 죽염) 약간
☐ 참기름 1/2작은술
☐ 고추냉이 약간

단촛물
☐ 설탕 1과 1/2큰술

☐ 식초 1과 1/2큰술
☐ 레몬즙(또는 유자즙)
  1큰술
☐ 구운 소금(또는 죽염)
  1/3작은술

1

호두는 따뜻한 물(1컵)에 10분간
담가 껍질을 불린 후 이쑤시개를
이용해 껍질을 벗긴다.

2

오이는 칼로 가시 부분을 긁어내고
흐르는 물에 씻은 후 양옆을 썰고
필러를 이용해 얇게 슬라이스한다.

3

취나물은 지저분한 잎은 제거하고
뿌리 쪽의 굵은 줄기는 손으로
뜯는다. 끓는 소금물(물 4컵 +
소금 1/2작은술)에 넣어 30초간
데친 후 찬물에 헹구고 체에 밭쳐
물기를 뺀다.

4

볼에 단촛물 재료를 넣어
골고루 섞는다. 다른 볼에
취나물, 구운 소금, 참기름을 넣고
조물조물 무친다.

5

뜨거운 밥에 단촛물을 조금씩
넣으며 주걱으로 골고루 섞는다.

6

랩 위에 오이 1/2분량을 사진처럼
조금씩 겹쳐서 펼쳐 깔고 밥
1/2분량을 올려 오이의 1/2
지점까지 골고루 편다. 호두와
취나물 1/2분량씩을 올리고
고추냉이를 조금씩 바른 후 돌돌
만다. 랩을 벗기지 않은 채로
한입 크기로 썬다. 나머지도 같은
방법으로 만든다.

＊**주의하세요!**
오이가 너무 두꺼우면
잘 말리지 않으므로 필러로
오이를 슬라이스할 때 너무
두껍지 않도록 주의하세요.

①

냉이죽

냉이는 씁쌀하면서도 향긋한 맛과 향이 있어 입맛을 돋워주는 봄철 대표 나물이에요. 비타민, 단백질, 칼슘이 풍부해 감기, 춘곤증, 눈의 피로 해소에도 도움을 주지요. 냉이를 듬뿍 넣은 냉이죽은 땅과 봄의 기운을 동시에 느낄 수 있는 별미랍니다.
★ 쌀 대신 밥으로 죽 끓이기 29쪽 참고

조리시간 · 50~55분
(+ 현미 불리기 2시간)
재료 · 2인분
1인분 열량 · 199kcal
□ 현미 1/2컵(80g)
□ 냉이 2줌(100g)
□ 참기름 1작은술

□ 구운 소금(또는 죽염) 1/2작은술
　(기호에 따라 가감)
채소 국물(완성량 3컵, 600㎖)
□ 물 4컵(800㎖)
□ 말린 표고버섯 2개
□ 다시마 5×5cm 1장

1

현미는 물(2컵)을 넣고 2시간 정도 불린 뒤 체에 밭쳐 물기를 뺀다.

2

냄비에 채소 국물 재료를 넣고 센 불에서 끓인다. 끓어오르면 다시마를 건진 뒤 약한 불로 줄여 10분간 끓인다.

3

냉이는 시든 잎을 떼어낸 후 작은 칼을 이용해 잔뿌리를 긁어낸다. 볼에 냉이가 잠길 정도의 물과 냉이를 담고 살살 흔들어 여러 번 씻은 후 1cm 폭으로 썬다.
★ 냉이 손질하기 18쪽 참고

4

믹서 또는 푸드 프로세서에 불린 현미를 넣고 쌀알이 1/3 정도 크기가 되도록 간다.

5

달군 냄비에 참기름을 두르고 ④의 현미를 넣어 중간 불에서 2분간 볶는다.

6

⑤의 냄비에 ②의 채소 국물(3컵)을 넣고 센 불에서 끓어오르면 약한 불로 줄여 되직한 농도가 될 때까지 20분간 끓인다. 냉이를 넣고 5분간 더 끓인 후 구운 소금으로 간한다.

✽ 주의하세요!
죽을 끓일 때 냉이를 너무 빨리 넣으면 푸른 냉이 색이 쉽게 변색될 수 있으니 죽을 충분히 끓인 후 마지막에 넣으세요. 구운 소금 으로 간하고 맛이 심심할 경우에는 약간의 국간장으로 간을 맞추면 좋아요.

쑥은 백병을 구하는 의초라 불릴 정도로 약효가 뛰어나 예로부터 많은 사랑을 받아온
나물 중 하나랍니다. 향긋하고 따뜻한 쑥죽으로 가족들의 건강을 지켜주세요.
★ 쌀 대신 밥으로 죽 끓이기 29쪽 참고

조리시간 · 30~35분
(+ 현미 불리기 2시간)
재료 · 2인분
1인분 열량 · 192kcal

□ 현미 2/3컵(130g)
□ 쑥 1줌(50g)
□ 시금치 1/2줌(20g)
□ 은행 10개

□ 채소 국물 6컵(1.2ℓ)
 ★ 채소 국물 만들기 28쪽 참고
□ 참기름 1/2큰술
□ 구운 소금(또는 죽염) 2작은술
 (기호에 따라 가감)

1
현미는 물(2컵)을 넣고 2시간 정도
불린 후 물기를 빼고 믹서 또는
푸드 프로세서에 넣어 쌀알이 1/3
정도 크기가 되도록 간다. 시금치는
깨끗이 손질하고 믹서에 시금치,
채소 국물(1/2컵)을 넣고 곱게 간 후
젖은 면보에 올려 즙을 짠다.

2
쑥은 흐르는 물에 깨끗이 씻은 후
체에 밭쳐 물기를 뺀다.
은행은 달군 팬에 올려 약한 불에서
5분간 볶은 후 키친타월에 올려
비벼가며 껍질을 벗긴 후 굵게
다진다.

3
달군 냄비에 참기름을 두르고
①의 현미를 넣어 2분간 볶는다.
나머지 채소 국물(5와 1/2컵)을
넣고 센 불에서 바글바글
끓어오르면 약한 불로 줄여
20분간 끓인다. 시금치 즙, 쑥,
은행을 넣고 5분 더 끓인 후
구운 소금으로 간한다.

갱식이죽은 집에 남아 있는 김치를 이용해 간단하게 만들 수 있는 경상도식
김치죽이에요. 갱식이죽을 만들 때는 신김치나 묵은지를 이용해야 더욱 맛이 좋아요.
★ 쌀 대신 밥으로 죽 끓이기 29쪽 참고

조리시간 · 35~40분
재료 · 2~3인분
1인분 열량 · 171kcal

□ 불린 쌀(6시간 불린 것)
 2/3컵(130g)

□ 콩나물 1과 1/2줌(80g)
□ 잘 익은 배추김치 1과 1/3컵(200g)
□ 참기름 1/2큰술
□ 채소 국물 5컵(1ℓ)
 ★ 채소 국물 만들기 28쪽 참고

□ 김칫국물 1/2컵(100㎖)
□ 국간장 1큰술
□ 구운 소금(또는 죽염) 1/3작은술
 (기호에 따라 가감)

1
콩나물은 흐르는 물에 깨끗이
씻은 후 체에 밭쳐 물기를 뺀다.
배추김치는 사방 0.5cm 크기로
다진다.

2
달군 냄비에 참기름을 두르고
불린 쌀을 넣어 중간 불에서 2분간
볶는다.

3
②에 채소 국물(5컵)과 김칫국물을
넣고 센 불에서 끓어오르면 약한 불로
줄여 20분간 끓인다. 배추김치와
콩나물을 넣고 5분 더 끓인 후 국간장,
구운 소금으로 간한다.

고구마죽 ①　콩죽 ②　밤죽 ③

①

②

③

밤죽

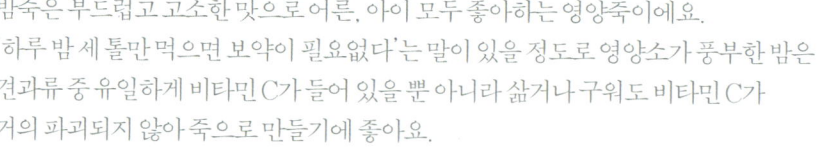

밤죽은 부드럽고 고소한 맛으로 어른, 아이 모두 좋아하는 영양죽이에요.
'하루 밤 세 톨만 먹으면 보약이 필요없다'는 말이 있을 정도로 영양소가 풍부한 밤은
견과류 중 유일하게 비타민 C가 들어 있을 뿐 아니라 삶거나 구워도 비타민 C가
거의 파괴되지 않아 죽으로 만들기에 좋아요.

★ 쌀 대신 밥으로 죽 끓이기 29쪽 참고

조리시간 · 50~55분
(+ 현미 불리기 2시간)
재료 · 2인분
1인분 열량 · 250kcal
□ 현미 1/2컵(80g)
□ 깐 밤 12개(120g)
□ 참기름 1작은술

□ 구운 소금(또는 죽염) 1작은술
  (기호에 따라 가감)
채소 국물(완성량 3컵, 600㎖)
□ 물 4컵(800㎖)
□ 말린 표고버섯 2개
□ 다시마 5×5cm 1장

1

현미는 물(1과 1/2컵)을 넣고 2시간 정도 불린 뒤 체에 밭쳐 물기를 뺀다.

2

냄비에 채소 국물 재료를 넣고 센 불에서 끓인다. 끓어오르면 다시마를 건진 뒤 약한 불로 줄여 10분간 끓인다.

3

믹서나 푸드 프로세서에 불린 현미를 넣고 쌀알이 1/3 정도 크기가 되도록 간다.

4

냄비에 밤과 밤이 잠길 정도의 물을 넣고 센 불에서 15분간 삶는다. 체에 밭쳐 물기를 뺀 후 굵게 다진다.

5

달군 냄비에 참기름을 두르고 ③의 현미를 넣어 중간 불에서 2분간 볶는다.

6

⑤에 ②의 채소 국물(3컵)을 붓고 센 불에서 끓인다. 끓어오르면 약한 불로 줄여 15분간 끓인 후 밤을 넣고 주걱으로 밤을 으깨며 10분 더 끓인다. 불을 끄고 구운 소금으로 간한다.
★ 밤의 알갱이가 너무 크면 푸드 프로세서에 갈아도 좋다. 단맛을 원한다면 설탕을 넣는다.

단백질이 풍부한 콩은 사찰 음식에서 많이 사용되는 재료 중 하나입니다.
고소한 콩죽은 입맛을 살려주는 별미로 물김치와 함께 먹으면 더욱 맛있어요.
★ 쌀 대신 밥으로 죽 끓이기 29쪽 참고

조리시간 · 35~40분
(+ 콩, 쌀 불리기 6시간)
재료 · 2~3인분
1인분 열량 · 395kcal

□ 현미 1컵(160g)
□ 콩(백태) 1컵(140g)
□ 물 4컵(800㎖)
□ 구운 소금(또는 죽염) 2작은술(기호에 따라 가감)

1

콩은 깨끗하게 씻은 후 물(4컵)을
넣어 6시간 이상 충분히 불리고,
현미는 물(2컵)을 넣어 2시간 정도
불린 후 체에 밭쳐 물기를 뺀다.

2

불린 콩은 바락바락 문질러
껍질을 벗기고 끓는 물(4컵)에
5분간 삶은 후 체에 밭쳐 물기를
뺀다. 푸드 프로세서에 콩을 넣어
곱게 간 후, 현미를 넣고
쌀알이 1/3 크기가 되도록 간다.

3

냄비에 ②와 물(4컵)을 붓고
센 불에서 끓인다. 끓어오르면
약한 불로 줄여 쌀이 충분히
퍼질 때까지 주걱으로 저으면서
25분간 끓인 후 구운 소금으로
간한다.

부처님이 고행으로 쓰러졌을 때 수자타란 한 여인이 우유로 죽을 끓여 건강을 되찾게
해주었다는 일화에서 유래된 유미죽을 응용해 만들었어요.
★ 쌀 대신 밥으로 죽 끓이기 29쪽 참고

조리시간 · 50~55분
(+현미 불리기 2시간)
재료 · 2인분
1인분 열량 · 328kcal

□ 현미 1/2컵(80g)
□ 고구마 1개(200g)
□ 물 3컵(600㎖)
□ 우유 1컵(200㎖)

□ 구운 소금(또는 죽염)
　1작은술(기호에 따라 가감)

1

현미는 물(1과 1/2컵)을 넣고 2시간
정도 불린 뒤 체에 밭쳐 물기를
뺀다.

2

냄비에 고구마와 잠길 정도의 물을
넣고 중간 불에서 25~30분간
푹 삶는다. 믹서나 푸드 프로세서에
현미, 고구마, 물(1/2컵)을 넣고
곱게 간다.

3

냄비에 ②와 물(2와 1/2컵)을 넣고
센 불에서 끓인다. 끓어오르면
약한 불로 줄여 15분, 우유를 붓고
10분 더 끓인 다음 구운 소금으로
간한다.

매실향 채소 비빔국수

새콤달콤한 매실 양념과 아삭한 콩나물, 채소를 듬뿍 넣어 비빔국수를 만들어 보세요. 향긋한 매실 향이 입맛을 돋우고, 만드는 방법도 쉬워 가족들을 위한 간단한 한그릇 식사로 안성맞춤이랍니다. 비빔장에 사과 1/6개를 갈아 넣으면 더욱 맛있게 즐길 수 있어요.

조리시간 · 30~35분
재료 · 2인분
1인분 열량 · 424kcal

- ☐ 소면 1과 2/3줌(140g)
- ☐ 상추 손바닥 크기 6장(60g)
- ☐ 양배추 손바닥 크기 3장(90g)
- ☐ 느타리버섯 1줌(50g)
- ☐ 콩나물 1과 1/2줌(80g)

비빔장
- ☐ 식초 2큰술
- ☐ 양조간장 1큰술
- ☐ 매실청 1큰술
- ☐ 조청(또는 물엿, 올리고당) 2큰술
- ☐ 고추장 3큰술
- ☐ 참기름 1큰술
- ☐ 생강즙 1/2작은술
- ☐ 후춧가루 약간

1

볼에 비빔장 재료를 넣고 골고루 섞는다.

2

상추는 길게 2등분한 후 0.5cm 두께로 썰고, **양배추**는 0.3cm 두께로 채 썬다. **느타리버섯**은 밑동을 제거하고 가닥가닥 뜯는다.

3

냄비에 콩나물과 물(1컵)을 넣고 뚜껑을 덮어 센 불에서 3분 30초간 끓인 후 체로 건져 찬물에 헹궈 식힌다. 냄비에 물(5컵)을 더 붓고 끓여 느타리버섯을 넣어 30초간 데친 후 체로 건져 찬물에 헹궈 물기를 꼭 짠다.

4

③의 물을 계속 끓여 소면을 펼쳐 넣고 센 불에서 3분 30초간 삶는다. 중간에 끓어오르면 찬물을 1/2컵씩 2회 더 부어가며 삶는다.

5

삶은 소면은 재빨리 찬물에 여러 번 헹구고 체에 밭쳐 물기를 뺀다.

6

큰 볼에 삶은 소면, 비빔장, 양배추, 상추, 콩나물, 느타리버섯을 넣고 골고루 버무린다.

---

* **맵지 않은 비빔장 만들기**

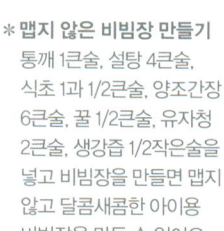

통깨 1큰술, 설탕 4큰술, 식초 1과 1/2큰술, 양조간장 6큰술, 꿀 1/2큰술, 유자청 2큰술, 생강즙 1/2작은술을 넣고 비빔장을 만들면 맵지 않고 달콤새콤한 아이용 비빔장을 만들 수 있어요.

오이와 배, 김치가 들어가 상큼하고 시원한 김치말이 국수입니다.
채소 국물을 이용해 짧은 시간 숙성시켜도 진하고 깊은 맛을 내는 국물과
아삭아삭 씹히는 채소들, 매콤한 김치의 삼박자가 절묘하게 어우러지는
메뉴랍니다. 밑국물은 살얼음이 얼도록 시원하게 만들어야 더욱 맛있어요.

김치말이 국수

조리시간 · 1시간
재료 · 2인분
1인분 열량 · 289kcal

- ☐ 소면 1과 2/3줌(140g)
- ☐ 오이 1/4개(50g)
- ☐ 배 1/16개(30g, 생략 가능)
- ☐ 배추김치 1/3컵(50g)

- ☐ 통깨 약간
- ☐ 참기름 약간

채소 국물(완성량 2컵, 400㎖)
- ☐ 물 3컵(600㎖)
- ☐ 말린 표고버섯 2개
- ☐ 다시마 5×5cm 1장

국물 양념
- ☐ 김칫국물 1컵(200㎖)
- ☐ 설탕 1큰술
- ☐ 식초 1큰술
- ☐ 구운 소금(또는 죽염) 1작은술
  (김칫국물 염도에 따라 가감)

1

냄비에 채소 국물 재료를 넣고
센 불에서 끓인다. 끓어오르면
다시마를 건진 뒤 약한 불로 줄여
10분간 끓인다.

2

볼에 ①의 채소 국물(2컵)과
국물 양념 재료를 넣고 골고루
섞은 후 랩을 씌워 냉동실에서
30분~1시간 동안 숙성시킨다.
★ 과정 ⑤의 소면 삶는 물(6컵)을
미리 불에 올린다.

3

오이는 5cm 길이로 썰어
돌려 깎은 후 가늘게 채 썬다. 배는
껍질을 벗긴 후 가늘게 채 썬다.
★ 오이 돌려깎기 23쪽 참고

4

배추김치는 굵게 다진 후 참기름,
통깨를 넣고 조물조물 무친다.

5

끓는 물(6컵)에 소면을 펼쳐
넣고 센 불에서 3분 30초간
삶는다. 중간에 끓어오르면
찬물 1/2컵씩을 2회 더 부어가며
삶는다.

6

삶은 소면은 재빨리 찬물에
여러 번 헹구고 체에 밭쳐 물기를
뺀다.

7

그릇에 삶은 소면, ②의 국물을
붓고 오이, 배, 배추김치를 올린다.

집에 남아도는 자투리 채소와 쫄깃한 메밀면, 유자청을 이용해 향긋하고 깔끔한
비빔국수를 만들어보세요. 비타민과 구연산이 풍부한 유자는 특유의 향기로
식욕을 돋우고 위장의 나쁜 기운을 없애 소화불량에도 좋을 뿐 아니라 피로 해소에도
도움을 준답니다.

유자향 메밀국수

조리시간 · 30~35분
재료 · 2~3인분
1인분 열량 · 483kcal

- ☐ 메밀국수 3과 2/3줌(300g)
- ☐ 상추 손바닥 크기 2장(20g)
- ☐ 깻잎 10장(20g)
- ☐ 배(또는 사과) 1/6개(80g)

- ☐ 오이 1/2개(100g)
- ☐ 방울토마토 3개
- ☐ 새싹채소 20g(생략 가능)
- ☐ 무순 약간(5g, 생략 가능)

유자 비빔장
- ☐ 통깨 1큰술
- ☐ 설탕 4큰술

- ☐ 식초 1과 1/2큰술
- ☐ 양조간장 6큰술
- ☐ 꿀 1/2큰술
- ☐ 유자청 2큰술
- ☐ 생강즙 1/2작은술

1

볼에 유자 비빔장 재료를 넣어
골고루 섞는다.

2

상추는 길게 2등분한 후 0.5cm
두께로 채 썰고, 깻잎은 꼭지를
뗀 후 돌돌 말아 0.5cm 두께로
썬다. ★ 과정 ⑤의 메밀국수 삶는
물(8컵)을 미리 불에 올린다.

3

배는 껍질을 벗긴 후 0.5cm 두께로
채 썬다. **오이**는 5cm 길이로
썬 뒤 돌려 깎아 0.5cm 두께로
채 썰고, **방울토마토**는 꼭지를 떼고
2등분한다.

4

새싹채소와 무순은 체에 밭쳐
흐르는 물에 씻은 후 물기를 뺀다.

5

끓는 물(8컵)에 메밀국수를 넣고
포장지에 적힌 시간대로 삶은 후
찬물에 여러 번 헹구고 체에 밭쳐
물기를 뺀다.

6

큰 볼에 메밀국수와 상추, 깻잎,
배, 오이, 방울토마토, 새싹채소,
무순, 유자 비빔장을 넣고 골고루
버무린다.

＊**매콤한 비빔장 만들기**
유자 비빔장 레시피에 고추장
3큰술을 더해 매콤한
비빔장을 만들어요. 양념은
기호에 따라 양을 가감해
넣으세요.

고소한 콩물에 얇게 채 썬 감자를 넣어 만든 감자 콩국수는 깔끔하고 담백한 맛이 일품이에요. 면 대신 감자를 이용하고, 식물성 단백질과 이소플라본 성분이 풍부한 콩물을 듬뿍 넣어 더욱 건강한 메뉴랍니다.

감자 콩국수

조리시간 · 30~35분
(+ 콩 불리기 6시간)
재료 · 2~3인분
1인분 열량 · 442kcal

□ 콩(백태) 2컵(280g)
□ 콩 삶은 물 4컵(800㎖)
□ 잣 1큰술
□ 구운 소금(또는 죽염) 2/3큰술
　(기호에 따라 가감)
□ 감자 1과 1/2개(300g)
□ 오이 1/10개(20g)
□ 얼음 약간

1

콩은 깨끗하게 씻은 후 물(6컵)을 넣고 6시간 이상 충분히 불린다.

2

불린 콩은 바락바락 문질러 껍질을 벗긴다. 끓는 물(6컵)에 불린 콩을 넣고 센 불에서 15~20분간 삶은 후 체에 밭쳐 물기를 뺀다. 삶은 물은 버리지 않는다.

3

콩을 한 김 식힌 후 믹서나 푸드 프로세서에 콩과 ②의 콩 삶은 물(4컵), 잣을 넣고 곱게 간 다음 구운 소금으로 간한다. 냉장실에 넣어 차갑게 식힌다.

4

감자는 깨끗이 씻어 필러로 껍질을 벗기고 가늘게 채 썬다. 오이는 5cm 길이로 썰고 돌려 깎은 후 가늘게 채 썬다.

5

감자는 끓는 소금물(물 5컵 + 소금 1작은술)에 15초간 데친 후 얼음물에 담가 식힌 후 체에 밭쳐 물기를 뺀다.

6

그릇에 ⑤와 ③의 콩물을 넣고 얼음을 띄운 후 오이를 올린다. 부족한 간은 구운 소금으로 한다.
★ 감자 대신 우무묵(400g)을 채 썰어 넣어도 좋다.

✱주의하세요!
콩은 덜 삶으면 비린내가 나고, 오래 삶으면 메주 띄우는 냄새가 나니 레시피를 준수해서 삶으세요. 콩을 먹어 봤을 때 입안에서 부드럽게 씹히고, 고소한 냄새가 나기 시작한다면 다 삶아진 거예요. 감자국수는 끓는 물에 빠르게 데쳐 얼음물에 바로 식혀야 식감이 아삭하고 색이 갈변되지 않아요.

소박하고 담백한 한 그릇 식사

혈압을 낮추는 데 도움을 주고 설사나 두통, 어지럼증에도 좋은 연잎으로 칼국수 반죽을 만들어보세요. 씹을 때마다 은은한 연잎 향이 느껴져 어른들이 특히 좋아하는 메뉴랍니다. 연잎을 구하기 어려울 때는 생략하고 일반 칼국수 반죽으로 만드세요.

조리시간 • 50~55분
재료 • 2인분
1인분 열량 • 756kcal

- □ 감자 2개(400g)
- □ 연잎 1장(생략 가능)
- □ 밀가루 3컵(300g)
- □ 물 1컵(200㎖)

- □ 구운 소금(또는 죽염) 1/3작은술
- □ 시금치 1/2줌(30g)
- □ 애호박 1/2개(140g)
- □ 당근 1/8개(25g, 생략 가능)
- □ 밀가루 1큰술(덧가루용)
- □ 국간장 1큰술

- □ 구운 소금(또는 죽염) 1작은술
  (기호에 따라 가감)

채소 국물(완성량 7컵, 1.4ℓ)
- □ 물 8컵(1.6ℓ)
- □ 말린 표고버섯 4개
- □ 다시마 5×5cm 3장

1

냄비에 채소 국물 재료를 넣고 센 불에서 끓인다. 바글바글 끓어오르면 다시마를 건져내고 약한 불로 줄여 10분간 끓인다.

2

감자 1개는 강판에 간 후 면보에 싸서 물기를 꼭 짠다. 연잎은 키친타월로 깨끗이 닦는다. 믹서나 푸드 프로세서에 연잎과 물(1/2컵)을 넣고 곱게 간 후 면보에 걸러 즙을 낸다.

3

큰 볼에 밀가루, ②의 연잎즙(1/2컵), ②의 감자, 물(1/2컵), 구운 소금 1/3작은술을 넣고 치대어 반죽을 만든 후 위생팩에 담아 냉장실에서 30분간 숙성시킨다.

4

시금치는 지저분한 잎을 떼고 깨끗이 씻은 후 체에 받쳐 물기를 뺀다. **감자** 1개는 0.5cm 두께로 썬 후 열십(+)자로 4등분한다. ①의 **표고버섯** 1개는 물기를 꼭 짠 후 밑동을 제거하고 채 썬다. **애호박**은 4cm 길이로 돌려 깎은 후 **당근**과 함께 0.5cm 두께로 채 썬다.

5

조리대 위에 덧가루를 뿌리고 ③의 반죽을 올려 밀대로 밀어 0.3cm 두께로 편 후 돌돌 말아 0.5cm 폭으로 길게 썬다.

6

냄비에 ①의 채소 국물(7컵)을 붓고 센 불에서 끓어오르면 ⑤의 면과 감자를 넣어 5분간 끓인다. 애호박, 당근, 표고버섯, 시금치, 국간장, 구운 소금 1작은술을 넣고 2분간 더 끓인다.

* **연잎 수제비 만들기**
칼국수 반죽을 만들어 냉장실에서 30분간 숙성시킨 후 과정 ⑥에서 반죽을 얇게 펴 한입 크기로 뜯어 넣으면 연잎 수제비를 만들 수 있어요.

* **연잎 구입처**
연잎, 연꽃 등은 사찰 음식 전문 온라인 쇼핑몰 산사애(www.sansae.co.kr), 연우농장(전화 주문, 011-504-8998) 등에서 구입할 수 있어요.

들깨 수제비

소박하고 담백한 한 그릇 식사

통들깨의 진한 고소함과 쫄깃한 버섯의 식감을 즐길 수 있는 들깨 수제비입니다.
불포화지방산과 철분이 많이 함유된 들깨는 항암 작용을 할 뿐 아니라 체내의 독소를
제거하고 빈혈에도 효과적이에요. 통들깨는 곱게 갈아서 꼭 면보에 걸러야
식감이 거칠어지지 않아요.

들깨 수제비

조리시간 · 50~55분
재료 · 2~3인분
1인분 열량 · 513kcal

- ☐ 통들깨 1컵(100g, 또는 들깻가루 1과 1/3컵)
- ☐ 시금치 1줌(50g)

- ☐ 느타리버섯 1줌(50g)
- ☐ 황금팽이버섯 1줌(50g, 또는 팽이버섯)
- ☐ 밀가루 3컵(300g)
- ☐ 물 1과 1/4컵(250㎖)
- ☐ 구운 소금(또는 죽염) 1/3작은술

- ☐ 국간장 2큰술

채소 국물(완성량 10컵, 2ℓ)
- ☐ 물 11컵(2.2ℓ)
- ☐ 말린 표고버섯 5개
- ☐ 다시마 5×5cm 3장

1

냄비에 채소 국물 재료를 넣고 센 불에서 끓인다. 바글바글 끓어오르면 다시마를 건져내고 약한 불로 줄여 10분간 끓인다.

2

통들깨는 체에 받쳐 깨끗이 씻은 후 믹서에 통들깨, ①의 채소 국물(1컵)을 넣고 곱게 간다. 시금치는 지저분한 잎을 떼고 깨끗이 씻은 후 믹서에 시금치와 물(1/2컵)을 넣고 곱게 간 후 면보에 걸러 즙을 만든다.

3

느타리버섯과 **황금팽이버섯**은 밑동을 제거한 후 가닥가닥 뜯는다. ①의 **표고버섯** 1개는 물기를 꼭 짠 후 밑동을 제거하고 채 썬다.

4

큰 볼에 밀가루와 시금치즙(1/2컵), 물(3/4컵), 구운 소금을 넣고 치대어 반죽을 만든 후 위생팩에 담아 냉장실에서 30분간 숙성시킨다. ★ 시금치즙으로 만든 반죽은 하루 정도 냉장실에서 숙성시켜 사용하면 더 좋다.

5

냄비에 ②의 들깨 국물, ①의 채소 국물(9컵)을 붓고 센 불에서 끓인다. 바글바글 끓어오르면 ④의 반죽을 한입 크기로 얇게 펴 뜯어 넣고 5분간 더 끓인다.

6

수제비 반죽이 떠오르면 느타리버섯, 표고버섯, 국간장을 넣고 2분간 끓인다. 그릇에 담은 후 황금팽이버섯을 올린다.

＊다양한 채소로
수제비 반죽 만들기
시금치 대신 브로콜리 또는 당근 50g을 준비하세요. 물 1/2컵과 함께 믹서에 넣고 곱게 간 후 면보에 걸러 즙을 만들어요. 과정 ④에서 시금치즙 대신 넣고 수제비 반죽을 만들면 다양한 채소 수제비 반죽을 만들 수 있어요.

소박하고 단백한 한 그릇 식사

향이 진한 냉이를 넣어 특별한 반찬 없이도 맛있게 즐길 수 있는 냉이떡국을
만들어 보세요. 다시마와 말린 표고버섯을 이용하여 진하게 우린 채소 국물을
이용하면 특별한 재료 없이도 깊은 맛을 낼 수 있어요.

냉이떡국

조리시간 • 35~40분
재료 • 2인분
1인분 열량 • 386kcal

□ 떡국 떡 3컵(300g)
□ 냉이 4줌(80g)
□ 당근 1/10개(20g)
□ 국간장 2큰술

□ 구운 소금(또는 죽염)
　1/2작은술 (기호에 따라 가감)

채소 국물(완성량 6컵, 1.2ℓ)
□ 물 7컵(1.4ℓ)
□ 말린 표고버섯 3개
□ 다시마 5×5cm 2장

1

냄비에 채소 국물 재료를 넣고
센 불에서 끓어오르면 다시마를
건진 뒤 약한 불로 줄여 10분간
끓인다.

2

냉이는 시든 잎을 떼어낸 후
작은 칼을 이용해 잔뿌리를
긁어낸다. 볼에 냉이가 잠길 정도의
물과 냉이를 담고 살살 흔들어
여러 번 씻는다.

3

당근은 6cm 길이, 0.5cm 두께로
채 썰고 ①의 **표고버섯** 1개는
물기를 꼭 짠 후 밑동을 제거하고
다시마 1장과 함께 0.5cm 두께로
채 썬다. 두꺼운 **냉이**는 작은 칼로
2~4등분한다.

4

냄비에 채소 국물(6컵)을 붓고
센 불에서 바글바글 끓어오르면
떡국 떡을 넣어 2분간 끓인다.

5

④에 냉이, 당근, 국간장,
구운 소금을 넣고 2분간 끓인 후
표고버섯, 다시마를 넣어 30초
더 끓인다.

＊**냉이 대신 다른 나물로
대체하기**
냉이 대신 쑥을 넣으면
향과 맛이 깊은 쑥떡국을
만들 수 있어요. 냉이나 쑥이
나오지 않는 계절에는
미나리 35줄기 또는 쑥갓
1과 1/2줌(80g)을 준비하여
과정 ⑤에서 냉이 대신 넣고
떡국을 만들어도 맛있어요.

표고버섯을 듬뿍 넣어 만든 사찰식 만두로 끓인 버섯 만둣국입니다. 담백한 만두와
채소 국물, 각종 채소로 진하게 우린 국물 맛이 어우러져 일품이랍니다.
사찰식 만두는 많이 만들어 한 번 찐 후 냉동해두었다가 김이 오른 찜기에 10분간
쪄 먹어도 맛있어요.

버섯 만둣국

조리시간 · 50~55분	**만두**	☐ 배추김치 1컵(150g)
재료 · 2인분	☐ 만두피(지름 8cm) 16장	**만두소 양념**
1인분 열량 · 221kcal	☐ 두부(부침용, 작은 팩) 1/2모(100g)	☐ 참기름 1/2큰술
☐ 애호박 1/3개(90g)	☐ 불린 당면(30분간 불린 것) 1/3줌(30g)	☐ 구운 소금(또는 죽염) 1/2작은술
☐ 감자 1/2개(100g)	☐ 숙주 2줌(100g)	☐ 통깨 1/2작은술
☐ 당근 1/6개(30g, 생략 가능)	☐ 애호박 1/3개(90g)	**채소 국물(완성량 6컵, 1.2ℓ)**
☐ 국간장 1큰술	☐ 소금 1/3작은술(애호박 절임용)	☐ 물 7컵(1.4ℓ)
☐ 구운 소금(또는 죽염) 1/2작은술 (기호에 따라 가감)	☐ 표고버섯 1개(25g)	☐ 말린 표고버섯 3개
		☐ 다시마 5×5cm 2장

1

냄비에 채소 국물 재료를 넣고 센 불에서 끓인다. 끓어오르면 다시마를 건진 뒤 약한 불로 줄여 10분간 끓인다.

2

만두용 **두부**는 칼등으로 으깬 뒤 면보에 싸서 물기를 꼭 짠다. **불린 당면**은 끓는 물(4컵)에 5분간 삶은 다음 체로 건져 물기를 빼 1.5cm 길이로 썬다. 같은 물에 **숙주**를 넣고 1분 30초간 데친 후 찬물에 헹궈 물기를 꼭 짜고 1cm 폭으로 썬다.

3

애호박은 돌려 깎고 사방 0.5cm 크기로 다진 후 소금을 뿌려 5분간 절인다. **표고버섯**은 밑동을 제거하고 사방 0.5cm 크기로 다지고, **배추김치**는 소를 털어내 사방 0.5cm 크기로 다진다.

4

볼에 ②와 ③을 넣고 만두소 양념을 넣어 골고루 섞는다.

5

만두피 중앙에 ④를 2큰술 올리고 만두피 가장자리에 물을 묻힌다. 만두피를 반으로 접어 잘 눌러 붙인 후 양끝을 붙여 동그랗게 빚는다. 나머지도 같은 방법으로 만든다.

6

애호박은 0.5cm 두께로 썬 후 2등분하고, **감자**는 0.5cm 두께로 썬 후 열십(+)자로 4등분한다. **당근**은 0.5cm 두께로 채 썰고, ①의 **표고버섯** 1개는 물기를 꼭 짠 후 밑동을 제거하고 **다시마** 1장과 함께 0.5cm 두께로 채 썬다.

7

냄비에 ①의 채소 국물(6컵)을 붓고 센 불에서 끓인다. 바글바글 끓어오르면 감자를 넣고 1분 30초, 만두를 넣고 3분간 끓인다. ⑥의 애호박, 당근, 표고버섯, 다시마, 국간장, 구운 소금을 넣고 2분 30초간 더 끓인다.

'땅속의 사과'라 불릴 정도로 비타민 C가 풍부하게 들어 있는 감자는 전분 덕분에 조리 시 열을 가해도 영양소가 잘 파괴되지 않아요. 이런 감자를 곱게 갈아 반죽하여 쫄깃하고 담백한 옹심이를 만들어보세요. 기호에 따라 다양한 버섯을 첨가하면 새로운 맛을 즐길 수 있어요.

버섯 감자 옹심이 탕

조리시간 · 40~45분
재료 · 2인분
1인분 열량 · 225kcal
- □ 감자 3개(600g)
- □ 애느타리버섯 2줌(100g)
- □ 애호박 1/5개(50g)
- □ 구운 소금(또는 죽염) 1작은술
- □ 국간장 1큰술

채소 국물(완성량 5컵, 1ℓ)
- □ 물 6컵(1.2ℓ)
- □ 말린 표고버섯 3개
- □ 다시마 5×5cm 2장

1

냄비에 채소 국물 재료를 넣고 센 불에서 끓인다. 끓어오르면 다시마를 건진 뒤 약한 불로 줄여 10분간 끓인다.

2

감자는 강판에 간다. 면보에 감자 간 것을 올려 물기를 꼭 짠 다음 물과 건더기를 따로 둔다. 감자 간 물은 20분간 가만히 두어 전분을 가라앉힌다.
★ 감자 반죽 만들기 22쪽 참고

3

애느타리버섯은 밑동을 제거해 가닥가닥 뜯고, **애호박**은 2등분한 후 0.5cm 두께로 썬다. ①의 **표고버섯** 1개는 물기를 꼭 짠 후 밑동을 제거하고, **다시마** 1장과 함께 0.3cm 두께로 채 썬다.

4

②의 감자 간 물의 웃물은 버리고 남은 전분과 물기를 짠 감자, 구운 소금(1/2작은술)을 넣어 치댄 후 지름 2cm 크기로 동그랗게 빚는다.

5

냄비에 ①의 채소 국물(5컵)을 붓고 센 불에서 끓인다. 바글바글 끓어오르면 ④를 넣어 3분간 끓인다.

6

⑤에 애느타리버섯, 애호박, 표고버섯, 다시마, 국간장, 구운 소금(1/2작은술)을 넣고 2분간 더 끓인다.

＊주의하세요!
감자 옹심이를 만들 때 주로 강판에 갈아서 사용하는데 강판에 갈기 힘들 땐 푸드 프로세서에 갈면 편리해요. 단 푸드 프로세서로 갈면 갈변 현상이 빠르게 생기고 섬유질까지 다 갈려 쫄깃하게 씹히는 질감이 떨어질 수 있어요.

소박하고 담백한 한 그릇 식사

파스타는 대표 서양 요리의 하나지만 시대가 변하면서 요즘에는 사찰에서도
가끔 파스타를 만들어 별미 요리로 즐겨 먹기도 한답니다. 단, 재료와 조리법을
사찰식으로 변형해 소스를 만들고 고기 대신 버섯과 채소를 듬뿍 넣어 만들지요.

조리시간 · 40~45분
재료 · 2인분
1인분 열량 · 434kcal

☐ 스파게티 2줌(160g)
☐ 감자 1/2개(100g)
☐ 가지 1개(150g)
☐ 양송이버섯 2개(40g)
☐ 두유 2컵(400㎖)
☐ 올리브유 2큰술
☐ 구운 소금(또는 죽염)
　약간(볶음용)
☐ 후춧가루 약간

1

감자는 필러로 껍질을 벗긴 후
2등분한다. 냄비에 감자와 감자가
잠길 정도의 물, 소금 1/2작은술을
넣고 뚜껑을 덮은 채 센 불에서
10분간 삶는다. ★ 과정 ④의
스파게티 삶는 물(8컵)을 미리
불에 올린다.

2

가지는 길게 반으로 썬 후
6~8등분한다. 양송이버섯은
밑동을 제거하고 모양대로
0.5cm 두께로 썬다.

3

볼에 삶은 감자를 넣고
숟가락으로 으깬다.

4

끓는 물(물 8컵 + 소금 1작은술)에
스파게티를 넣은 후 포장지에
적힌 시간보다 2분 적게 삶은 후
체에 밭쳐 물기를 뺀다.

5

달군 팬에 올리브유 1/2큰술을
두르고 양송이버섯을 넣어
센 불에서 30초간 볶다가 구운
소금, 후춧가루를 약간씩 넣어
간한 후 접시에 덜어둔다.
같은 팬에 올리브유 1큰술을
두르고 가지를 올려 센 불에서
2분 30초간 볶다가 구운 소금,
후춧가루를 약간씩 넣어 간한 후
접시에 덜어둔다.

6

달군 팬에 올리브유 1/2큰술을
두르고 스파게티를 넣어
센 불에서 30초간 볶다가
두유와 으깬 감자를 넣고 주걱으로
잘 풀어준다. 바글바글 끓어오르면
양송이버섯, 가지를 넣고 1분간
끓인 후 구운 소금 1/2작은술로
간하고 불을 끈다. ★ 소금 간은
기호에 따라 가감 한다.

파스타를 좋아하는 아이들에게 좀 더 건강한 재료로 만들어주기 위해 개발한
메뉴예요. 달콤한 단호박에 두유를 넣어 크림 소스를 만들고,
쫄깃한 느타리버섯, 부드러운 양송이버섯을 넣어 다양한 식감이 나도록 했지요.
버섯은 기호에 따라 한 종류로만 150g을 준비해 사용해도 됩니다.

단호박 버섯 파스타

조리시간 · 40~45분
재료 · 2인분
1인분 열량 · 560kcal
□ 스파게티 2줌(160g)

□ 단호박 1/10개(80g)
□ 양송이버섯 5개(100g)
□ 느타리버섯 1줌(50g)
□ 두유 2컵(400㎖)

□ 올리브유 2큰술
□ 구운 소금(또는 죽염)
　약간(볶음용)
□ 후춧가루 약간(볶음용)

1

단호박은 껍질을 벗기고 0.3cm
두께로 편 썬다. **양송이버섯**은
밑동을 제거해 모양대로 0.5cm
두께로 썰고, **느타리버섯**은 밑동을
제거한 후 가닥가닥 뜯는다.
★ 과정 ⑤의 스파게티 삶는
물(8컵)을 미리 불에 올린다.

2

②의 팬에 올리브유 1/2큰술을
두르고 느타리버섯, 양송이버섯을
넣고 센 불에서 1분간 볶다가
구운 소금, 후춧가루를 약간씩
넣고 간한 후 접시에 덜어둔다.

3

달군 팬에 올리브유 1큰술을
두르고 단호박을 센 불에서
1분간 볶은 후 구운 소금,
후춧가루를 약간씩 넣어 간한다.

4

믹서에 ③의 단호박과 두유를
넣고 곱게 간다.

5

끓는 물(물 8컵 + 소금 1작은술)에
스파게티를 넣은 후 포장지에
적힌 시간보다 2분 적게 삶은 후
체에 밭쳐 물기를 뺀다.

6

달군 팬에 올리브유 1/2큰술을
두르고 스파게티를 넣어 센
불에서 30초간 볶은 후 ④를 넣어
1분 30초간 끓인다. 느타리버섯,
양송이버섯을 넣고 30초간
더 끓인 후 구운 소금으로 간하고
불을 끈다.

＊ 단호박 껍질 쉽게 벗기기
단호박은 전자레인지(700W)에
2~3분 정도 살짝 익히면
겉면이 부드러워져 껍질이
잘 벗겨져요. 전자레인지에서
꺼낸 단호박을 2등분한 후
씨를 빼고 썰어진 단면을
도마에 대고 밀리지 않게
손으로 누르면서 칼을 이용해
안쪽에서부터 바깥쪽으로 조금씩
저미듯이 껍질을 벗겨내세요.

소박하고 단백한 한그릇 식사

시대가 변하고 스님들의 견문이 넓어지면서 사찰 음식의 영역도 조금씩 넓어지고 있어요. 면 요리를 좋아하는 분들을 위해 개발한 사찰식 짜장면은 춘장 대신 된장을 이용해 소스를 만들고 채소를 듬뿍 넣어 담백하게 즐길 수 있고, 먹고 나서도 속이 불편하지 않아요.

채식 짜장면

조리시간 · 35~40분
재료 · 2인분
1인분 열량 · 542kcal

- ☐ 우동 면 2봉(400g)

녹말물
- ☐ 녹말가루 2큰술
- ☐ 물 1/4컵(50㎖)

채소 국물(완성량 4컵, 800㎖)
- ☐ 물 5컵(1ℓ)
- ☐ 말린 표고버섯 3개
- ☐ 다시마 5×5cm 2장

된장 소스
- ☐ 감자 1/4개(50g)
- ☐ 당근 1/10개(20g)
- ☐ 애호박 1/7개(40g)
- ☐ 표고버섯 1개(25g)
- ☐ 양배추 손바닥 크기 1장(20g)
- ☐ 된장 1/2컵(100g)
- ☐ 식용유 2큰술
- ☐ 고추장 1큰술
- ☐ 구운 소금(또는 죽염) 약간
- ☐ 후춧가루 약간

1

냄비에 채소 국물 재료를 넣고 센 불에서 끓인다. 끓어오르면 다시마를 건진 뒤 약한 불로 줄여 10분간 끓인다. 작은 볼에 녹말물 재료를 넣어 섞는다.

2

된장 소스용 감자, 당근, 애호박, 표고버섯, 양배추는 사방 1.5cm 크기로 썬다.

3

달군 팬에 식용유 1큰술을 두르고 센 불에서 감자, 당근, 애호박, 표고버섯, 양배추를 순서대로 넣으면서 30초씩 총 2분 30초간 볶는다. 구운 소금, 후춧가루를 넣고 섞은 후 접시에 덜어둔다.

✳ 주의하세요!
집된장으로 된장 소스를 만들 경우 염도의 차이에 따라 소스가 너무 짤 수 있으니 집된장양을 1/3분량으로 줄여 넣고 기호에 따라 간을 조절하세요.

4

③의 팬을 달군 후 식용유 1큰술을 두르고 된장, 고추장을 약한 불에서 2분간 볶는다.

5

④의 팬에 ③과 ①의 채소 국물(4컵)을 넣고 골고루 섞은 후 센 불에서 끓인다. 바글바글 끓어오르면 1분간 끓이다가 녹말물 2큰술(넣기 전에 한 번 더 섞을 것)을 넣고 1분 더 끓인다.

6

끓는 물(5컵)에 우동 면을 넣고 포장지에 적힌 시간대로 삶은 후 찬물에 헹구고 체에 받쳐 물기를 뺀다.

7

그릇에 우동 면을 담고 ⑤의 된장 소스를 올린다.

사찰식 반찬

자연 그대로의 맛

오신채를 사용하지 않고, 최소한의 양념만으로 만든 사찰식 반찬은 재료 본연의 맛과 향이 그대로 담겨 있어요. 깔끔한 무침과 조림, 담백한 전과 찜은 물론 사계절 내내 골고루 영양을 섭취할 수 있도록 저장 반찬이 발달한 사찰 음식의 노하우가 담겨 있는 김치와 장아찌까지 밥도둑이 따로 없는 별미 반찬입니다.

머
위
나
물
무
침
③

오
이
무
침
②

방
풍
나
물
무
침
①

①

②

③

브로콜리 버섯 초무침

브로콜리와 표고버섯에 매실청을 넣어 새콤하게 초무침 했어요.
브로콜리는 밑동까지 살짝 데친 후 함께 버무려서 식감이 아삭해요.

조리시간 · 20~25분
재료 · 2~3인분
1인분 열량 · 98kcal

□ 브로콜리 1개(300g)
□ 표고버섯 3개(75g)

양념
□ 고춧가루 1큰술
□ 식초 3큰술
□ 양조간장 1/2큰술
□ 매실청 3큰술

□ 고추장 3큰술
□ 통깨 1/2작은술
□ 참기름 1작은술

1

브로콜리는 송이는 사방 3cm 크기로 썰고, 밑동은 필러로 껍질을 벗긴 후 0.5cm 두께로 어슷 썬다. 표고버섯은 밑동을 제거한 후 0.5cm 두께로 썬다.

2

끓는 소금물(물 5컵 + 소금 1작은술)에 표고버섯을 넣어 30초간 데친 후 체로 건져 찬물에 헹구고 물기를 꼭 짠다. 물을 계속 끓여 브로콜리를 넣고 1분간 데쳐 찬물에 헹군 후 체에 밭쳐 물기를 뺀다.

3

큰 볼에 양념 재료를 넣고 섞은 후 브로콜리와 표고버섯을 넣어 골고루 무친다.

방풍나물무침

봄이 되면 어김없이 마트에 등장하는 방풍나물은 '중풍'을 예방한다고 해서 방풍이라 이름 붙었을 정도로 약리 효과가 뛰어나고, 감기 예방과 두통에도 좋답니다.

조리시간 · 15~20분
재료 · 2~3인분
1인분 열량 · 53kcal

□ 방풍나물 7줌(150g)

양념
□ 설탕 1/2큰술
□ 식초 1과 1/2큰술
□ 조청(또는 물엿, 올리고당) 1/2큰술

□ 된장 1과 1/2큰술
□ 통깨 1/2작은술
□ 고추장 2/3작은술
□ 참기름 1작은술

1

방풍나물은 시든 잎을 떼어내고 두꺼운 줄기 부분을 잘라낸다. 물에 2~3회 헹군 후 체에 밭쳐 물기를 뺀다.

2

끓는 소금물(물 5컵 + 소금 1작은술)에 방풍나물을 넣어 1분 30초간 데친 후 찬물에 헹궈 물기를 꼭 짠다.

3

큰 볼에 양념 재료를 넣고 섞은 후 방풍나물을 넣어 조물조물 무친다.

오이는 수분이 많은 재료로 한 번에 많은 양을 무쳐놓으면 물이 생겨 맛이 없어져요.
오이무침을 바로 먹을 경우에는 소금에 절이지 않고 그대로 무쳐도 됩니다.

조리시간 · 10~15분
재료 · 2~3인분
1인분 열량 · 57kcal
□ 오이 1개(200g)

양념
□ 설탕 1/2큰술
□ 고춧가루 1/2큰술
□ 식초 1큰술

□ 국간장 1큰술
□ 고추장 1/2큰술
□ 참기름 1큰술
□ 통깨 1작은술

1

오이는 칼로 가시 부분을 긁어내고
흐르는 물에 씻는다.

2

①의 오이를 0.5cm 두께로 어슷
썬다.

3

큰 볼에 양념 재료를 넣고 섞은 후
오이를 넣어 조물조물 무친다.

봄에 수확한 머위는 연하고 부드러우며 쌉쌀한 맛이 입맛을 돋우어 무침으로 좋아요.
매실청을 넣어 새콤하게 즐겨보세요.

조리시간 · 15~20분
재료 · 2~3인분
1인분 열량 · 45kcal
□ 머위 2줌(200g)
□ 통깨 1작은술

양념
□ 매실청 1/2큰술
□ 된장 1큰술
□ 고추장 1/2큰술
□ 참기름 1작은술

1

머위는 줄기 끝 부분을 꺾어
질긴 껍질(섬유질)을 벗긴 후
물에 깨끗이 씻어 체에 받쳐
물기를 뺀다.

2

끓는 소금물(물 5컵 + 소금
1작은술)에 머위를 넣어
1분 30초간 데친다. 찬물에
헹군 후 물기를 꼭 짠다.

3

큰 볼에 양념 재료를 넣고
섞은 후 머위를 넣어 조물조물
무치고 통깨를 뿌린다.

구수한 메밀 반죽과 두릅 특유의 풍미를 즐길 수 있는 두릅 전병무침은 참기름과
소금으로만 무쳐 맛이 깔끔해요.

조리시간 · 25~30분
재료 · 2인분
1인분 열량 · 137kcal
□ 두릅 8줄기(100g, 또는 브로콜리
　 1/2송이, 아스파라거스 8개)

□ 들기름 1작은술
□ 통깨 1/2작은술
□ 구운 소금(또는 죽염) 1/4작은술
□ 참기름 1작은술

전병 반죽(10장분)
□ 밀가루 1/2컵(50g)
□ 물 1/2컵(100㎖)
□ 들깻가루 1작은술
□ 구운 소금(또는 죽염) 1/4작은술

1

두릅은 얇은 껍질을 벗기고 밑동을
잘라낸 후 줄기의 가시는 칼등으로
긁어낸다. 끓는 소금물(물 4컵 +
소금 1/2작은술)에 넣고 30초간
데친 후 찬물에 바로 헹군다.
★ 두릅 손질하기 18쪽 참고

2

전병 반죽 재료를 골고루 섞은 후
체에 거른다. 달군 팬에 들기름을
두르고 키친타월로 닦아낸 후
전병 반죽을 1큰술씩 올려 얇게
펴 약한 불에서 40초, 뒤집어서
20초간 굽는다.

3

②의 전병을 1.5cm 폭으로
길쭉하게 썬다. 볼에 전병, 두릅,
구운 소금, 통깨, 참기름을 넣고
가볍게 무친다.

쌉쌀한 더덕을 고소한 잣으로 무쳤어요. 더덕은 단백질과 지방이 부족한 편이어서
잣, 검은깨와 같이 불포화지방산이 많이 들어 있는 재료와 함께 먹으면 좋아요.

조리시간 · 20~25분
재료 · 2인분
1인분 열량 · 81kcal
□ 더덕 껍질 벗긴 것 4개(80g)
□ 잣 2큰술(10g)

□ 구운 소금(또는 죽염) 1작은술
□ 참기름 1/3작은술
□ 검은깨 약간(생략 가능)

더덕 절임물
□ 설탕 1큰술
□ 식초 2큰술
□ 구운 소금(또는 죽염) 1작은술
□ 물 2작은술

1

더덕은 씻어서 길게 2등분한다.
밀대로 두드린 후 결대로 찢는다.
볼에 더덕 절임물 재료와 더덕을
넣고 10분간 담가 쓴맛을 제거한다.
★ 껍질 더덕 손질하기 19쪽 참고

2

더덕의 물기를 꼭 짠 후 구운 소금,
참기름을 넣어 조물조물 무친다.
더덕 절임물 2큰술을 덜어두고
잣은 곱게 다진다.

3

볼에 더덕, 잣, 더덕 절임물
2큰술을 넣고 골고루 버무린 다음
검은깨를 뿌린다.

무나물
봄동 겉절이

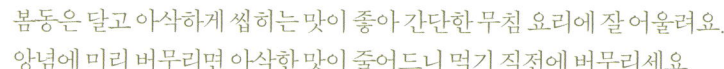

봄동 겉절이

봄동은 달고 아삭하게 씹히는 맛이 좋아 간단한 무침 요리에 잘 어울려요.
양념에 미리 버무리면 아삭한 맛이 줄어드니 먹기 직전에 버무리세요.

조리시간 · 15~20분
재료 · 3~4인분
1인분 열량 · 76kcal

☐ 봄동(또는 알배기배추)
　　20장(200g)

☐ 깐 밤 1개(생략 가능)
양념
☐ 통깨 1/2큰술
☐ 설탕 2큰술
☐ 고춧가루 3큰술

☐ 식초 2와 1/3큰술
☐ 레몬즙 1큰술
☐ 양조간장 4큰술
☐ 참기름 1큰술

1

봄동은 한 장씩 떼어 흐르는 물에
씻고 체에 밭쳐 물기를 뺀 다음
사방 3cm 크기로 썬다.
밤은 편 썬다.

2

볼에 양념 재료를 넣어 골고루
섞는다.

3

큰 볼에 봄동과 밤, ②의 양념을
넣고 골고루 버무린다.

무나물

무나물을 만들 때는 단맛이 가장 강한 무의 중간 부분을 사용하는 것이 좋아요.
무의 아삭한 식감과 단맛이 살아나도록 가볍게 볶으세요.

조리시간 · 25~30분
재료 · 2~3인분
1인분 열량 · 70kcal

☐ 무 지름 10cm,
　　두께 4cm 1토막(400g)

☐ 소금 1/2큰술(무 절임용)
☐ 식용유 1큰술
☐ 물 5큰술
☐ 참기름 1/2큰술
☐ 통깨 1/2작은술

1

무는 껍질을 벗기고 결대로 10cm
길이, 0.5cm 두께로 채 썬다.

2

볼에 무와 소금을 넣고 골고루
버무려 10분간 절인다.

3

달군 팬에 식용유를 두르고
②를 넣어 센 불에서 1분 30초간
볶은 후 물(5큰술)을 넣고 2분간
볶는다. 참기름을 넣고 20초 더
볶은 후 불을 끄고 통깨를 뿌린다.

명절 음식에 빠지지 않고 등장하는 고사리나물입니다. 고사리를 볶은 후 들깻가루
1큰술을 더 넣으면 고소한 맛이 더욱 배가 된답니다.

조리시간 • 10~15분
재료 • 2~3인분
1인분 열량 • 48kcal
- □ 삶은 고사리 200g
  - ★ 말린 고사리 손질 20쪽 참고
- □ 통깨 1/2작은술

양념
- □ 채소 국물(또는 생수) 4큰술
  - ★ 채소 국물 만들기 28쪽 참고
- □ 국간장 2큰술
- □ 들기름 1큰술

1
삶은 고사리는 뿌리 쪽의 억센
부분은 손으로 잡아당겨 뜯어낸 후
10cm 길이로 썬다. 찬물에 헹궈
체에 밭쳐 물기를 뺀다.

2
볼에 양념 재료를 넣고 골고루
섞은 후 고사리를 넣어 버무린다.

3
달군 팬에 ②를 넣고 중간 불에서
2분 30초간 볶은 후 불을 끄고
통깨를 뿌린다.

취나물을 살짝 데치고 구운 소금과 참기름만으로 담백하게 무쳤어요. 취나물 본연의
향과 맛을 느낄 수 있는 반찬이랍니다.

조리시간 • 15~20분
재료 • 2~3인분
1인분 열량 • 40kcal
- □ 취나물 3줌(150g)

양념
- □ 참기름 1큰술
- □ 구운 소금(또는 죽염) 1/3작은술
- □ 통깨 1/2작은술

1
취나물은 지저분한 잎과 억센
줄기를 떼어내고 찬물에 담가
살살 흔들어 2~3회 씻는다.
체에 밭쳐 물기를 뺀다.

2
끓는 소금물(물 6컵 + 소금
1작은술)에 취나물을 넣어 1분
30초간 데친다. 찬물에 헹군 후
물기를 꼭 짠다.

3
볼에 양념 재료를 넣어 섞은 후
②를 넣고 조물조물 무친다.

머위 들깨조림
콩나물 장조림

깻잎찜

깻잎을 찜기에 쪄서 더 부드럽게 먹을 수 있는 조림입니다. 물 대신 채소 국물을
이용해 양념장을 만들면 맛이 더 담백하고 깊어져요.

조리시간 · 15~20분
재료 · 3~4인분
1인분 열량 · 42kcal
□ 깻잎 60장(120g)

양념
□ 다진 청양고추 1개분
□ 다진 홍고추 1개분
□ 고춧가루 2큰술
□ 채소 국물(또는 생수) 4큰술
　★ 채소 국물 만들기 28쪽 참고

□ 양조간장 4큰술
□ 조청(또는 물엿, 올리고당)
　2큰술
□ 후춧가루 약간

1

깻잎은 흐르는 물에 한 장씩
씻은 후 꼭지 부분을 한꺼번에
잡고 물기를 털어 체에 밭친다.
볼에 양념 재료를 섞는다.

2

깊이가 있는 내열 접시에 깻잎
2~3장마다 양념장 1작은술씩을
골고루 펴 바르며 겹겹이 쌓는다.

3

김이 오른 찜기에 ②를 내열
접시째 넣고 뚜껑을 덮어
중간 불에서 4분간 찐 후
불을 끄고 3분간 뜸을 들인다.

콩나물 장조림

콩나물을 간장 양념에 조리듯 익혀 장조림을 만들어보세요. 양념에 간장과 설탕이
들어가 쉽게 탈 수 있으니 불 조절에 유의하세요.

조리시간 · 15~20분
재료 · 3~4인분
1인분 열량 · 35kcal
□ 콩나물 4줌(200g)

□ 통깨 1/2작은술
□ 참기름 1/2작은술
양념
□ 물 1/2컵(100㎖)

□ 설탕 1큰술
□ 양조간장 3큰술
□ 참기름 1/2작은술

1

콩나물은 체에 담아 흐르는 물에
씻은 후 물기를 뺀다. 작은 볼에
양념 재료를 넣어 섞는다.

2

냄비에 콩나물과 양념을 넣고
뚜껑을 덮은 채 중약 불에서
3분 30초간 익힌 후 뚜껑을
열고 주걱으로 뒤적거리며 4분
30초간 조린다.

3

불을 끄고 통깨, 참기름을 넣어
골고루 섞는다.

머위는 칼슘이 많고 비타민이 고루 들어 있는 알칼리성 식품으로 들깻가루와
궁합이 잘 맞지요. 특유의 쌉싸래한 맛이 입맛을 돋우는 머위를 구수한 들깻가루로
조려 먹으면 밥 한 공기가 뚝딱이에요.

조리시간 · 25~30분
재료 · 3~4회분
1회분 열량 · 101kcal
- □ 머위 3줌(300g)
- □ 들깻가루 2큰술
- □ 참기름 1/2큰술

채소 국물(완성량 2컵, 400㎖)
- □ 물 3컵(600㎖)
- □ 말린 표고버섯 2개
- □ 다시마 5×5cm 1장

양념
- □ 들깻가루 2큰술
- □ 국간장 1/2큰술
- □ 된장 2큰술
- □ 들기름 1큰술

1

냄비에 채소 국물 재료를 넣고
센 불에서 끓인다. 바글바글
끓어오르면 다시마를 건져내고
약한 불로 줄여 10분간 더 끓인다.

2

머위는 줄기 끝 부분을 꺾어
질긴 껍질(섬유질)을 벗긴 후
깨끗하게 씻어 체에 밭쳐 물기를
뺀다.

3

볼에 ①의 채소 국물(2컵)과
양념 재료를 넣어 골고루 섞는다.

4

냄비에 머위를 한 장씩 올리고
③의 양념을 1큰술씩 골고루 펴
바르며 겹겹이 쌓는다.

5

④의 냄비 뚜껑을 덮고 센 불에서
바글바글 끓어오르면 중간중간
뚜껑을 열어 국물을 끼얹어가며
8분간 조린다.

6

⑤에 들깻가루, 참기름을 넣고
국물을 끼얹어가며 2분간 더
조린다.

＊쌉싸래한 맛의 머위
머위는 쓴맛이 있으면서도
특유의 향기를 지닌 채소로
가을이 제철이지만 봄에 수확한
머위는 연하고 부드러워
무침과 조림에 많이 이용해요.
머위 잎은 주로 데쳐서
쌈으로 즐기고 머위 대는
겉껍질(섬유질)을 벗겨 데친 후
볶아서 나물로 즐긴답니다.
또 어린 머위는 잎과 대를
함께 데쳐 나물, 샐러드,
장아찌로 만들면 맛있어요.

견과류 조림
땅콩 다시마조림

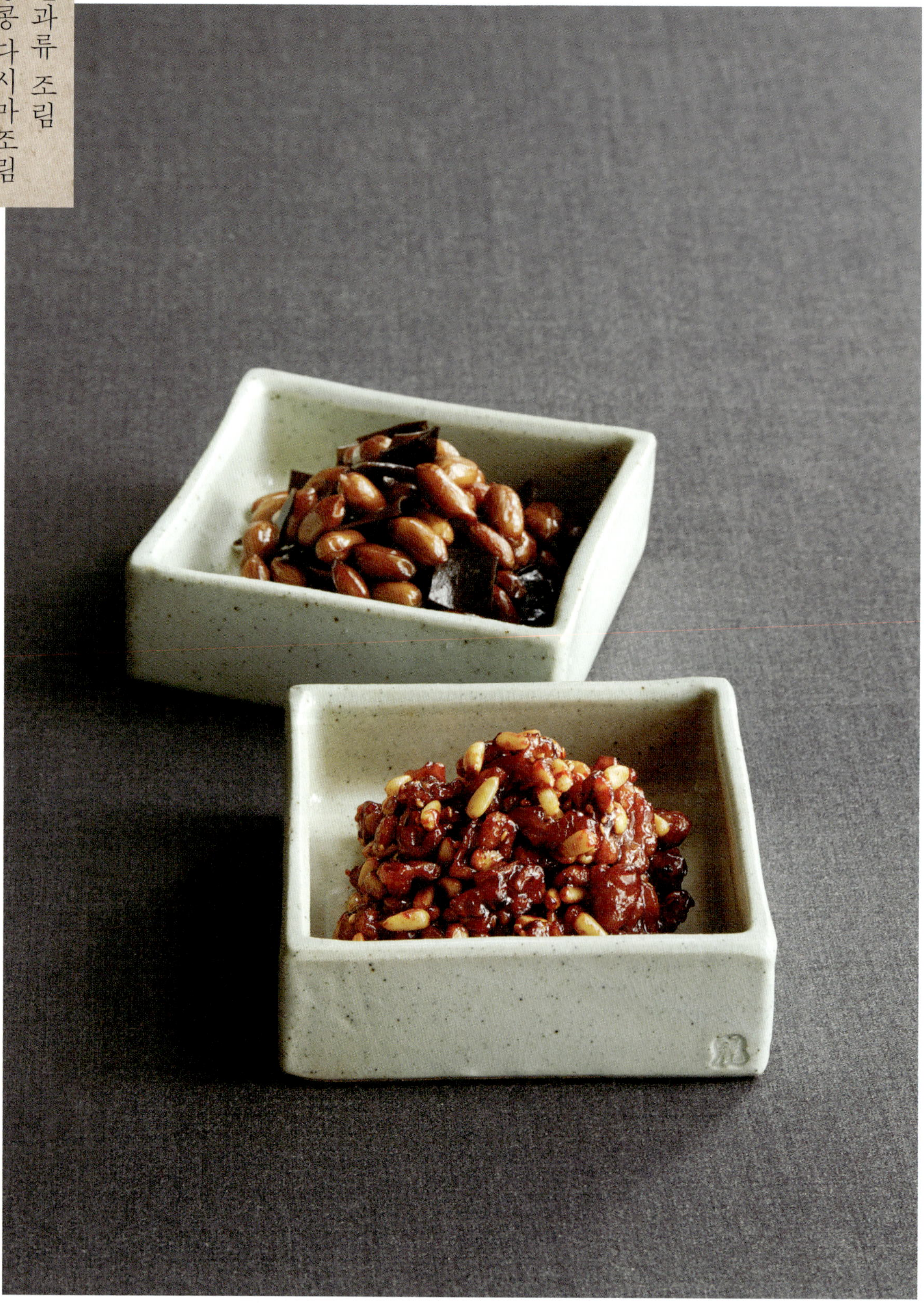

땅콩과 다시마를 간장 양념에 조린 밑반찬으로 채소 국물을 만들고 남은 다시마를
이용해 만들면 좋답니다.

조리시간 · 30~35분
(+ 다시마 불리기 30분)
재료 · 5~6회분
1회분 열량 · 135kcal

□ 다시마 10×10cm 4장(20g)
□ 땅콩 2컵(200g)
양념
□ 물 4컵(800㎖)
□ 설탕 2큰술

□ 양조간장 5큰술
□ 조청(또는 물엿, 올리고당)
　2큰술
□ 들기름 1큰술

1

다시마는 마른 행주로 깨끗이
닦는다. 찬물(4컵)에 다시마를
넣어 30분 정도 불린 뒤 사방
1.5cm 크기로 썬다.

2

땅콩은 껍질을 벗기고 깨끗이
씻은 뒤 체에 밭쳐 물기를 뺀다.

3

냄비에 땅콩과 양념을 넣고
센 불에서 끓인다. 바글바글
끓어오르면 약한 불로 줄여 20분간
끓이다가 다시마를 넣고 중약 불로
올려 5분간 더 조린다.

사찰 음식에서는 견과류를 통해 체내에 부족한 불포화지방산을 섭취한답니다.
특히 잣과 호두는 불포화지방산이 풍부하여 성장기 아이들에게도 좋아요.

조리시간 · 20~25분
재료 · 3~4회분
1회분 열량 · 267kcal
□ 호두 1컵(70g)

□ 잣 1/2컵(55g)
양념
□ 물 3큰술
□ 양조간장 1과 1/2큰술

□ 조청(또는 물엿, 올리고당)
　4큰술
□ 고추장 2큰술

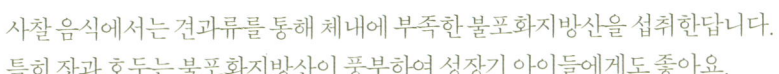

1

호두는 끓는 물(3컵)에 30초간
데쳐 불순물을 제거한 후 찬물에
헹궈 체에 밭쳐 물기를 뺀다.
볼에 양념 재료를 섞는다.

2

달군 냄비에 호두와 잣을 넣고
중간 불에서 주걱으로 뒤적여가며
5분간 노릇하게 볶은 후 접시에
덜어둔다.

3

②의 냄비를 깨끗이 닦은 후
양념을 넣고 중간 불에서 끓인다.
바글바글 끓어오르면 3분간
끓인 후 볶은 견과류를 넣고
약한 불로 줄여 2분간 조린다.

표고버섯, 다시마를 우린 채소 국물에 매콤한 양념을 섞어 감칠맛을 더했어요.
다시마를 리본 모양으로 묶어 조금 더 특별한 조림을 만들어보세요.

조리시간 · 35~40분
재료 · 2~3회분
1회분 열량 · 70kcal

☐ 무 지름 10cm,
　　두께 3cm 1토막(300g)

채소 국물(완성량 2컵, 400㎖)
☐ 물 3컵(600㎖)
☐ 말린 표고버섯 2개
☐ 다시마 10×10cm 1장
양념
☐ 설탕 1큰술

☐ 고춧가루 1큰술
☐ 국간장 1큰술
☐ 양조간장 1큰술
☐ 조청(또는 물엿, 올리고당)
　　1큰술
☐ 들기름 1/2큰술

1
냄비에 채소 국물 재료를 넣고
센 불에서 끓인다. 바글바글
끓어오르면 다시마를 건져내고
약한 불로 줄여 10분간 더 끓인다.

2
무는 1.5cm 두께로 동그랗게 썰고,
①의 **표고버섯** 1개는 물기를 꼭
짠 후 밑동을 제거하고 채 썬다.
다시마는 1cm 폭으로 길게 썬 후
리본 모양으로 묶는다.
①의 채소 국물 (2컵)과 양념
재료를 섞는다.

3
냄비에 무, 표고버섯, ②의 양념을
넣고 센 불에서 끓인다.
끓어오르면 중간 불로 줄여 15분간
조리다가 다시마를 넣고 약한 불로
줄여 국물을 끼얹어가며 6분간 더
조린다.

달콤하고 부드러운 단호박을 간장 양념으로 짭쪼름하게 조리고 대추를 넣어
풍미를 더했어요. 밥반찬은 물론 도시락 반찬으로도 좋아요.

조리시간 · 25~30분
재료 · 2~3회분
1회분 열량 · 156kcal

☐ 단호박 1/2개(450g)

☐ 대추 4개
☐ 통깨 약간(생략 가능)
양념
☐ 물 1/2컵(100㎖)

☐ 설탕 1/2큰술
☐ 양조간장 1큰술
☐ 조청(또는 물엿, 올리고당) 1큰술
☐ 식용유 1큰술

1
단호박은 흐르는 물에 씻은 뒤
숟가락으로 씨를 파내고 껍질째
3cm 크기의 삼각형으로 썬다.

2
대추는 돌려 깎아 씨를 제거하고
4등분한다.

3
냄비에 단호박과 대추, 양념을
넣고 센 불에서 끓인다.
끓어오르면 중간 불로 줄여
주걱으로 뒤적이며 6분간 조린
뒤 약한 불로 줄여 5분 더 조린다.
그릇에 담고 통깨를 뿌린다.

곶감의 달콤함과 무의 시원함이 어우러진 나물 요리로, 북한에서는 '개성나물'이라고
불러요. 무의 아삭한 맛이 살아나도록 오랫동안 볶지 않는 것이 중요해요.
곶감 무채 볶음은 냉장실에서 2~3일간 숙성시킨 후 먹으면 더 맛있습니다.

곶감 무채 볶음

조리시간 · 25~30분
재료 · 3~4회분
1회분 열량 · 70kcal

- □ 무 지름 10cm,
  두께 2cm 1토막(200g)
- □ 소금 1/2큰술(무 절임용)
- □ 곶감 1개(30g, 또는
  말린 살구 2개)
- □ 식용유 1큰술
- □ 고춧가루 2큰술

곶감 양념
- □ 설탕 1과 1/2큰술
- □ 식초 2큰술

1

무는 껍질을 벗기고 0.5cm 두께로
편 썬 후 0.5cm 두께로 채 썬다.

2

볼에 무와 소금을 넣고 골고루
섞어 5분간 절인 후 체에 밭쳐
물기를 뺀다.

3

곶감은 꼭지를 떼고 씨를 뺀 후
납작하게 눌러 0.5cm 두께로
채 썬다. 볼에 곶감과 곶감 양념을
넣고 골고루 버무린다.

4

달군 팬에 식용유를 두르고
무를 넣어 센 불에서 1분간 볶은
뒤 고춧가루를 넣고 골고루
저어가며 10초간 볶는다.
접시에 덜어 차갑게 식힌다.

5

볼에 ③과 ④를 넣고 골고루
버무린다.

＊청포묵 더해 푸짐하게 만들기
청포묵 1모(400g)를 10cm 길이,
0.3cm 두께로 얇게 채 썬 후
끓는 물에 1분간 데쳐요. 체로
건져 완전히 식힌 후 소금,
참기름, 김가루 약간씩을 넣고
조물조물 무치세요. 곶감
무채볶음을 넣고 함께 먹으면
근사한 일품요리가 된답니다.

①

②

③

연근과 검은깨를 곱게 으깨어 고소하고 담백한 맛의 색다른 밥반찬을 만들어보세요. 만들 때 연근을 다 갈지 않고 1/3은 다져서 반죽에 넣으면 아삭한 식감이 살아나지요. 연근은 비타민 C와 식이섬유가 풍부해 감기와 변비에 좋고 빈혈 및 고혈압 예방에도 효과적입니다.

조리시간 · 25~30분
재료 · 3~4인분
1인분 열량 · 187kcal

- ☐ 연근 지름 4m, 길이 17cm 1토막(350g)
- ☐ 청고추 1개(생략 가능)
- ☐ 홍고추 1개(생략 가능)
- ☐ 검은깨 2큰술
- ☐ 구운 소금(또는 죽염) 1/2작은술
- ☐ 참기름 1/2작은술
- ☐ 밀가루 5큰술
- ☐ 부침용 기름(들기름 1큰술 + 식용유 3큰술)

1

청 · 홍고추는 길게 반으로 갈라 씨를 제거한 후 3cm 길이, 0.5cm 두께로 썬다.

2

검은깨는 위생팩에 넣고 밀대로 밀어 곱게 으깬다.

3

연근은 필러로 껍질을 벗기고 강판에 간다. ★ 푸드 프로세서에 갈아도 좋다.

4

볼에 연근과 검은깨, 구운 소금, 참기름을 넣어 골고루 섞은 후 밀가루를 넣고 섞어 반죽을 만든다.

5

달군 팬에 부침용 기름을 두르고 ④를 1큰술씩 올려 0.5cm 두께로 도톰하게 편 후 약한 불에서 3분간 익힌다.

6

⑤에 채 썬 청고추와 홍고추를 1개씩 올리고 뒤집어서 3분 더 익힌다. 중간에 기름이 부족하면 부침용 기름을 더 넣는다.
★ 기호에 따라 225쪽 전 양념장을 곁들인다.

＊ 전 맛있게 부치기
전을 부칠 때 들기름과 식용유를 섞어 부침용 기름을 만든 후 전을 부치면 더욱 고소하고 맛있어요. 또한 팬 위에 반죽 약간을 올린 후 '치치직' 하는 소리가 날 때 전을 부치세요. 그 온도에서 전을 부쳐야 가장 맛있어요.

우엉전

우엉에 매콤한 양념을 바르고 채소 국물로 만든 반죽을 골고루 묻혀 구웠어요.
우엉 특유의 향과 식감이 살아 있어 열 반찬 부럽지 않은 별미랍니다. 들기름과
식용유를 함께 사용해 전을 부치면 고소함이 배가 돼요.

조리시간 · 35~40분
재료 · 2~3인분
1인분 열량 · 106kcal
- □ 우엉 지름 2cm,
  길이 10cm 6토막(150g)
- □ 부침용 기름(식용유 1큰술
  + 들기름 1작은술)

양념
- □ 통깨 1/4작은술
- □ 고춧가루 1/4작은술
- □ 국간장 1/2작은술
- □ 참기름 1/2작은술

반죽
- □ 밀가루 5큰술
- □ 채소 국물(또는 생수)
  5큰술
  ★ 채소 국물 만들기 28쪽 참고
- □ 국간장 2/3작은술

1

우엉은 칼등으로 긁어 껍질을
벗기고 10cm 길이로 썬다.

2

김이 오른 찜기에 젖은 면보를
깔고 우엉을 올린다. 뚜껑을
덮은 채 센 불에서 15분간 찐다.

3

우엉의 가운데 부분에 길이대로
1/2 지점까지 칼집을 넣어
반으로 펼친 뒤 밀대로 밀어
납작하게 편다.

4

작은 볼에 양념 재료를 섞고,
넓은 그릇에 반죽 재료를 골고루
섞는다.

5

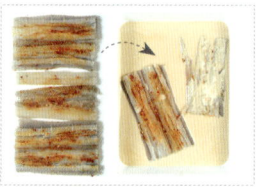

우엉에 숟가락 뒷면이나 요리용
붓으로 양념을 골고루 바른 후
앞뒤로 반죽을 골고루 묻힌다.

6

달군 팬에 부침용 기름을 두르고
⑤를 올려 중약 불에서 앞뒤로
2분씩 노릇하게 굽는다.

* 맵지 않은 우엉전 양념
양념을 1/2분량으로 만든 후
우엉에 조금씩만 발라 반죽을
묻힌 후 구우세요. 맵지 않아
아이들도 잘 먹어요.

녹두전을 한입 크기로 작게 만든 전을 '빈자전'이라 불러요. 필수아미노산과
불포화지방산이 풍부한 녹두는 해열 작용을 해 몸 안의 열을 없애고,
해독 효과가 있어 장염이나 식중독 치료에도 도움을 줘요. 고소하고 부드러운
녹두전에 각종 채소를 넣어 더욱 맛있습니다.

빈자전

조리시간 · 35~40분
(+ 녹두 불리기 8시간)
재료 · 3~4인분
1인분 열량 · 157kcal

- □ 녹두 1/2컵(50g)
- □ 물 1/4컵(50㎖)
- □ 숙주 1줌(50g)

- □ 삶은 고사리 25g
  - ★ 말린 고사리 손질 20쪽 참고
- □ 다진 당근 1큰술(10g)
- □ 청고추 1개(생략 가능)
- □ 홍고추 1개(생략 가능)
- □ 표고버섯 1개(25g)
- □ 배추김치 1/3컵(40g)

- □ 부침용 기름(들기름 1큰술 +
  식용유 3큰술)

양념
- □ 구운 소금(또는 죽염) 1작은술
- □ 국간장 1작은술
- □ 참기름 1작은술

1

녹두는 맑은 물이 나올 때까지
비벼가며 씻은 후 볼에 녹두와
물(3컵)을 넣고 랩을 씌워
냉장실에서 8시간 이상 충분히
불린다.

2

불린 녹두는 손바닥으로 비벼
껍질을 벗긴 후 찬물에 2~3회
헹궈 껍질을 제거한다. 체에 밭쳐
물기를 빼고, 믹서에 물(1/4컵)과
함께 넣어 곱게 간다.

3

숙주는 끓는 물(3컵)에 1분 30초간
데치고, 찬물에 헹군 후 물기를
꼭 짜 2cm 길이로 썬다.
삶은 고사리는 2cm 길이로 썬다.

4

당근, 청 · 홍고추는 잘게 다지고,
표고버섯은 밑동을 제거한 후
잘게 다진다. **배추김치**는 사방
0.5cm 크기로 썬다.

5

볼에 ②와 숙주, 고사리, 당근,
표고버섯, 배추김치, 양념 재료를
넣고 골고루 섞는다.

6

달군 팬에 부침용 기름 1큰술을
두르고 ⑤를 1큰술씩 올려
0.5cm 두께로 도톰하게
편 후 약한 불에서 5분간 굽는다.
위에 청 · 홍고추 1/2작은술씩을
올린 후 뒤집어 2분 더 굽는다.
중간에 기름이 부족하면 부침용
기름을 더 넣는다.

＊ **전 양념장 만들기**
식초 1큰술, 양조간장 1큰술,
생수 1큰술, 설탕 1작은술을
섞으면 전을 찍어 먹기 좋은
기본 양념장이 됩니다.

차원 그대로의 맛 사찰식 밥전

장떡은 소금으로 양념하지 않고 고추장과 된장으로 간을 맞추어 지져 먹는 전입니다.
깻잎 대신 제피 잎이나 참나물같이 향이 좋은 나물을 넣어 만들어도 좋아요.

조리시간 · 25~30분
재료 · 3~4인분
1인분 열량 · 211kcal
- ☐ 깻잎 10장(20g)
- ☐ 표고버섯 2개(50g)
- ☐ 청고추 1개

- ☐ 홍고추 1개
- ☐ 청양고추 1개
- ☐ 부침용 기름(들기름 1큰술 +
  식용유 3큰술)

반죽
- ☐ 밀가루 1컵(100g)
- ☐ 물 1컵(200㎖)
- ☐ 된장 1큰술
- ☐ 고추장 2큰술
- ☐ 고춧가루 1작은술

1	2	3

깻잎은 깨끗이 씻고 체에 밭쳐 물기를 뺀 후 사방 1cm 크기로 썬다. **표고버섯**은 밑동을 제거한 후 사방 0.5cm 크기로 썰고, **청·홍고추, 청양고추**는 송송 썬다.

큰 볼에 반죽 재료를 섞은 후 깻잎, 표고버섯, 청·홍고추, 청양고추를 넣고 골고루 섞는다.

달군 팬에 부침용 기름을 두르고 ②를 1큰술씩 올려 중약 불에서 2분간 굽다가 뒤집어서 1분 30초간 노릇하게 굽는다.

애호박의 바깥 부분과 감자를 채 썰어 기름에 튀기듯 바삭하게 구운 전입니다.
전을 부치고 남은 애호박의 가운데 부분은 찌개나 국을 끓일 때 사용하세요.

조리시간 · 25~30분
재료 · 2인분
1인분 열량 · 191kcal
- ☐ 애호박 1과 1/2개(420g)
- ☐ 감자 1/4개(50g)

- ☐ 설탕 1작은술
- ☐ 구운 소금(또는 죽염) 1/4작은술
- ☐ 녹말가루 3큰술
- ☐ 식용유 1/2컵(100㎖)

1	2	3

애호박은 껍질 부분만 돌려 깎기 한 후 0.3cm 두께로 채 썬다. 감자는 필러로 껍질을 벗기고 0.3cm 두께로 채 썬 후 물(2컵)에 10분간 담가 전분기를 빼고 체에 밭쳐 물기를 뺀다.

볼에 애호박, 감자, 설탕, 구운 소금을 넣고 골고루 버무린 뒤 녹말가루를 넣어 젓가락으로 골고루 섞는다.

달군 팬에 식용유를 두르고 ②를 골고루 넓게 펼쳐 올린 후 뒤집개로 평평하게 누르며 중약 불에서 4분, 뒤집어서 3분간 바삭하게 익힌다. ★ 기호에 따라 225쪽 전 양념장을 곁들인다.

두릅전

깻잎 두부전

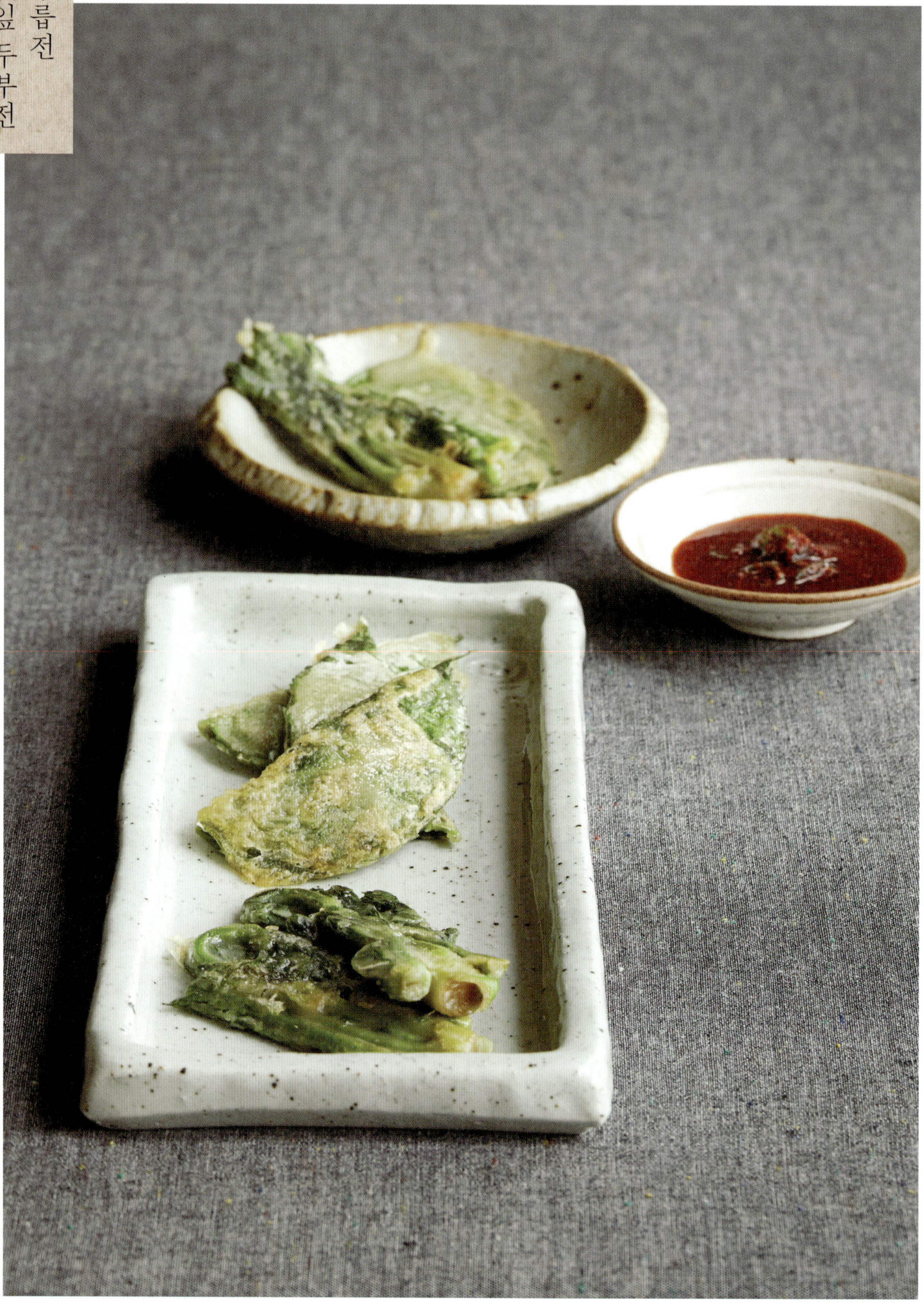

두부와 땅콩을 이용하여 만든 향긋한 깻잎 두부전은 아이들도 좋아하는
밥반찬이에요. 버섯과 각종 채소들이 들어가 맛과 영양이 뛰어나지요. 깻잎 두부전에
들어가는 반죽은 너무 질면 물이 많이 생겨 맛이 없어지니 주의하세요.

깻잎 두부전

조리시간 · 35~40분
재료 · 2~3인분
1인분 열량 · 126kcal

☐ 깻잎 8장
☐ 두부(부침용, 작은 팩) 1/2모(100g)
☐ 표고버섯 2개(50g)

☐ 청고추 1/2개
☐ 홍고추 1/2개
☐ 땅콩 1큰술(10g)
☐ 구운 소금(또는 죽염) 1/4작은술
☐ 참기름 1/2작은술
☐ 밀가루 2큰술

☐ 부침용 기름(식용유 1큰술
  + 들기름 1작은술)

반죽
☐ 밀가루 4큰술
☐ 물 4큰술
☐ 국간장 1/2작은술

1

깻잎은 흐르는 물에 씻은 후
체에 밭쳐 물기를 뺀다.
두부는 칼 옆면으로 으깬 후
면보에 싸서 물기를 꼭 짠다.
★ 두부 으깨기 24쪽 참고

2

표고버섯은 밑동을 제거해 잘게
다지고, **청 · 홍고추**는 길게 반 갈라
씨를 제거하고 잘게 다진다.
땅콩은 껍질을 벗긴 후 키친타월에
올려 잘게 다진다.

3

볼에 두부, 표고버섯, 청 · 홍고추,
땅콩, 구운 소금, 참기름을 넣고
골고루 섞는다.

4

깻잎 안쪽 면에 밀가루를 골고루
묻힌 후 ③의 1/8분량을 넣고
납작하게 반으로 접은 후 앞뒤로
밀가루를 묻힌다. 나머지도 같은
방법으로 만든다.

5

납작한 그릇에 반죽 재료를 넣어
섞은 후 깻잎에 반죽을 골고루
입힌다.

6

달군 팬에 부침용 기름을 두르고
⑤를 올려 중약 불에서 2분,
뒤집어서 2분간 굽는다.
★ 기호에 따라 225쪽
전 양념장을 곁들인다.

* **속재료만으로 전 부치기**
깻잎 없이 반죽만 전으로
부쳐 먹어도 좋아요.
달군 팬에 식용유를 두르고
③의 반죽을 1큰술씩 올려
0.5cm 두께로 도톰하게 펴고
약한 불에서 5분, 뒤집어서
1분 30초간 더 구우세요.

두릅전

3~4월이 되면 어김없이 생각나는 두릅은 봄의 향과 영양을 만끽할 수 있는
봄 채소입니다. 데친 두릅을 한 번 더 굽기 때문에 오래 데치지 않는 것이 중요해요.
두릅의 향을 진하게 느끼고 싶다면 부침 반죽에 두릅 1/2분량을 갈아서 넣어도 좋아요.

조리시간 • 25~30분
재료 • 2~3인분
1인분 열량 • 75kcal
- [ ] 두릅 10개(120g)
- [ ] 구운 소금(또는 죽염) 약간
- [ ] 참기름 약간
- [ ] 밀가루 1큰술

- [ ] 부침용 기름(식용유 1큰술 +
      들기름 1작은술)

반죽
- [ ] 밀가루 4큰술
- [ ] 채소 국물(또는 생수) 4큰술
      ★ 채소 국물 만들기 28쪽 참고
- [ ] 국간장 1/2작은술

고추 양념장
- [ ] 청양고추 1/2개
- [ ] 고춧가루 1/2큰술
- [ ] 물 1큰술
- [ ] 식초 1/2큰술
- [ ] 양조간장 1큰술
- [ ] 설탕 1/2작은술

1

두릅은 줄기에 붙은 잎과 얇은
껍질을 벗긴 후 밑동의
가지 부분을 잘라내고 칼등으로
줄기의 가시를 긁어낸다.
★ 두릅 손질하기 18쪽 참고

2

①의 두릅을 끓는 소금물(물 6컵 +
소금 1작은술)에 넣어 30초간 데친
후 체에 밭쳐 물기를 뺀다.

3

넙적한 그릇에 반죽 재료를 넣어
골고루 섞는다. 청양고추는
송송 썰어 나머지 고추 양념장
재료와 섞는다.

4

볼에 ②와, 구운 소금, 참기름을
넣고 조물조물 무친다.

5

④에 밀가루를 골고루 묻힌 후
반죽을 입힌다.

6

달군 팬에 부침용 기름을 두르고
⑤를 올린 후 약한 불에서
앞뒤로 2분씩 굽는다.
그릇에 담고 고추 양념장을
곁들인다.

콩나물찜
시래기 버섯찜

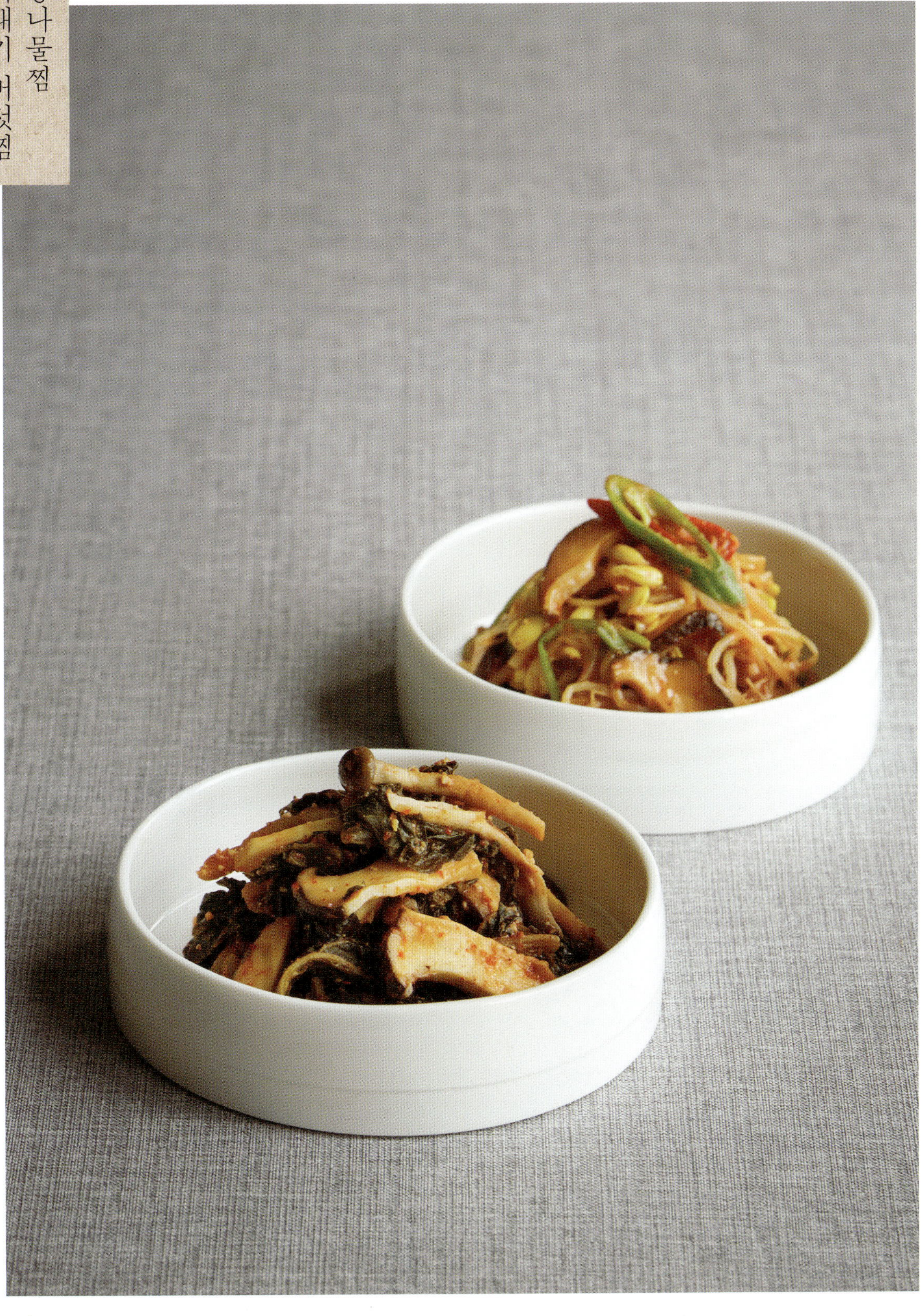

시래기 버섯찜

겨울철 비타민 섭취에 좋은 시래기에 버섯을 듬뿍 넣고 된장과 들깻가루로 구수하게 양념한 시래기 버섯찜입니다. 채소 국물로 감칠맛을, 고춧가루로 매콤한 맛을 더해 더욱 맛있어요.

조리시간 · 15~20분
(+ 시래기 손질하기 19시간)
재료 · 2~3인분
1인분 열량 · 105kcal

- ☐ 말린 시래기 50g(불린 후 250g)
- ☐ 표고버섯 3개(75g)
- ☐ 새송이버섯 1개(80g)

- ☐ 느타리버섯 1줌(50g)
- ☐ 들기름 1큰술

양념
- ☐ 채소 국물 1과 1/2컵(300㎖)
  ★ 채소 국물 만들기
  28쪽 참고

- ☐ 고춧가루 1과 1/2큰술
  (생략 가능)
- ☐ 들깻가루 1큰술
- ☐ 국간장 1/2큰술
- ☐ 된장 2큰술
- ☐ 구운 소금(또는 죽염) 1작은술

1
시래기는 흐르는 물에 헹군 후 따뜻한 물에 6시간 불린다. 냄비에 불린 시래기와 물(10컵)을 넣고 센 불에서 끓인다. 끓어오르면 뚜껑을 덮어 30~40분간 삶는다. 삶는 중간에 주걱으로 뒤섞는다.

2
①을 불에서 내려 12시간 정도 그대로 불린 후 맑은 물이 나올 때까지 찬물에 2~3회 헹군다. 줄기의 섬유질을 벗겨낸 다음 두 손으로 감싸 쥐면서 물기를 약간 머금은 정도로 짠다.

3
시래기는 6cm 길이로 썰고, **표고버섯**은 밑동을 제거해 0.5cm 두께로 썬다. **새송이버섯**은 열십(+)자로 4등분한 후 0.5cm 두께로 썰고, **느타리버섯**은 밑동을 제거한 후 가닥가닥 뜯는다.

4
볼에 양념 재료를 섞는다.

5
달군 팬에 들기름을 두르고 시래기를 넣어 센 불에서 20초간 볶는다.

6
⑤에 표고버섯, 새송이버섯, 느타리버섯, 양념을 넣고 중약 불에서 4분간 익힌다.

❋ 시래기 고르기 및 보관하기
시래기는 그늘에서 자연 건조한 것이 햇빛에 말린 것보다 비타민 손실이 적어 좋아요. 너무 바짝 말라 부스러지지 않은 것을 고르고, 잎과 줄기 부분이 노란색보다는 초록색을 띠는 것을 고르세요. 남은 시래기는 과정 ①과 같이 삶고 물기를 짠 후 한 번 먹을 분량씩(200~300g) 나눠 뭉친 후 랩으로 싸서 냉동하세요. 실온에서 3~4시간 해동하거나 물에 담가 녹인 후 사용하세요.

입맛이 없을 때 매콤하게 밥반찬으로 즐길 수 있는 콩나물찜이에요.
향긋한 미나리와 버섯을 넣고 매콤한 매실 양념으로 간을 해 더욱 맛있어요.
콩나물은 비린 냄새가 나지 않도록 뚜껑을 덮고 삶으세요.

콩나물찜

조리시간 · 25~30분
재료 · 2~3인분
1인분 열량 · 133kcal
- □ 콩나물 6줌(300g)
- □ 미나리 25줄기(50g)
- □ 청고추 1개

- □ 홍고추 1개(생략 가능)
- □ 표고버섯 5개(125g)
- □ 들기름 1큰술
- □ 들깻가루 2큰술

매실 양념
- □ 고춧가루 2큰술

- □ 국간장 2큰술
- □ 매실청 1과 1/2큰술

녹말물
- □ 녹말가루 1큰술
- □ 물 1큰술

1

콩나물은 체에 밭쳐 흐르는 물에
씻은 후 물기를 뺀다.

2

미나리는 지저분한 잎을 제거한 후
5cm 길이로 썰고, **청 · 홍고추**는
어슷 썬다. **표고버섯**은 밑동을
제거하고 모양대로 0.5cm 두께로
썬다.

3

냄비에 콩나물, 소금물(물 2컵 +
소금 1작은술)을 넣고 뚜껑을 덮어
중간 불에서 3분 30초간 삶는다.

4

볼에 녹말물 재료를 섞고,
다른 볼에 매실 양념 재료를
섞는다.

5

달군 냄비에 들기름을 두르고
표고버섯을 넣어 센 불에서
30초간 볶는다. ③의 콩나물과
콩나물 삶은 물 전부, 미나리를
넣고 1분간 끓인다.

6

⑤에 들깻가루를 넣고 30초,
매실 양념, 청 · 홍고추를 넣고
30초 더 볶은 후 녹말물 1큰술
(넣기 전에 한 번 더 섞을 것)을
넣고 저어가며 30초간 끓인다.

＊맵지 않은 양념 만들기
매실 양념의 고춧가루
2큰술을 생략하면 들깻가루의
구수한 맛이 진한 맵지 않은
콩나물찜을 만들 수 있어요.

자연 그대로의 맛 사철의 반찬

연근의 아삭한 식감을 즐길 수 있는 연근 물김치입니다. 먹거리뿐만 아니라
귀중한 약재로도 이용되는 연근은 식이섬유가 풍부하고, 과다한 나트륨 섭취로 인한
부종을 가라앉히는 데 탁월한 효과가 있어요. 밑국물에 오미자청 2~3큰술을
넣으면 더 새콤하게 즐길 수 있답니다.

조리시간 · 25~30분
(+ 숙성하기 3일)
재료 · 5~6회분
1회분 열량 · 39kcal

- ☐ 연근 지름 4cm,
  길이 7cm 1토막(200g)

- ☐ 미나리 10줄기(20g)
- ☐ 당근 1/6개(30g)
- ☐ 청고추 1개
- ☐ 홍고추 1개

양념
- ☐ 배(또는 사과) 1/4개(120g)

- ☐ 물 4컵(800㎖)
- ☐ 천일염 1큰술
- ☐ 다진 생강 1/2큰술(5g)

찹쌀풀
- ☐ 찹쌀가루 1/2큰술
- ☐ 물 1/4컵(50㎖)

1

연근은 필러로 껍질을 벗기고
모양대로 0.5cm 두께로 썬 뒤
식촛물(물 1컵 + 식초 1/2작은술)에
10분간 담가뒀다가 체에 밭쳐
물기를 뺀다. ★ 연근 손질하기
20쪽 참고

2

미나리는 지저분한 잎을 떼어내
3cm 길이로 썰고, **당근**은 5cm
길이, 0.5cm 두께로 편 썬다.
청 · 홍고추는 어슷 썬 후 물에
헹궈 씨를 제거한다.
양념용 **배**는 강판에 간 후 면보에
걸러 즙을 낸다.

3

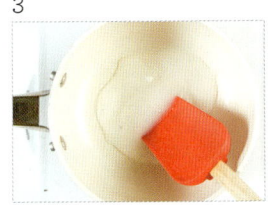

냄비에 찹쌀풀 재료를 넣고
잘 섞는다. 센 불에서 바닥에
눌어붙지 않도록 30초간
주걱으로 저어가며 떠먹는
요구르트 농도가 되도록 끓인 후
차갑게 식힌다.

4

볼에 ③의 찹쌀풀, 배즙과 나머지
양념 재료를 넣고 골고루 섞는다.

5

저장 용기에 연근, 미나리, 당근,
청 · 홍고추를 넣고 ④를 붓는다.
냉장실에서 3일간 숙성시킨
후 먹는다. 냉장실에서 15일간
보관이 가능하다.

＊밥으로 찹쌀풀 만들기
흰 쌀밥 2와 1/2큰술(25g),
물 1/4컵(50㎖)을 믹서에 넣어
곱게 간 후 냄비에 붓고 센
불에서 끓인다. 가장자리가
끓어오르면 중간 불로 줄여
바닥에 눌어붙지 않도록 1분간
저어가며 죽 농도가 되도록
끓인 후 차갑게 식혀요.

235

고추소박이

비타민 C가 풍부하고 맵지 않아 아이들도 좋아하는 고추소박이는 여름 김치로 좋아요. 오이고추는 모양이 반듯하고 억세지 않은 것을 고르고, 너무 매운 고추는 사용하지 마세요.

조리시간 • 40~45분
재료 • 2~3회분
1회분 열량 • 59kcal

- [ ] 오이고추 5개
- [ ] 무 지름 10cm, 두께 0.8cm 1토막(80g)

- [ ] 미나리 15줄기(30g)

양념
- [ ] 고춧가루 2큰술
- [ ] 설탕 1큰술
- [ ] 구운 소금(또는 죽염) 1/2큰술
- [ ] 매실청 1큰술

- [ ] 국간장 1큰술
- [ ] 다진 생강 1작은술

찹쌀풀
- [ ] 찹쌀가루 1/2큰술
- [ ] 물 1/4컵(50㎖)

1

오이고추는 흐르는 물에 깨끗이 씻은 후 위아래 각각 1cm 간격을 남기고 가운데에 칼집을 낸다.

2

오이고추는 소금물(물 1컵 + 소금 1큰술)에 30분간 담가 절인 후 씨를 털어내고 체에 밭쳐 물기를 뺀다.

3

무는 3cm 길이로 가늘게 채 썰고, 미나리는 잎 부분을 제거한 후 3cm 길이로 썬다.

4

냄비에 찹쌀풀 재료를 넣고 잘 섞는다. 센 불에서 바닥에 눌어붙지 않도록 30초간 주걱으로 저어가며 떠먹는 요구르트 농도가 되도록 끓인 후 차갑게 식힌다.

5

볼에 ④의 찹쌀풀과 양념용 고춧가루를 넣고 잘 섞은 후 5분간 불린다. 나머지 양념 재료와 무, 미나리를 넣어 골고루 섞는다.

6

오이고추 속에 ⑤를 젓가락으로 채워 넣은 후 저장 용기에 담는다. 숙성 없이 바로 먹을 수 있다. 냉장실에서 15일간 보관이 가능하다.

맛김치

제철 재료를 이용한 요리가 많은 사찰 음식에는 긴 겨울 동안 영양소를 골고루 섭취하기 위해서 다양한 저장 음식이 발달했어요. 맛김치는 버무려 바로 먹을 수 있는 겉절이 형태의 김치인데요, 맵지 않고 배추의 아삭한 식감이 살아 있어 아이들도 좋아하는 김치랍니다.

조리시간 · 4시간
재료 · 10회분
1회분 열량 · 80kcal

- ☐ 배추 1포기(2.5~3kg)
- ☐ 무 지름 10cm, 두께 2.5cm 1토막(250g)
- ☐ 말린 청각 1큰술(10g, 또는 말린 다시마 10g)

배추 절임물
- ☐ 천일염 1/2컵
- ☐ 물 2와 1/2컵(500㎖)

찹쌀풀
- ☐ 다시마 5×5cm 1장
- ☐ 찹쌀가루 1/4컵(32g)
- ☐ 미지근한 물 1과 1/2컵(300㎖)

양념
- ☐ 사과 간 것 1/2개분(100g)
- ☐ 고춧가루 1컵
- ☐ 구운 소금(또는 죽염) 3큰술
- ☐ 다진 생강 1큰술
- ☐ 국간장 2작은술

1
배추는 밑동을 제거하고 한 장씩 떼어낸 후 길게 2등분해 5cm 폭으로 썬다. 큰 볼에 배추 절임물과 배추를 넣고 실온에서 3시간 정도 절인 후 체에 밭쳐 물기를 뺀다.

2
무는 껍질을 벗기고 0.5cm 두께로 편 썬 후 0.5cm 두께로 채 썬다.

3
말린 청각은 미지근한 물 (뜨거운 물 1/2컵 + 차가운 물 1/2컵)에 넣고 10분간 불린 후 물기를 꼭 짠다. 찹쌀풀용 다시마는 미지근한 물(1과 1/2컵)에 넣고 10분간 우린다.

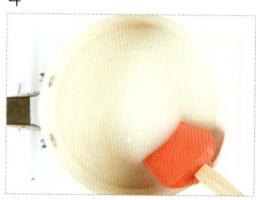

4
냄비에 ③의 다시마 물(1과 1/2컵)과 찹쌀가루를 넣고 잘 섞는다. 센 불에서 가장자리가 끓어오르면 약한 불로 줄여 1분 30초간 주걱으로 저어가며 떠먹는 요구르트 농도가 되도록 끓인 후 차갑게 식힌다.

5
큰 볼에 ④의 찹쌀풀과 양념 재료를 넣어 골고루 섞은 후 무와 청각을 넣고 골고루 버무린다.

6
⑤에 배추를 넣고 골고루 버무려 숙성 없이 바로 먹는다.

＊ 김치 맛을 깊게 하는 청각
청각은 해조류의 일종으로 비타민과 무기질이 풍부하여 성인병 및 비만 예방에 효과적이에요. 또한 세균에 대한 강한 항생 작용을 하고 김치를 만들 때 넣으면 뒷맛이 개운하며 익을수록 맛이 깊어진답니다. 청각은 사슴뿔 모양으로 통통하고 짙은 색을 띠며 윤기가 나는 것이 좋은 것입니다.

오신채를 사용하지 않는 사찰 음식은 김치를 담글 때 찹쌀풀과 기본 양념으로 깔끔한
맛을 낸답니다. 양배추김치는 매실청을 넣어 상큼함을 더했어요. 양배추김치는
아삭한 식감이 중요하니 너무 많이 절이지 말고 버무린 후 빨리 먹는 것이 좋아요.

양배추김치

조리시간 · 30~35분
재료 · 5~6회분
1회분 열량 · 50kcal

- □ 양배추 손바닥 크기
  10장(300g)
- □ 무 지름 10cm,
  두께 1cm 1토막(100g)

- □ 미나리 50줄기(100g)
- □ 오이 1/2개(100g)

양념
- □ 통깨 1큰술
- □ 설탕 1큰술
- □ 구운 소금(또는 죽염) 1큰술
- □ 고춧가루 6큰술

- □ 다진 생강 2큰술
- □ 국간장 2큰술
- □ 매실청 2큰술

찹쌀풀
- □ 찹쌀가루 1/2큰술
- □ 물 1/4컵(50㎖)

1
양배추는 깨끗이 씻은 후 3×4cm
크기로 썰고, 무는 0.5cm 두께,
사방 3cm 크기로 썬다.

2
미나리는 지저분한 잎을 떼어
4cm 길이로 썰고, 오이는 칼로
가시 부분을 긁어낸 후 4cm 길이로
썰어 6~8등분한 뒤 씨를
제거한다.

3
양배추, 무, 오이를 소금물(물 1과
1/4컵 + 소금 2큰술)에 10분간
절인 후 체에 밭쳐 물기를 뺀다.

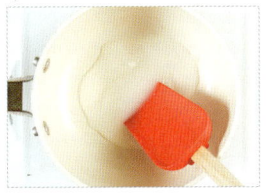

4
냄비에 찹쌀풀 재료를 넣고
잘 섞는다. 센 불에서 바닥에
눌어붙지 않도록 30초간
주걱으로 저어가며 떠먹는
요구르트 농도가 되도록 끓인 후
차갑게 식힌다.

5
볼에 ④의 찹쌀풀과 양념 재료,
미나리를 넣고 골고루 섞은 후
③을 넣어 골고루 버무린다.

6
저장 용기에 담아 숙성 없이 바로
먹는다. ★ 24시간 숙성시킨 후
먹으면 더욱 맛있다.

가지김치
상추김치

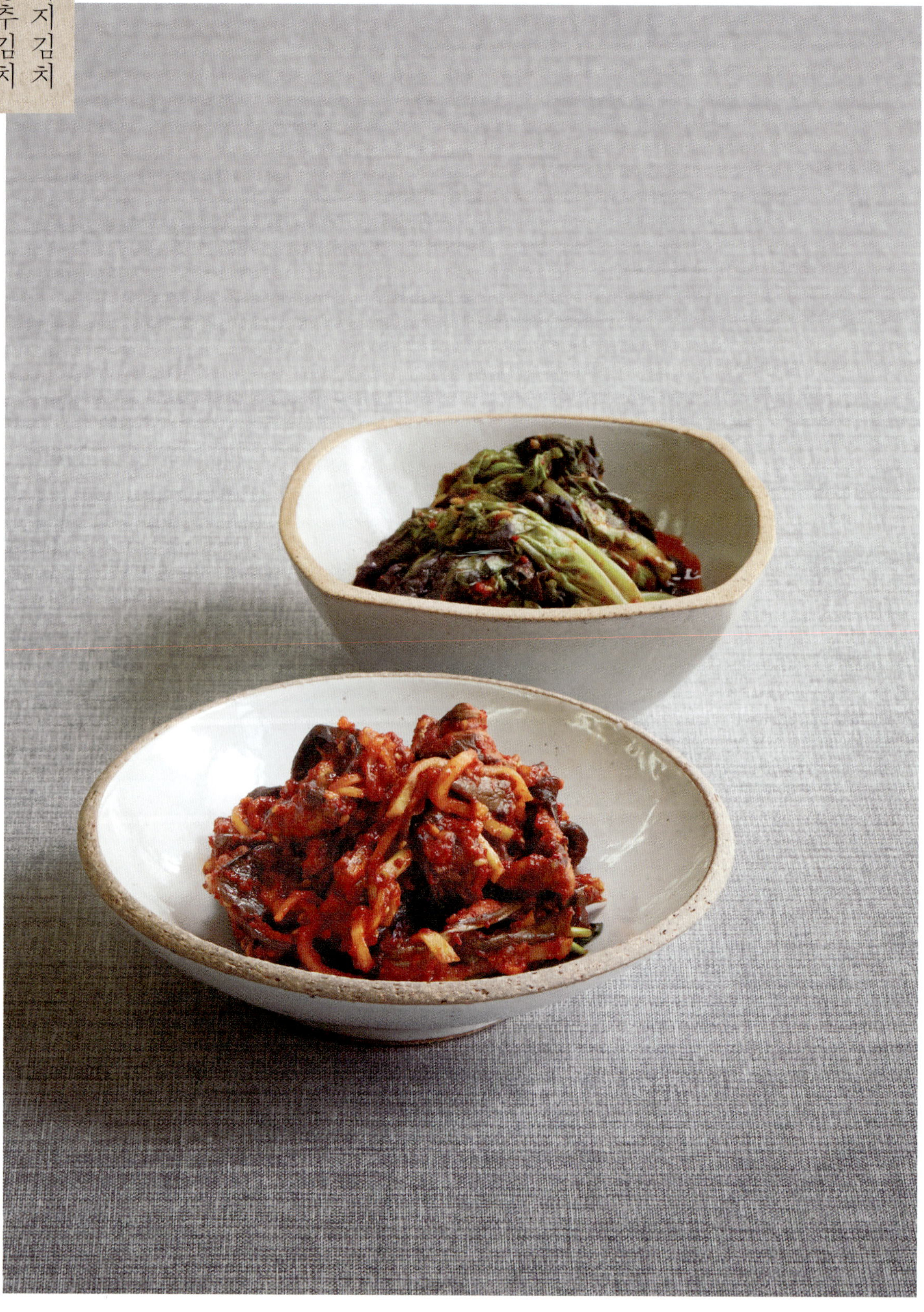

상추김치를 만들 때는 줄기와 잎이 단단한 포기 상추을 이용해야 아삭하게 즐길 수 있습니다. 상추김치는 오래 두고 먹지 않고 버무려 바로 먹는 것이 좋지요.

조리시간 · 20~25분
재료 · 4~5회분
1회분 열량 · 53kcal

☐ 포기 상추 2개(300g)

양념
☐ 사과 1/4개(50g)
☐ 설탕 1큰술
☐ 구운 소금(또는 죽염) 1큰술
☐ 고춧가루 8큰술

☐ 국간장 2큰술
☐ 매실청 2큰술

찹쌀풀
☐ 찹쌀가루 1/2큰술
☐ 물 1/4컵(50㎖)

1
양념용 사과는 껍질을 벗기고 강판에 간다. 포기 상추는 흐르는 물에 씻은 뒤 한 장씩 뜯어 체에 받쳐 물기를 뺀다.

2
냄비에 찹쌀풀 재료를 넣고 잘 섞는다. 센 불에서 바닥에 눌어붙지 않도록 30초간 주걱으로 저어가며 떠먹는 요구르트 농도가 되도록 끓인 후 차갑게 식힌다.

3
큰 볼에 ②의 찹쌀풀과 양념 재료를 넣고 섞은 후 상추를 넣어 골고루 버무린다. 숙성 없이 바로 먹는다.
★ 24시간 숙성시킨 후 먹으면 더욱 맛있다.

사찰 음식에서는 찬 성질을 지닌 가지를 여름 김치로 많이 만들어 먹는답니다.

조리시간 · 25~30분
(+ 숙성하기 2일)
재료 · 5~6회분
1회분 열량 · 83kcal

☐ 말린 가지 43개(85g)
☐ 무 지름 10cm, 두께 0.8cm 1토막(80g)
☐ 당근 1/6개(30g)

☐ 미나리 10줄기(20g)
☐ 표고버섯 1개

양념
☐ 배 1/5개(100g)
☐ 통깨 1큰술
☐ 설탕 1큰술
☐ 구운 소금(또는 죽염) 1큰술
☐ 고춧가루 7큰술

☐ 국간장 2큰술
☐ 매실청 2큰술
☐ 다진 생강 1작은술

찹쌀풀
☐ 찹쌀가루 1큰술
☐ 물 1/2컵(100㎖)

1
말린 가지는 따뜻한 물에 담가 30분간 불려 물기를 꼭 짠다.
무, 당근은 0.5cm 두께로 채 썰고,
미나리는 5cm 길이로 썬다.
표고버섯은 밑동을 제거한 후 사방 0.5cm 크기로 썰고, 양념용 **배**는 강판에 간다.

2
냄비에 찹쌀풀 재료를 넣고 잘 섞는다. 센 불에서 바닥에 눌어붙지 않도록 1분간 주걱으로 저어가며 떠먹는 요구르트 농도가 되도록 끓인 후 차갑게 식힌다.

3
큰 볼에 ②의 찹쌀풀, 배 간 것과 나머지 양념 재료를 넣고 섞은 후 가지, 무, 당근, 미나리, 표고버섯을 넣어 골고루 버무린다. 저장 용기에 담아 냉장실에서 1~2일간 숙성시킨 후 먹는다.

우엉장아찌
감자장아찌

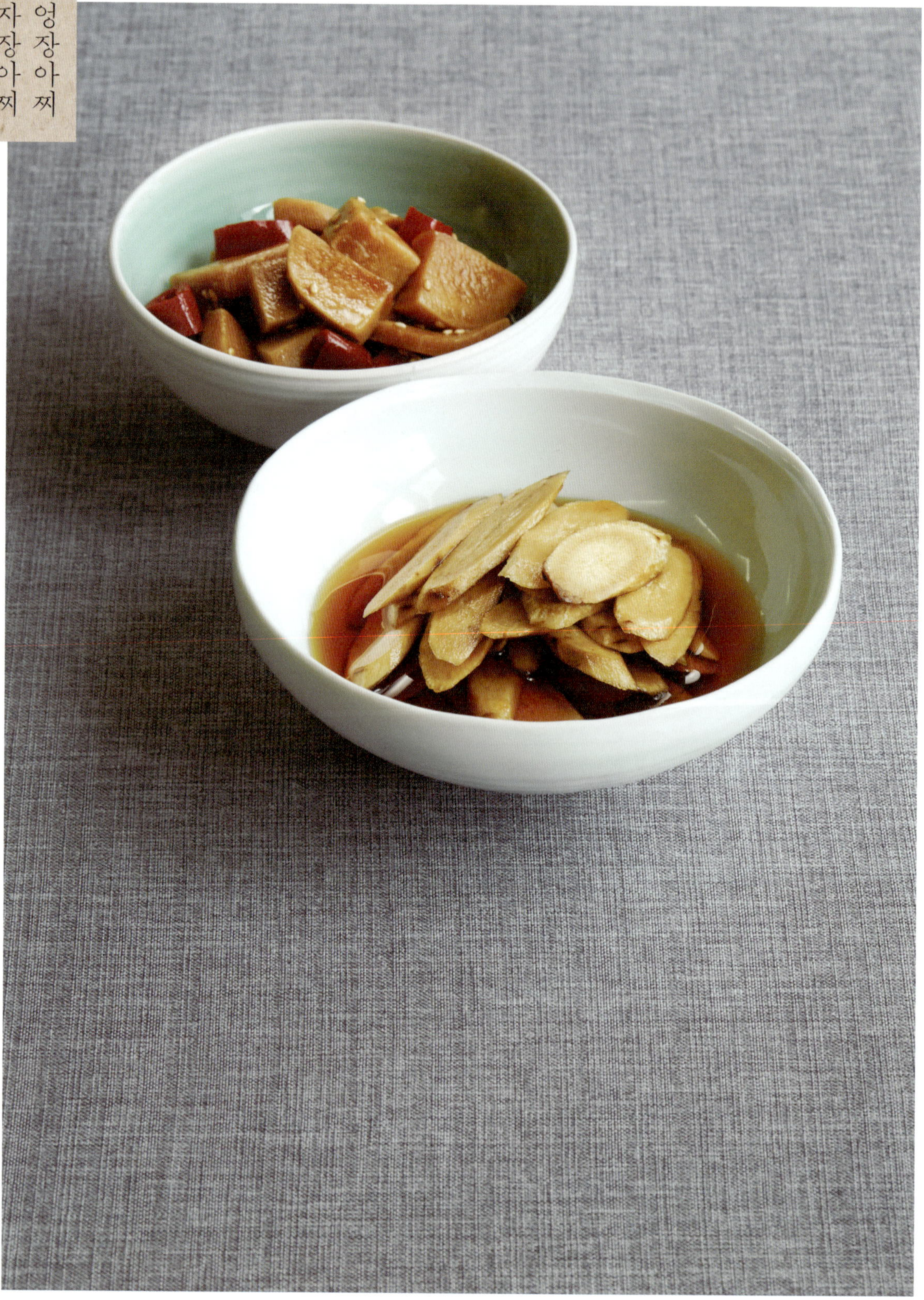

감자장아찌는 만들어 숙성시킨 후 밥반찬으로 그냥 먹어도 맛있고,
조청과 참기름으로 달콤하고 고소하게 무쳐 먹어도 별미예요.

감자장아찌

조리시간 · 25~30분
(+ 숙성하기 3일)
재료 · 5~6회분
1회분 열량 · 99kcal

☐ 감자 2와 1/2개(500g)
☐ 홍고추 4개

☐ 생강(마늘 크기) 6톨(30g)
달임장
☐ 양조간장 1과 1/2컵(300㎖)
☐ 채소 국물 1컵(200㎖)
　★ 채소 국물 만들기
　28쪽 참고

☐ 설탕 2큰술
무침 양념
☐ 조청(또는 물엿, 올리고당)
　2와 1/2큰술
☐ 통깨 1작은술
☐ 참기름 1작은술

1

냄비에 달임장 재료를 넣고
센 불에서 바글바글 끓어오르면
불을 끄고 차갑게 식힌다.

2

감자는 껍질을 벗겨 열십(+)자로
4등분하고 1cm 두께로 썬 후
10분간 물에 담가 전분기를
제거한다. **홍고추**는 어슷 썰고,
생강은 편 썬다.

3

저장 용기에 ①과 ②를 넣고
냉장실에서 2~3일간 숙성시킨다.
감자장아찌를 건진 후 무침 양념에
무쳐 먹는다.

감자와 우엉같이 단단한 재료로 만든 장아찌는 숙성시키는 동안 달임장을 2~3회
다시 끓여 넣어주면 좀 더 오래 보관하여 먹을 수 있어요.

우엉장아찌

조리시간 · 25~30분
(+ 숙성하기 7일)
재료 · 5~6회분
1회분 열량 · 71kcal

☐ 우엉 지름 2cm,
　길이 20cm 10토막(500g)
달임장
☐ 채소 국물 2컵(400㎖)
　★ 채소 국물 만들기 28쪽 참고

☐ 식초 1컵(200㎖)
☐ 양조간장 1/2컵(100㎖)
☐ 국간장 1/2컵(100㎖)
☐ 조청(또는 물엿, 올리고당)
　1컵

1

냄비에 달임장 재료를 넣고
센 불에서 바글바글 끓어오르면
불을 끄고 차갑게 식힌다.

2

우엉은 칼등으로 긁어 껍질을
벗기고 0.5cm 두께로 어슷 썬다.
우엉을 식촛물(물 3컵 + 식초
1큰술)에 10분간 담가둔 후 체에
밭쳐 물기를 뺀다.
★ 우엉 손질하기 20쪽 참고

3

저장 용기에 우엉과 달임장을
넣고 냉장실에서 일주일간 숙성
시킨 후 먹는다.

쇠미역은 칼로리가 적고 식이섬유가 풍부해 조금만 먹어도 금방 포만감을 느낄 수 있어요. 다른 해초와 함께 장아찌를 담으면 맛과 영양이 더욱 좋답니다.

조리시간 · 40~45분
(+ 숙성하기 15일)
재료 · 10회분
1회분 열량 · 37kcal

□ 염장 쇠미역
　(또는 염장 다시마) 500g
달임장
□ 설탕 1/2컵
□ 물 2컵(400㎖)

□ 양조간장 1컵(200㎖)
□ 조청(또는 물엿, 올리고당)
　1/2컵
□ 청주 3큰술
□ 식초 3큰술

1
냄비에 달임장 재료를 넣고
센 불에서 바글바글 끓어오르면
불을 끄고 차갑게 식힌다.

2
염장 쇠미역은 흐르는 물에 씻은
후 물을 넉넉히 붓고 30분간 담가
소금기를 뺀다. 찬물에 주물러
2~3회 헹군 후 물기를 꼭 짠다.

3
저장 용기에 염장 쇠미역과
달임장을 넣고 냉장실에서
15일간 숙성시킨 후 먹는다.

깻잎은 향이 좋아 장아찌를 담가 밥과 함께 먹으면 맛있어요. 물 대신 채소 국물을
사용하면 한층 깊은 맛을 낼 수 있어요.

조리시간 · 20~25분
(+ 숙성하기 2개월)
재료 · 5~6회분
1회분 열량 · 27kcal

□ 깻잎 100장(200g)
달임장
□ 설탕 1/4컵
□ 물 1/2컵(100㎖, 또는 채소 국물)

□ 청주 1컵(200㎖)
□ 식초 1/2컵(100㎖)
□ 양조간장 1컵(200㎖)

1
냄비에 달임장 재료를 넣고
센 불에서 바글바글 끓어오르면
불을 끄고 차갑게 식힌다.

2
깻잎은 흐르는 물에 한 장씩
씻는다. 꼭지 부분을 한꺼번에
잡고 물기를 턴 후 체에 밭쳐
물기를 뺀다.

3
저장 용기에 깻잎과 달임장을
넣고 냉장실에서 2개월간
숙성시킨 후 먹는다.

부드러우면서 쫄깃한 새송이버섯장아찌입니다. 새송이버섯은 너무 오래 데치면
물러져서 식감이 떨어지기 때문에 오래 데치지 않는 것이 좋아요.

조리시간 · 20~25분
(+ 숙성하기 10일)
재료 · 10~12회분
1회분 열량 · 47kcal

□ 새송이버섯 10개(800g)
달임장
□ 설탕 1/2컵
□ 양조간장 1컵(200㎖)

□ 조청(또는 물엿, 올리고당)
　　1/2컵
□ 청주 4큰술
□ 식초 3큰술

1
냄비에 식초를 제외한 달임장
재료를 넣고 센 불에서 끓인다.
끓어오르면 불을 끄고 차갑게 식힌
다음 식초를 넣는다.

2
새송이버섯은 밑동을 제거하고
모양대로 2등분한 다음 끓는
물(10컵)에 5분간 데친다. 체에
밭쳐 물기를 뺀다.

3
저장 용기에 새송이버섯과
달임장을 넣고 냉장실에서 10일간
숙성시킨다.

사찰 음식의 중요한 단백질 공급원인 두부로 만든 장아찌입니다. 치즈처럼 부드러운
식감의 두부장아찌를 밥에 조금씩 올려 비벼 드세요.

조리시간 · 20~25분
(+ 숙성하기 7일)
재료 · 10회분
1회분 열량 · 36kcal

□ 두부(부침용, 큰 팩) 1모(300g)

달임장
□ 양조간장 1과 1/2컵(300㎖)
□ 국간장 1/2컵(100㎖)
□ 물 1/2컵(100㎖)

1
끓는 물(3컵)에 두부를 넣고
10분간 데친 뒤 체에 밭쳐 물기를
뺀다.

2
달임장은 센 불에서 바글바글
끓인 뒤 차갑게 식힌다. 저장
용기에 두부와 달임장을 넣고
실온에서 일주일간 숙성시킨다.
★ 날씨가 더울 때는 냉장실에서
15일간 숙성시킨다.

3
두부만 건져 곱게 체에 내린다.
★ 남은 간장은 저장 용기에
담아 냉장 보관해 조림 양념으로
사용해도 좋다.

국 · 찌 개 · 탕

따뜻하고 정갈한

표고버섯과 다시마로 감칠맛을 낸 채소 국물에 채소와 버섯을 넉넉히 넣어 만든
국, 찌개, 탕은 자극적이지 않고 깔끔한 맛이 일품이지요. 사찰 음식의 부족한
단백질을 채워주는 콩물, 두부, 콩가루 등이 듬뿍 들어간 국, 찌개, 탕 한 사발이라면
훌륭한 보양식이 따로 필요없답니다.

두부 완자 미역국

사찰 음식에서 완자를 빚는다는 것은 기원을 의미해요. 그래서 아이의 생일이 되면 저희 가족은 모두 둘러앉아 두부 완자를 빚으며 아이의 건강과 가족의 행복을 기원한답니다. 특별한 날, 받는 사람의 행복을 기원하며 두부 완자 미역국을 만들어보세요.

조리시간 · 35~40분
재료 · 2인분
1인분 열량 · 140kcal
□ 말린 미역 1/4컵(10g)
□ 두부(부침용, 큰 팩) 1/2모(150g)

□ 국간장 2큰술
□ 구운 소금(또는 죽염) 1/4작은술
□ 녹말가루 2큰술
□ 들기름 1작은술

채소 국물(완성량 5컵, 1ℓ)
□ 물 6컵(1.2ℓ)
□ 말린 표고버섯 3개
□ 다시마 5×5cm 2장

1

냄비에 채소 국물 재료를 넣고 센 불에서 끓인다. 끓어오르면 다시마를 건진 뒤 약한 불로 줄여 10분간 더 끓인다.
차가운 물(3컵)에 말린 미역을 담가 15분간 불린다.

2

불린 미역은 거품이 나지 않을 때까지 물을 여러 번 갈며 바락바락 주물러 씻는다. 물기를 꼭 짜고 3cm 길이로 썬 후 국간장을 넣어 조물조물 무친다.

3

①의 표고버섯 1개는 물기를 꼭 짠 후 밑동을 제거해 잘게 다진다. 두부는 칼등으로 으깬 뒤 면보에 싸서 물기를 꼭 짠다.
★ 두부 으깨기 24쪽 참고

4

볼에 두부, 표고버섯, 구운 소금을 넣고 골고루 섞은 뒤 지름 1.5cm 크기로 동그랗게 빚는다. 위생팩에 녹말가루와 완자를 넣고 가볍게 흔들어 골고루 묻힌다.

5

달군 냄비에 들기름을 두르고 ②의 미역을 넣고 중간 불에서 1분 30초간 볶는다.

6

⑤의 냄비에 ①의 채소 국물(5컵)을 넣고 센 불에서 끓인다. 바글바글 끓어오르면 2분간 끓인 후 ④의 완자를 넣고 2분 30초간 더 끓인다.

* 브로콜리 미역국 만들기
과정 ⑥에서 두부 완자 대신 브로콜리 1개(200g)를 한입 크기로 썰어 넣어 미역국을 만들어보세요. 브로콜리는 오래 끓이면 영양소가 파괴되므로 잠깐만 끓이는 것이 좋아요. 또한 과정 ⑥에서 브로콜리와 함께 들깻가루 2큰술을 넣어 만들면 더욱 고소하고 담백해요.

우유를 제외한 동물성 식품을 먹지 않는 사찰 음식에서 콩은 중요한 단백질 공급원
이랍니다. 콩으로 만든 두부와 콩물을 듬뿍 넣어 만든 두부 콩국은 스님들에게
훌륭한 보양식이지요. 기운이 없거나 몸이 아플 때 두부 콩국 한 사발로 힘을 내보는
것은 어떨까요?

조리시간 • 30~35분
(+ 콩 불리기 6시간)
재료 • 2인분
1인분 열량 • 329kcal

□ 콩(백태) 2/3컵(100g)
□ 두부(부침용, 큰 팩) 1/2모(150g)

□ 소금 약간(두부 절임용)
□ 미나리 5줄기(10g)
□ 식용유 1큰술
□ 국간장 1큰술
□ 구운 소금(또는 죽염) 1작은술
　(기호에 따라 가감)

채소 국물(완성량 5컵, 1ℓ)
□ 물 6컵(1.2ℓ)
□ 말린 표고버섯 3개
□ 다시마 5×5cm 2장

1

콩은 깨끗이 씻은 후 물(4컵)에
담가 6시간 이상 충분히 불린다.

2

냄비에 채소 국물 재료를 넣고
센 불에서 끓인다. 끓어오르면
다시마를 건진 뒤 약한 불로 줄여
10분간 더 끓인다.

3

두부는 1×2×5cm 크기로 썬 후
키친타월에 올리고 앞뒤로 소금을
뿌려 10분간 절인다. 미나리는
시든 잎을 떼고 흐르는 물에 씻은
후 3cm 길이로 썬다.

4

믹서에 ①의 불린 콩과 ②의 채소
국물(1컵)을 넣고 곱게 간 후 체에
거른다.

5

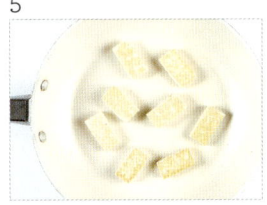

달군 팬에 식용유를 두르고
두부를 넣어 중간 불에서 앞뒤로
2분 30초씩 노릇하게 굽는다.

6

냄비에 ④와, ②의 채소 국물
(4컵)을 넣고 센 불에서 끓인다.
바글바글 끓어오르면 거품을
걷어낸 후 두부, 국간장,
구운 소금을 넣고 중약 불에서
1분 30초간 끓인다.
미나리를 넣고 불을 끈다.

＊시판 콩물로 대체하기
콩물을 만들기 어렵다면
시중에 판매하는 콩물
(콩국수용)을 이용해도 좋아요.
시판 콩물을 사용할 때는
채소 국물 레시피에서 물 1컵을
줄여 끓이고(완성량 4컵),
과정 ④를 생략한 뒤 과정 ⑥에
콩물 1컵을 더하면 됩니다.
단, 두부 콩국은 콩물에 의해
맛이 크게 좌우되니 일체의
첨가물 없이 100% 콩으로 만든
콩물만을 사용하세요.

두릅 콩가루국

두릅의 향긋함과 콩의 단백함을 한 번에 느낄 수 있는 두릅 콩가루국을 소개합니다.
'나물의 왕자'라 불리는 두릅은 단백질과 무기질, 비타민 C가 풍부해 피로 해소에 좋고,
신경을 안정시키는 칼륨이 많아 불안, 초조, 불면증 등에 효과적이랍니다.

두릅 콩가루국

조리시간 · 25~30분
재료 · 2인분
1인분 열량 · 90kcal
☐ 두릅 10개(130g)
☐ 날콩가루 2큰술

☐ 들기름 1작은술
☐ 국간장 1큰술
☐ 구운 소금(또는 죽염)
　1작은술(기호에 따라 가감)

채소 국물(완성량 6컵, 1.2ℓ)
☐ 물 7컵(1.4ℓ)
☐ 말린 표고버섯 3개
☐ 다시마 5×5cm 3장

1

냄비에 채소 국물 재료를 넣고 센 불에서 끓인다. 끓어오르면 다시마를 건진 뒤 약한 불로 줄여 10분간 더 끓인다.

2

두릅은 밑동의 나뭇가지 부분을 잘라낸 후 길이대로 2등분한다. ①의 **표고버섯** 2개는 물기를 꼭 짠 후 밑동을 제거해 0.5cm 두께로 썰고, **다시마** 2장은 가늘게 채 썬다.
★ 두릅 손질하기 18쪽 참고

3

끓는 소금물(물 4컵 + 소금 1작은술)에 두릅을 넣고 30초간 데친다. 찬물에 헹군 뒤 체에 밭쳐 물기를 뺀다.

4

넓은 접시에 두릅을 올리고 날콩가루를 뿌려 골고루 묻힌다.

5

달군 냄비에 들기름을 두르고 표고버섯, 다시마를 넣어 중간 불에서 1분 30초간 볶는다.

6

⑤의 냄비에 ①의 채소 국물 (6컵)을 넣고 센 불에서 끓인다. 바글바글 끓어오르면 두릅을 넣고 2분간 젓지 않고 그대로 끓인다. 구운 소금, 국간장을 넣고 중간 불로 줄여 중간에 거품을 걷어내며 30초간 끓인다.

＊**날콩가루 구입 및 보관하기**
　날콩가루는 대형 마트에서 구입이 가능해요.
　남은 날콩가루는 밀폐 용기에 담아 냉동실에서 보관하세요.

＊**주의하세요!**
　날콩가루 대신 볶은 콩가루를 사용하면 두릅 콩가루국 특유의 엉킴 현상이 일어나지 않아 농도가 달라져요.
　날콩가루가 없을 경우에는 콩(백태) 간 것 2큰술 넣으세요.

아욱국

비타민과 무기질이 풍부해 중국에서 '채소의 왕'으로 여겨지는 아욱은
항산화 성분인 폴리페놀과 플라보노이드가 풍부해 노화를 억제하는 채소로도
유명해요. 또한 칼슘 함량이 높아 성장기 아이들에게도 좋지요.
채소 국물과 된장으로 구수하게 끓인 아욱국으로 건강 밥상을 차려보세요.

조리시간 • 30~35분
재료 • 2인분
1인분 열량 • 140kcal

□ 아욱 1과 1/5줌(120g)
□ 두부(찌개용, 큰 팩) 1/2모(150g)
□ 된장 4큰술

채소 국물(완성량 6컵, 1.2ℓ)
□ 물 7컵(1.2ℓ)
□ 말린 표고버섯 3개
□ 다시마 5×5cm 3장

1

냄비에 채소 국물 재료를 넣고
센 불에서 끓인다. 끓어오르면
다시마를 건진 뒤 약한 불로 줄여
10분간 더 끓인다.

2

아욱의 두꺼운 줄기는 잘라내고
잎은 사방 5cm 크기로 썬다.
두부는 사방 1cm 크기로 썰고,
①의 **표고버섯** 2개는 물기를 꼭 짠
후 밑동을 제거해 0.5cm 두께로 채
썬다. ★ 아욱 손질하기 18쪽 참고

3

끓는 소금물(물 5컵 + 소금
1작은술)에 아욱을 넣고 30초간
데친 후 찬물에 헹궈 물기를 꼭
짠다.

4

볼에 아욱, 표고버섯, 된장을 넣고
조물조물 무친다.

5

냄비에 ①의 채소 국물(6컵)을
붓고 센 불에서 끓인다. 바글바글
끓어오르면 ④를 넣고 4분,
두부를 넣어 3분간 더 끓인다.
중간에 거품을 걷어낸다.

쑥은 무기질과 비타민, 엽록소가 풍부해 면역력을 높이고 감기와 알레르기 질환 예방에도 효과적이에요. 쑥은 특히 여성에게 좋은 음식으로 쑥의 따뜻한 성질이 몸을 따뜻하게 하여 생리통, 부인병 등에 좋답니다. 쑥 본연의 향을 그대로 맛볼 수 있는 쑥국으로 봄의 기운을 느껴보세요.

쑥국

조리시간 · 25~30분
재료 · 2인분
1인분 열량 · 128kcal

☐ 쑥 5줌(100g)
☐ 쌀가루(또는 밀가루) 1큰술
☐ 들깻가루 3큰술

☐ 된장 2큰술
☐ 국간장 1큰술(기호에 따라 가감)

채소 국물(완성량 6컵, 1.2ℓ)
☐ 물 7컵(1.4ℓ)
☐ 말린 표고버섯 3개
☐ 다시마 5×5cm 3장

1

냄비에 채소 국물 재료를 넣고 센 불에서 끓인다. 끓어오르면 다시마를 건진 뒤 약한 불로 줄여 10분간 더 끓인다.

2

쑥은 흐르는 물에 씻어 잎에 묻은 흙을 제거하고 체에 밭쳐 물기를 뺀다.

3

볼에 ①의 채소 국물(1/2컵), 쌀가루, 들깻가루를 넣고 잘 풀어둔다.

4

냄비에 나머지 채소 국물(5와 1/2컵)을 넣고 센 불에서 바글바글 끓어오르면 쑥을 넣고 1분간 끓인다.

5

④에 된장을 넣고 잘 풀어준 후 ③과 국간장을 넣어 계속 센 불에서 끓인다. 바글바글 끓어오르면 중간 불로 줄여 2분간 더 끓인다.

＊좋은 쑥 고르기
쑥은 특유의 향이 진하고 줄기가 가늘며 부드러운 것이 좋아요. 고를 때는 초록색이 진하면서 잎의 뒷면에 솜털이 보송보송하고 은빛이 나는 것을 고르세요.

채소 국물을 이용해 맑게 끓인 늙은호박국은 만들기 쉬울 뿐 아니라 담백하고 깔끔해 여성들이 특히 좋아해요.

조리시간 • 25~30분
재료 • 2인분
1인분 열량 • 88kcal

- ☐ 늙은호박 1/12개(500g)
- ☐ 국간장 1큰술
- ☐ 구운 소금(또는 죽염)
  1작은술(기호에 따라 가감)

채소 국물(완성량 5컵, 1ℓ)
- ☐ 물 6컵(1.2ℓ)
- ☐ 말린 표고버섯 3개
- ☐ 다시마 5×5cm 2장

1

냄비에 채소 국물 재료를 넣고 센 불에서 끓인다. 바글바글 끓어오르면 다시마를 건져내고 약한 불로 줄여 10분간 더 끓인다.

2

늙은호박은 껍질을 벗기고 숟가락으로 씨를 긁어낸 후 0.5cm 두께로 썬다.

3

냄비에 ①의 채소 국물(5컵)과 늙은호박을 넣고 센 불에서 끓인다. 바글바글 끓어오르면 4분간 끓인 후 국간장과 구운 소금을 넣고 4분간 더 끓인다.

고소하고 담백한 콩국에 김치를 넣어 매콤하게 끓인 김치 콩국은 콩물이 실타래 얽히듯 뭉치는 것이 특징이에요.

조리시간 • 20~25분
재료 • 2인분
1인분 열량 • 153kcal

- ☐ 불린 콩(백태, 6시간 불린 것)
  1컵(140g)
- ☐ 배추김치 1컵(150g)
- ☐ 채소 국물 5컵(1ℓ)
  ★ 채소 국물 만들기
  늙은호박국 과정 ① 참고

소금물
- ☐ 소금 1큰술
- ☐ 물 3큰술

1

불린 콩과 채소 국물(5컵)을 믹서에 넣고 곱게 간 후 체에 거른다. 배추김치는 소를 털어내 사방 1cm 크기로 썬다. 작은 볼에 소금물 재료를 넣어 섞는다.

2

냄비에 ①의 콩물을 붓고 센 불에서 끓인다. 바글바글 끓어오르면 1분간 끓인 후 중간 불로 줄이고 배추김치를 1큰술씩 떠 넣는다.

3

②에 소금물을 골고루 뿌린 후 약한 불로 줄여 2분간 끓인다.

고사리찌개

많은 재료가 들어가지는 않아 고사리 특유의 맛과 향을 제대로 즐길 수 있는 메뉴입니다. 채소 국물 대신 쌀뜨물을 이용하면 효소 작용으로 식감이 좀 더 부드러워지고, 들깻가루 1큰술을 첨가하면 더욱 고소한 고사리찌개를 즐길 수 있어요.

★ 쌀뜨물 만들기 269쪽 참고

조리시간 · 35~40분
재료 · 2인분
1인분 열량 · 247kcal

☐ 삶은 고사리 150g
☐ 애호박 1/2개(140g)
☐ 무 지름 10cm,
　두께 1cm 1토막(100g)

☐ 감자 1개(200g)
☐ 청고추 1/2개
☐ 홍고추 1/2개(생략 가능)
☐ 국간장 1큰술
☐ 들기름 1큰술

양념
☐ 고추장 4큰술

☐ 된장 2큰술
☐ 고춧가루 1작은술

채소 국물(완성량 5컵, 1ℓ)
☐ 물 6컵(1.2ℓ)
☐ 말린 표고버섯 3개
☐ 다시마 5×5cm 2장

1

냄비에 채소 국물 재료를 넣고 센 불에서 끓인다. 바글바글 끓어오르면 다시마를 건져내고 약한 불로 줄여 10분간 더 끓인다.

2

애호박은 길게 2등분한 후 1cm 두께로 썰고, **삶은 고사리**는 5cm 길이로 썬다. **감자**는 열십(+)자로 4등분한 후 1cm 두께로 썰고, **무**는 사방 3cm 크기로 썬다. **청 · 홍고추**는 어슷 썬다.

3

작은 볼에 ①의 채소 국물 (1/4컵)과 양념 재료를 넣어 골고루 섞는다.

4

볼에 삶은 고사리, 국간장, 들기름을 넣고 조물조물 무친다.

5

달군 냄비에 ④를 넣고 센 불에서 1분간 볶다가 무, 감자를 넣고 1분간 더 볶는다.

6

⑤의 냄비에 ③과 나머지 채소 국물(4와 3/4컵)을 붓고 센 불에서 끓인다. 바글바글 끓어오르면 6분간 끓이다가 애호박, 청 · 홍고추를 넣고 2분간 더 끓인다.

＊ 말린 고사리 손질하기
말린 고사리(20g)는 찬물에 헹군 후 냄비에 물(3과 1/2컵)과 함께 담고 센 불에서 바글바글 끓어오르면 약한 불로 줄인 후 20~30분간 끓인다. 맑은 물이 나올 때까지 찬물에 2~3회 헹군 후 찬물에 6~12시간 동안 담가 특유의 냄새를 제거한다. 고사리의 억센 부분은 손으로 잡아당겨 뜯어낸 후 두손으로 감싸 물기를 꼭 짠다.

칼칼한 음식이 생각날 때는 무찌개를 만들어보세요. 채소 국물과 콩물을 넣고 만들어 매콤하면서도 담백한 맛이 일품이랍니다. 무에는 식이섬유와 전분 분해 효소인 아밀라아제 등 다양한 소화 효소가 들어 있어 소화를 돕고 위 건강에도 도움을 줘요.

무찌개

조리시간 · 35~40분
재료 · 2인분
1인분 열량 · 202kcal

- ☐ 무 지름 10cm, 두께 5cm
  1토막(500g)
- ☐ 불린 콩(백태, 6시간 불린 것)
  1/2컵(70g)

- ☐ 청고추 1/2개
- ☐ 홍고추 1/2개
- ☐ 고춧가루 1과 1/2큰술
- ☐ 구운 소금(또는 죽염) 1작은술
- ☐ 들기름 1큰술
- ☐ 고추장 2큰술

채소 국물(완성량 5컵, 1ℓ)
- ☐ 물 6컵(1.2ℓ)
- ☐ 말린 표고버섯 3개
- ☐ 다시마 5×5cm 2장

1

냄비에 채소 국물 재료를 넣고 센 불에서 끓인다. 바글바글 끓어오르면 다시마를 건져내고 약한 불로 줄여 10분간 더 끓인다.

2

불린 콩과 ①의 채소 국물(1컵)을 믹서에 넣고 곱게 간 후 체에 거른다.

3

무는 껍질을 벗기고 1.5cm 두께, 사방 4cm 크기로 썰고, ①의 **표고버섯** 2개는 물기를 꼭 짠 후 밑동을 제거해 0.5cm 두께로 썬다. **청 · 홍고추**는 어슷 썬다.

4

볼에 무, 고춧가루, 구운 소금을 넣고 골고루 버무려 5분간 재운다.

5

달군 냄비에 들기름을 두르고 무와 표고버섯을 넣어 중간 불에서 1분간 볶는다.

6

⑤에 나머지 채소 국물(4컵)과 고추장을 넣고 센 불에서 끓인다. 바글바글 끓어오르면 10분간 끓인 후 ②의 콩물을 붓고 중간 불로 줄여 4분, 청 · 홍고추를 넣어 1분간 더 끓인다.

＊시판 콩물로 대체하기
콩물을 만들기 어렵다면 시중에 판매하는 콩물(1컵, 콩국수용)을 이용해도 좋아요. 시판 콩물을 사용할 때는 채소 국물 레시피에서 물 1컵을 줄여 끓이고(완성량 4컵), 과정 ②를 생략한 뒤 과정 ⑥에 콩물 1컵을 더하면 됩니다. 단, 무찌개는 콩물에 의해 맛이 크게 좌우되니 일체의 첨가물 없이 100% 콩으로 만든 콩물만을 사용하세요.

얼큰한 맛이 일품인 애호박 고추장찌개는 호박과 감자를 도톰하게 썰고
다른 찌개보다 오래 끓여 걸쭉하게 만들어야 맛이 깊고 좋아요.
구하기 쉬운 재료들로 고기 없이 만들어도 맛있는 애호박 고추장찌개는
가족들 입맛을 사로잡는 별미랍니다.

애 호 박 고 추 장 찌 개

조리시간 · 35~40분
재료 · 2인분
1인분 열량 · 256kcal

- □ 애호박 1개(280g)
- □ 감자 1과 1/2개(300g)
- □ 무 지름 10cm, 두께 0.8cm
   1토막(80g)

- □ 청고추 1/2개
- □ 홍고추 1/2개(생략 가능)
- □ 들기름 1큰술
- □ 국간장 1큰술
- □ 고춧가루 1작은술

양념
- □ 고추장 3큰술

- □ 된장 1큰술
- □ 고춧가루 1/2작은술

채소 국물(완성량 5컵, 1ℓ)
- □ 물 6컵(1.2ℓ)
- □ 말린 표고버섯 3개
- □ 다시마 5×5cm 2장

1

냄비에 채소 국물 재료를 넣고
센 불에서 끓인다. 바글바글
끓어오르면 다시마를 건져내고
약한 불로 줄여 10분간 더 끓인다.

2

애호박은 5cm 길이로 썬 후
4등분하고, **감자**는 반으로 자른 후
6등분한다. **무**는 사방 3cm 크기로
썬다.

3

①의 표고버섯 1개는 물기를 꼭 짠
후 밑동을 제거해 0.5cm 두께로
썰고, 청 · 홍고추는 어슷 썬다.

4

볼에 ①의 채소 국물(5컵)과 양념
재료를 넣고 골고루 섞는다.

5

달군 팬에 들기름을 두르고 감자,
무, 표고버섯, 국간장, 고춧가루를
넣고 중간 불에서 2분 30초간
볶는다.

6

⑤에 ④를 붓고 센 불에서 끓인다.
바글바글 끓어오르면 8분간
끓이다가 애호박을 넣어 8분간
끓인 후 청 · 홍고추를 넣어 1분간
더 끓인다.

매일 먹어도 질리지 않는 된장찌개는 고향과 어머니를 떠올리게 만드는
최고의 발효 음식이에요. 채소 국물 대신 쌀뜨물을 이용하면 맛이 구수하고 부드러운
된장찌개를 만들 수 있으니 기호에 따라 선택하세요.

된장찌개

조리시간 · 25~30분
재료 · 2인분
1인분 열량 · 185kcal
- ☐ 두부(찌개용, 큰 팩) 1/2모(150g)
- ☐ 표고버섯 2개(50g)
- ☐ 무 지름 10cm, 두께 0.8cm
  1토막(80g)

- ☐ 감자 1/2개(100g)
- ☐ 애호박 1/3개(90g)
- ☐ 청고추 1개
- ☐ 홍고추 1/2개(생략 가능)
- ☐ 된장 3과 1/2큰술
- ☐ 고춧가루 1/2작은술

채소 국물(완성량 4컵, 800㎖)
- ☐ 물 5컵(1ℓ)
- ☐ 말린 표고버섯 3개
- ☐ 다시마 5×5cm 2장

1

냄비에 채소 국물 재료를 넣고
센 불에서 끓인다. 바글바글
끓어오르면 다시마를 건져내고
약한 불로 줄여 10분간 더 끓인다.

2

두부는 사방 1cm 크기로 썰고,
표고버섯은 밑동을 제거해
사방 2cm 크기로 썬다.

3

감자, 애호박, 무는 열십(+)자로
썬 뒤 0.5cm 두께로 썰고,
청 · 홍고추는 송송 썬다.

4

냄비에 ①의 채소 국물(4컵)을
붓고 센 불에서 끓인다.
바글바글 끓어오르면 무, 감자를
넣고 4분간 끓인다.

5

④에 된장을 풀고 애호박을
넣은 후 센 불에서 1분간 바글바글
끓인다.

6

⑤에 두부, 표고버섯, 청 · 홍고추,
고춧가루를 넣고 중간 불로 줄여
3분간 끓인다. ★ 간이 싱거우면
된장을 조금 더 넣는다.

✻ 찌개용 쌀뜨물 만들기
쌀에 찬물을 부어 손으로 원을
그리듯 휘저은 후 재빨리
따라 버리세요. 찬물을 새로
받아 손으로 주물러 씻고,
찬물을 갈아 한 번 더 주물러
씻으세요. 세 번째 물부터는
따로 받아 찌개를 만들 때
사용하면 좋아요.

우엉탕

따뜻하고 얼큰한 국·찌개·탕

270

콩비지탕

우엉탕

독특한 향과 아삭한 식감이 일품인 우엉은 식이섬유와 항산화 물질인 사포닌이
풍부하여 장 건강과 변비 예방, 항암 효과가 뛰어난 웰빙 식품이에요.
우엉을 듬뿍 넣은 우엉탕은 건강한 상차림에 잘 어울리는 메뉴랍니다.

조리시간 · 30~40분
재료 · 2인분
1인분 열량 · 316kcal

- □ 우엉 지름 2cm,
  길이 10cm 10토막(250g)
- □ 두부(부침용, 큰 팩)
  1/2모(150g)

- □ 소금 약간(두부 절임용)
- □ 무 지름 10cm,
  두께 0.5cm 1토막(50g)
- □ 애호박 1/4개(70g)
- □ 청고추 1/2개
- □ 식용유 1큰술
- □ 국간장 1과 1/2큰술

- □ 들기름 1큰술
- □ 들깻가루 3큰술

채소 국물(완성량 5컵, 1ℓ)
- □ 물 6컵(1.2ℓ)
- □ 말린 표고버섯 3개
- □ 다시마 5×5cm 2장

1

냄비에 채소 국물 재료를 넣고
센 불에서 끓인다. 바글바글
끓어오르면 다시마를 건져내고
약한 불로 줄여 10분간 더 끓인다.

2

우엉은 칼등으로 긁어 껍질을
벗기고 식촛간(물 2컵 + 식초
1작은술)에 5분간 담가둔 후 체에
밭쳐 물기를 뺀다.

3

두부는 1×2×3cm 크기로 썬 후
키친타월에 올리고 앞뒤로 소금을
뿌려 10분간 절인 뒤 물기를
제거한다. 달군 팬에 식용유를
두르고 두부를 올려 중간 불에서
앞뒤로 2분 30초씩 노릇하게
굽는다.

4

무는 1cm 두께, 사방 2cm 크기로
썰고, **애호박**은 열십(+)자로
4등분한 후 1cm 두께로 썬다.
①의 **표고버섯** 3개는 물기를
짠 후 밑동을 제거해 4등분하고,
청고추와 **우엉**은 0.5cm 두께로
어슷 썬다.

5

볼에 우엉, 무, 표고버섯, 국간장을
넣고 조물조물 무친 후 5분간
재운다.

6

달군 냄비에 들기름을 두르고
⑤를 넣은 후 센 불에서 3분간
볶는다.

7

⑥에 ①의 채소 국물(5컵),
들깻가루를 넣고 센 불에서
끓인다. 바글바글 끓어오르면
3분간 끓인 후 애호박, 두부,
청고추를 넣고 2분 더 끓인다.
중간에 거품을 걷어낸다.

콩비지를 넣어 국물이 담백하고 구수하며, 고춧가루와 김치로 매콤한 맛을 낸
콩비지탕이에요. 콩을 직접 갈아 만들어 맛과 영양이 더욱 좋을 뿐 아니라 콩비지의
섬유질이 소화를 촉진해 먹고 난 후에도 속이 편하답니다.

콩비지탕

조리시간 • 25~30분
(+ 콩 불리기 6시간)
재료 • 2인분
1인분 열량 • 324kcal

- □ 콩(백태) 2컵(280g)
- □ 배추김치 1컵(150g)
- □ 청고추 1/2개

- □ 홍고추 1/2개
- □ 들기름 1큰술
- □ 김칫국물 3큰술
- □ 고춧가루 1/2큰술
- □ 구운 소금(또는 죽염) 1작은술
  (기호에 따라 가감)

채소 국물(완성량 4컵, 800㎖)
- □ 물 5컵(1ℓ)
- □ 말린 표고버섯 2개
- □ 다시마 5×5cm 1장

1

콩은 깨끗이 씻고 물(5컵)에 담가
6시간 이상 충분히 불린 후 체에
밭쳐 물기를 뺀다.

2

냄비에 채소 국물 재료를 넣고
센 불에서 끓인다. 바글바글
끓어오르면 다시마를 건져내고
약한 불로 줄여 10분간 더 끓인다.

3

불린 콩과 ②의 채소 국물(1컵)을
믹서에 넣고 곱게 간 후 체에
거른다.

4

배추김치는 소를 털어내고 사방
2cm 크기로 썬다. 청·홍고추는
어슷 썬다.

5

달군 냄비에 들기름을 두르고
배추김치를 넣고 중간 불에서
2분간 볶는다.

6

⑤에 ③의 콩물과 나머지 채소
국물(3컵), 김칫국물, 청·홍고추를
넣고 센 불에서 끓인다. 바글바글
끓어오르면 약한 불로 줄인 후
주걱으로 잘 저어가며 2분간
끓이다가 고춧가루, 구운 소금을
넣고 2분간 더 끓인다.

＊시판 콩비지로 탕 끓이기
콩물을 만들기 어렵다면
시중에 판매하는 콩비지
300g을 준비하여 과정 ①,
③을 생략한 후, 과정 ⑥에서
콩물 대신 넣으세요.

김치 청국장

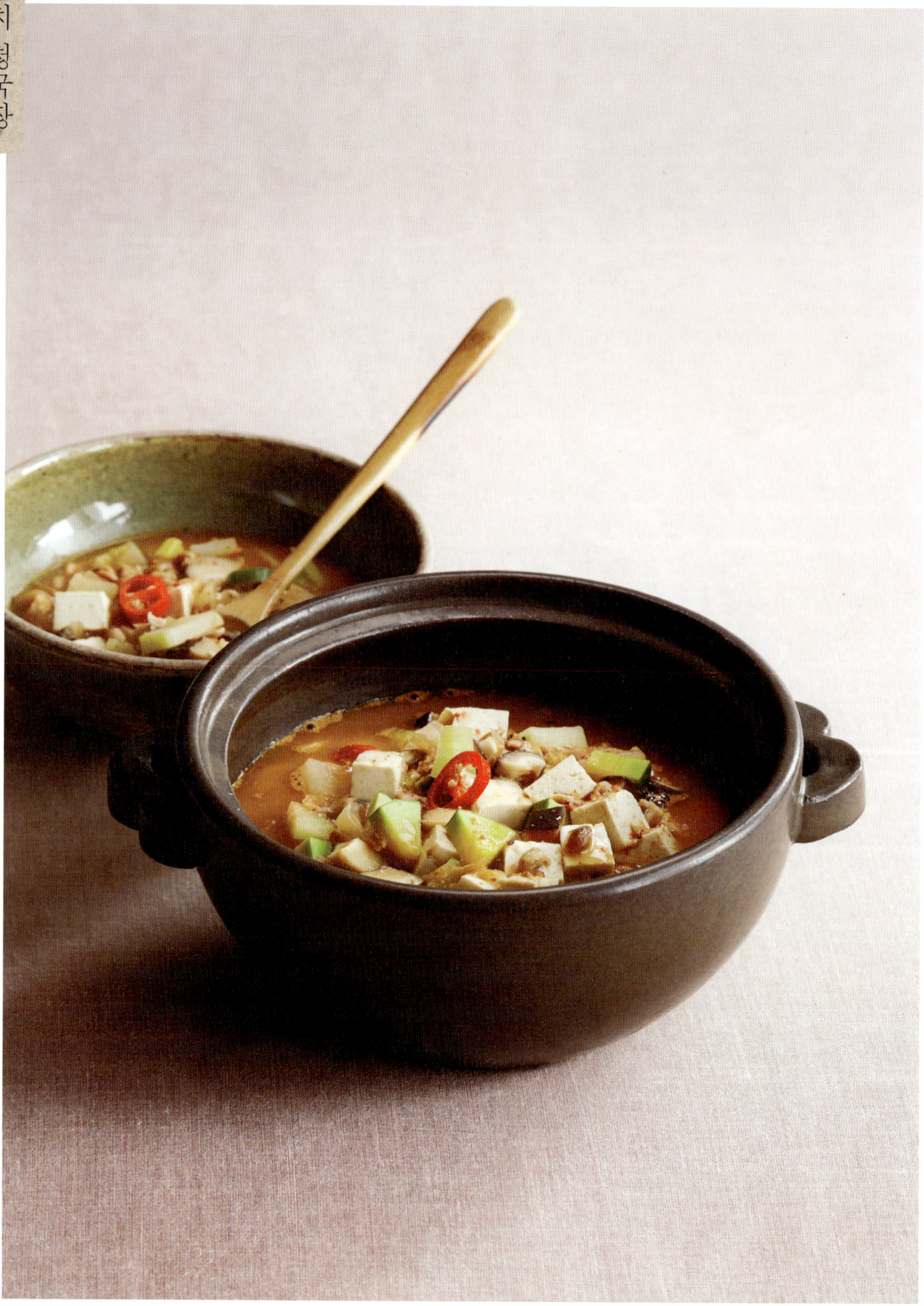

매콤하고 구수한 맛으로 밥도둑이 따로 없는 김치 청국장이에요. 채소 국물 대신
쌀뜨물을 이용해도 맛이 구수하고 좋아요. 청국장은 오래 끓이면 발효균이 죽고
구수한 맛이 적어지니 마지막에 넣고 살짝 끓이세요. ★ 쌀뜨물 만들기 269쪽 참고

김치 청국장

조리시간 · 25~30분
재료 · 2인분
1인분 열량 · 238kcal

- □ 무 지름 10cm,
    두께 0.5cm 1토막(50g)
- □ 애호박 1/3개(70g)

- □ 청고추 1/2개(생략 가능)
- □ 홍고추 1/2개(생략 가능)
- □ 두부(찌개용, 작은 팩) 1/2모
    (100g)
- □ 표고버섯 2개(50g)
- □ 잘 익은 배추김치 2/3컵(100g)

- □ 들기름 1큰술
- □ 청국장 8큰술(120g)

채소 국물(완성량 3컵, 600㎖)
- □ 물 4컵(800㎖)
- □ 말린 표고버섯 2개
- □ 다시마 5×5cm 1장

1

냄비에 채소 국물 재료를 넣고
센 불에서 끓인다. 바글바글
끓어오르면 다시마를 건져내고
약한 불로 줄여 10분간 더 끓인다.

2

무는 0.5cm 두께로 썬 후 사방
1cm 크기로 썰고, **애호박**은
0.5cm 두께로 썬 후 4등분한다.
청 · 홍고추는 송송 썬다.

3

두부는 사방 1cm 크기로 썰고,
표고버섯은 밑동을 제거해
사방 1cm 크기로 썬다.
배추김치는 소를 털어내고 사방
1cm 크기로 썬다.

4

달군 냄비에 들기름을 두르고
무와 배추김치를 넣어
중간 불에서 2분간 볶는다.

5

④의 냄비에 ①의 채소 국물(3컵)을
넣고 끓인다. 바글바글 끓어오르면
애호박, 두부, 표고버섯을 넣어
2분간 더 끓인다.

6

⑤의 냄비에 청국장을 풀고
청 · 홍고추를 넣은 후 1분간 더
끓인다.

채개장은 육개장에 고기 대신 버섯과 채소를 듬뿍 넣어 사찰식으로 만든
음식입니다. 채소 국물로 만들어 고기가 들어가지 않아도 국물이 진하고 담백해요.
칼칼한 채개장에는 수제비 반죽을 넣어 먹어도 별미랍니다.

조리시간 · 30~35분
재료 · 2인분
1인분 열량 · 124kcal

☐ 토란대 80g
☐ 표고버섯 2개(50g)
☐ 느타리버섯 1줌(50g)
☐ 무 지름 10cm, 두께 1cm
　 1토막(100g)

☐ 미나리 25줄기(50g)
☐ 삶은 고사리 50g
　 ★ 말린 고사리 손질 20쪽 참고
☐ 숙주 1줌(50g)
☐ 고춧가루 2큰술
☐ 국간장 1과 1/2큰술
☐ 들기름 1큰술
☐ 구운 소금(또는 죽염) 1/2작은술

（기호에 따라 가감）
☐ 후춧가루 약간

채소 국물(완성량 6컵, 1.2ℓ)
☐ 물 7컵(1.4ℓ)
☐ 말린 표고버섯 3개
☐ 다시마 5×5cm 3장

1

냄비에 채소 국물 재료를 넣고
센 불에서 끓인다. 바글바글
끓어오르면 다시마를 건져내고
약한 불로 줄여 10분간 더 끓인다.

2

냄비에 쌀뜨물(3컵)과 소금 약간을
넣고 끓어오르면 토란대를 넣어
1분간 삶는다. 찬물에 헹궈 물기를
꼭 짠 후 5cm 길이로 썬다.
★ 쌀뜨물 만들기 269쪽 참고

3

버섯은 모두 밑동을 제거한 다음
표고버섯은 0.5cm 두께로 썰고,
느타리버섯은 가닥가닥 뜯는다.
무는 사방 3cm 크기로 썰고,
미나리와 **삶은 고사리, 토란대**는
5cm 길이로 썬다. **숙주**는 씻은 후
체에 밭쳐 물기를 뺀다.

4

큰 볼에 무, 토란대, 삶은 고사리,
표고버섯, 느타리버섯, 고춧가루,
국간장을 넣고 조물조물 무친다.

5

달군 냄비에 들기름을 두르고
④를 넣어 중간 불에서 2분간
볶는다.

6

⑤의 냄비에 ①의 채소 국물
(6컵)을 붓고 센 불에서 끓인다.
바글바글 끓어오르면 6분간
끓인 후 구운 소금, 후춧가루를
넣고 2분, 미나리, 숙주를 넣고
1분간 더 끓인다.

**＊ 수제비 반죽을 더해
푸짐하게 만들기**
볼에 밀가루 1컵, 찬물
1/3컵(75㎖), 소금 1/4작은술을
넣고 잘 치대어 반죽한 후
위생팩에 넣고 냉장실에서
15분간 숙성시켜요. 과정
⑥에서 채소 국물을 붓고
바글바글 끓어오를 때
수제비 반죽을 얇게 펴
한입 크기로 뜯어 넣으면 더욱
푸짐하게 즐길 수 있답니다.

들깨 버섯탕

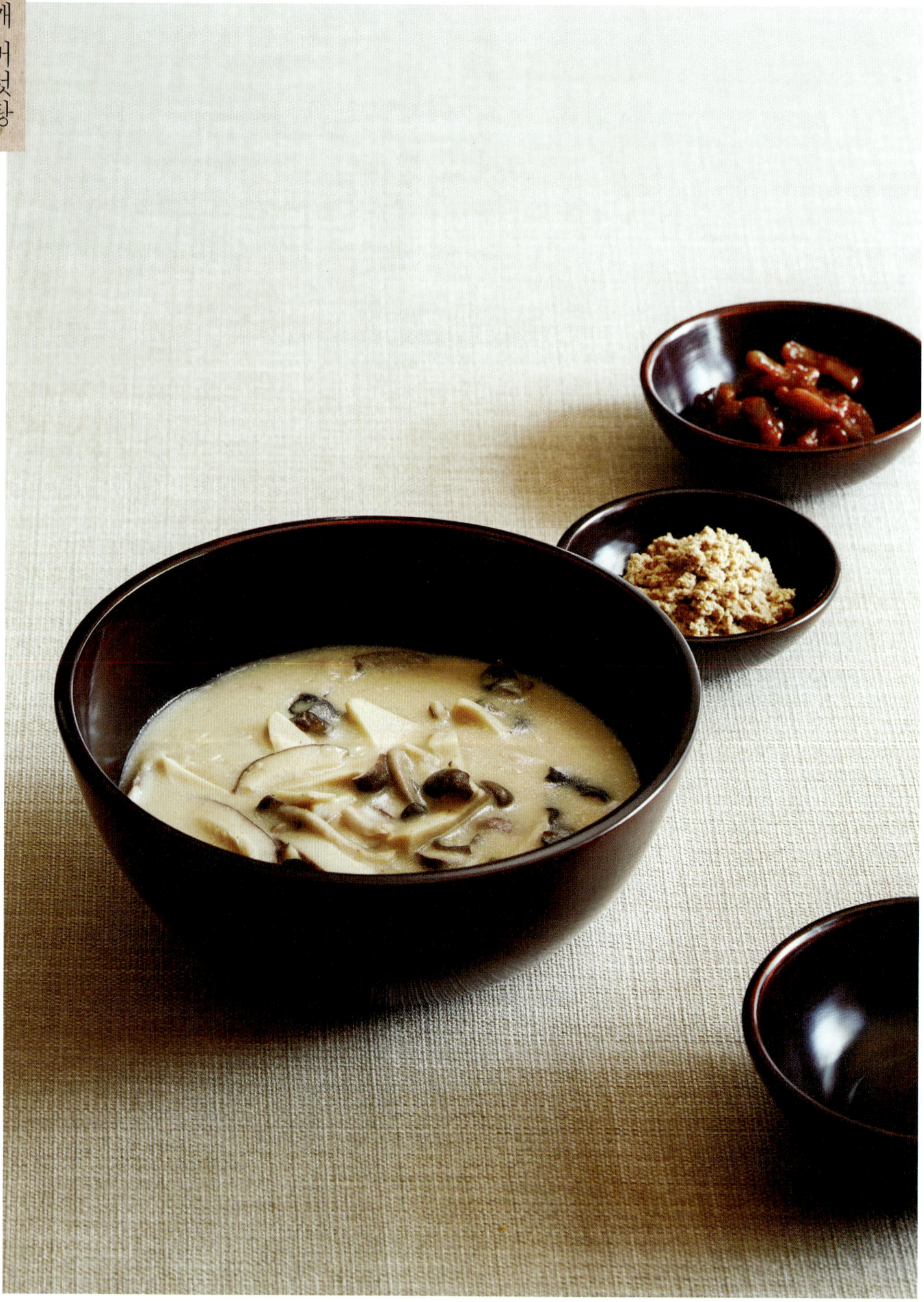

통들깨의 고소함과 버섯의 영양분이 가득 들어간 들깨 버섯탕입니다.
들깨의 식물성 지방은 혈관의 노화를 방지하고, 불포화 지방산은 성인병 예방에도
도움을 준답니다. 쌀가루 물로 농도를 맞추어 맛이 더 깔끔하고 담백해요.
단, 쌀가루 농도가 너무 되직하면 잘 풀어지지 않으니 주의하세요.

들깨 버섯탕

조리시간 · 25~30분
재료 · 2인분
1인분 열량 · 356kcal

- ☐ 표고버섯 3개(75g)
- ☐ 새송이버섯 1개(80g)
- ☐ 애느타리버섯 1과 1/2줌(80g)

- ☐ 말린 목이버섯 3개
  (3g, 불린 후 30g)
- ☐ 쌀가루 3큰술
- ☐ 통들깨(또는 들깻가루)
  1컵(100g)
- ☐ 들기름 1큰술

- ☐ 국간장 2큰술

채소 국물(완성량 6컵, 1.2ℓ)
- ☐ 물 7컵(1.4ℓ)
- ☐ 말린 표고버섯 3개
- ☐ 다시마 5×5cm 3장

1

냄비에 채소 국물 재료를 넣고
센 불에서 끓인다. 바글바글
끓어오르면 다시마를 건져내고
약한 불로 줄여 10분간 더 끓인다.

2

버섯은 모두 밑동을 제거한 다음
표고버섯은 0.5cm 두께로 썰고,
새송이버섯은 4등분한 후 0.5cm
두께로 썬다. **애느타리버섯**은
가닥가닥 뜯고, **말린 목이버섯**은
미지근한 물에 20분간 불려 씻은
후 한입 크기로 뜯는다.

3

볼에 쌀가루와 ①의 채소
국물(1/4컵)을 섞어 쌀가루 물을
만든다. 통들깨는 깨끗이 씻은 후
체에 밭쳐 물기를 뺀다.
통들깨와 ①의 채소 국물(2컵)을
믹서에 넣고 곱게 간다.

4

달군 냄비에 들기름을 두르고
표고버섯, 새송이버섯,
애느타리버섯, 목이버섯을 넣고
센 불에서 1분간 볶는다.

5

④에 ③의 통들깨 물, 나머지 채소
국물(3과 3/4컵)을 넣고 센 불에서
바글바글 끓어오르면 1분간
끓인 후 국간장을 넣고 2분간 더
끓인다.

6

⑤에 ③의 쌀가루 물을 넣고
주걱으로 저어가며 1분간 끓인다.
중간에 거품을 걷어낸다.

＊ 통들깨와 들깻가루
통들깨는 들깨의 겉껍질을
벗기지 않은 것으로 통들깨를
갈아서 탕을 끓이면 들깨의
맛과 향이 더욱 진하게
우러난답니다. 들깻가루는
들깨를 볶은 후 곱게 간
것으로 통들깨가 없을 경우
들깻가루로 대체해도 좋으나
풍미는 조금 줄어들 수 있어요.
통들깨와 들깻가루는 밀폐
용기에 넣어 직사광선이
들지 않는 서늘한 곳에 보관
하고, 장기 보관 시에는 냉동
보관하세요.

담백하고 구수한 맛이 일품인 채소 누룽지탕입니다. 누룽지를 넣고 너무 오래 끓이면
누룽지가 풀어지니 주의하세요. 제철 나물을 넣으면 더 신선한 맛을 느낄 수 있어요.
누룽지를 바삭하게 즐기고 싶다면 탕을 먼저 끓인 뒤 따로 담아 찍어 드세요.

조리시간 · 25~30분
재료 · 2인분
1인분 열량 · 215kcal

☐ 누룽지 100g
☐ 애호박 1/14개(20g)
☐ 감자 1/6개(30g)

☐ 표고버섯 1개(25g)
☐ 청고추 1/2개(생략 가능)
☐ 홍고추 1/2개(생략 가능)
☐ 구운 소금(또는 죽염)
　 1/2작은술(기호에 따라 가감)

채소 국물(완성량 5컵, 1ℓ)
☐ 물 6컵(1.2ℓ)
☐ 말린 표고버섯 3개
☐ 다시마 5×5cm 2장

1

냄비에 채소 국물 재료를 넣고
센 불에서 끓인다. 바글바글
끓어오르면 다시마를 건져내고
약한 불로 줄여 10분간 더 끓인다.

2

애호박은 2등분한 후 0.5cm
두께로 썬다. 감자는 필러로
껍질을 벗기고 열십(+)자로
4등분한 후 0.5cm 두께로 썬다.

3

표고버섯은 밑동을 제거해
0.5cm 두께로 썰고, 청 · 홍고추는
어슷 썬다.

4

누룽지는 먹기 좋은 크기로
부순다.

5

냄비에 ①의 채소 국물(5컵)을
붓고 센 불에 올려 끓인다.
바글바글 끓어오르면 감자를 넣어
중간 불에서 2분간 끓인다.

6

⑤에 누룽지를 넣고 1분, 애호박,
표고버섯을 넣어 2분간 끓인다.
청 · 홍고추를 넣고 1분 더 끓인 후
구운 소금으로 간하고 불을 끈다.

＊누룽지 만들기
밥(또는 찹쌀밥 1공기, 200g)에
물(2큰술)을 넣고 숟가락으로
살살 섞은 후 약한 불로
달군 팬에 올리세요.
숟가락의 뒷면에 물을 묻혀
0.7cm 두께로 고루 편 후
약한 불에서 앞뒤로 13분씩
구우면 누룽지를 만들 수
있어요. 누룽지는 체에 올려
식힌 후 지퍼백에 담아 냉동
보관하세요.

우리나라 대표 궁중 음식인 신선로는 갖가지 재료들이 잘 어우러지게 끓인 후
함께 나누어 먹으며 각기 다른 생각이나 의견을 화합하는 음식이라고 해요.
두부전골은 신선로를 가정식으로 만든 레시피랍니다.

두부전골

조리시간 • 40~45분
재료 • 3~4인분
1인분 열량 • 331kcal

- ☐ 두부(부침용, 큰 팩)
  1모(300g)
- ☐ 소금 약간(두부 절임용)
- ☐ 시금치 1줌(50g)
- ☐ 쑥갓 1/2줌(20g)
- ☐ 불린 당면(30분간 불린 것)
  1/2줌(50g)

- ☐ 표고버섯 2개(50g)
- ☐ 새송이버섯 1/2개(40g)
- ☐ 애느타리버섯 2줌(100g)
- ☐ 무 지름 10cm,
  두께 0.5cm 1토막(50g)
- ☐ 당근 1/10개(20g)
- ☐ 청·홍고추 약간씩(생략 가능)
- ☐ 밀가루 2큰술
- ☐ 부침용 기름(식용유 1큰술
  + 들기름 1작은술)

- ☐ 들기름 1/2큰술(무 볶는용)
- ☐ 국간장 1큰술
- ☐ 구운 소금(또는 죽염) 1작은술
  (기호에 따라 가감)

채소 국물(완성량 5컵, 1ℓ)
- ☐ 물 6컵(1.2ℓ)
- ☐ 말린 표고버섯 3개
- ☐ 다시마 5×5cm 2장

1

냄비에 채소 국물 재료를 넣고
센 불에서 끓인다. 바글바글
끓어오르면 다시마를 건져내고
약한 불로 줄여 10분간 더 끓인다.

2

두부는 3×5×1.5cm 크기로 썬 후
키친타월에 올려 앞뒤로 소금을
뿌려 10분간 절인다. **시금치와**
쑥갓은 깨끗이 씻은 후 체에 밭쳐
물기를 빼고, **불린 당면**은 15cm
길이로 썬다.

3

버섯은 모두 밑동을 제거한 후
표고버섯은 0.5cm 두께로 썰고,
새송이버섯은 4등분한 후
0.5cm 두께로 썬다.
애느타리버섯은 가닥가닥 뜯는다.

4

무는 0.5cm 두께로 썬 후
사방 4cm 크기로 썰고,
당근은 0.5cm 두께로 편 썬다.
청·홍고추는 어슷 썬다.

5

위생팩에 두부와 밀가루를 넣고
흔들어 골고루 묻힌다.
달군 팬에 부침용 기름을 두르고
두부를 올려 중간 불에서 앞뒤로
2분 30초씩 노릇하게 굽는다.

6

달군 냄비에 들기름을 두르고
무와 국간장을 넣어 센 불에서
1분간 볶는다.

7

⑥에 채소 국물(5컵)을 붓고
센 불에서 끓인다. 바글바글
끓어오르면 2분간 끓이다가,
두부를 넣고 1분, ③의 버섯, 당근,
청·홍고추, 당면, 시금치,
구운 소금을 넣고 1분간 더 끓인
후 불을 끄고 쑥갓을 올린다.

영양이 가득한

건강 주전부리

자투리 채소와 과일, 견과류와 뿌리채소 등 몸에 좋은 재료들로 쉽고 맛있게 만드는
주전부리는 만드는 재미와 보는 즐거움, 맛까지 겸비한 영양 간식이랍니다. 식후 디저트로
좋은 음료, 떡과 찐빵까지 남녀노소 모두의 입맛을 사로잡는 건강한 맛이 가득해요.

전통 튀김 요리인 부각은 찹쌀풀을 발라 바싹 말린 채소를 기름에 튀긴 주전부리로 기름지지 않고 담백할 뿐만 아니라 바삭바삭하고 고소하답니다. 집에 남아 있는 자투리 채소들로 만들어 아이들 간식이나 식후 디저트로 이용하면 좋아요.

다시마부각
깻잎·감자·

조리시간 · 약 10시간
(+ 감자 말리기 1~2일)
재료 · 2인분
1인분 열량 · 208kcal

- □ 감자 1개(200g)
- □ 깻잎 10장(20g)
- □ 다시마 5×5cm 10장
- □ 찹쌀 2큰술(장식용, 생략 가능)
- □ 식용유 3컵(600㎖)
- □ 구운 소금(또는 죽염) 약간

찹쌀풀
- □ 찹쌀가루 1/4컵
- □ 물 1/2컵(100㎖)
- □ 소금 1/4작은술

1

감자는 필러로 껍질을 벗기고 0.2cm 두께로 편 썬 후 찬물에 1시간 정도 담가 전분기를 제거한다. **깻잎**은 흐르는 물에 헹군 후 체에 밭쳐 물기를 빼고, **다시마**는 마른 행주로 닦는다.

2

찹쌀은 흐르는 물에 씻은 후 물(1컵)에 담가 30분간 불린다. 김이 오른 찜기에 젖은 면보를 깔고 찹쌀을 올려 15분간 찐다.
★ 다시마 부각의 장식용으로 사용할 찹쌀이므로 생략 가능하다.

3

냄비에 찹쌀가루와 물(1/2컵)을 넣고 잘 풀어준다. 센 불에서 바닥이 눌어붙지 않도록 1분간 주걱으로 저어가며 떠먹는 요구르트 농도가 되도록 끓인 후 소금을 넣는다.

4

다시마의 중앙에 ③의 찹쌀풀을 바르고 그 위에 ②의 찐 찹쌀밥을 묻힌다. 깻잎은 앞면에만 찹쌀풀을 바른다. 다시마와 깻잎을 채반에 올려 햇볕이 잘 드는 곳에서 6~8시간 정도 말린다.

5

끓는 소금물(물 6컵 + 소금 1작은술)에 감자를 넣어 2분간 데친 후 채반에 감자를 펼쳐 올려 1~2일간 바싹 말린다.

6

냄비에 식용유를 붓고 180℃(찹쌀밥을 떨어뜨렸을 때 바로 떠오르는 정도)로 달군다. 감자, 깻잎, 다시마를 각각 10초간 튀긴 후 모두 키친타월에 올려 기름기를 제거한다. 감자 부각에는 구운 소금을 뿌린다.

＊ 주의하세요!
감자는 소금물에 살짝 데쳐야 갈변되지 않아요. 또한 충분히 말린 후 튀겨야 맛이 담백해요.

과일칩

과일에 설탕 시럽을 바른 후 낮은 온도에서 은근히 말려 과일칩을 만들어보세요.
달콤한 맛과 은은한 과일 향, 바삭한 식감의 과일칩은 식후 디저트나 케이크, 요리의
장식으로 이용해도 좋아요.

조리시간 · 25~30분
(+ 오븐에 굽기 3시간)
재료 · 2~3인분
1인분 열량 · 335kcal

□ 사과 1개(200g)
□ 오렌지 1개(300g)
□ 키위 1개(100g)

설탕 시럽
□ 설탕 10큰술
□ 물 10큰술

1

냄비에 설탕 시럽 재료를 넣고
센 불에서 바글바글 끓어오르면
2분간 끓인다. 설탕을 녹여 시럽을
만든 후 차갑게 식힌다. ★ 설탕
시럽을 만들 때 주걱으로 젓지
않고 녹여야 덩어리지지 않는다.

2

키위는 껍질을 벗긴 후 0.3cm
두께로 썰고, 사과와 오렌지는
깨끗이 씻은 후 껍질째 0.3cm
두께로 썬다. ★ 과정 ⑤의 오븐을
75℃로 예열한다.

3

과일의 앞뒷면에 요리용 붓으로
설탕 시럽을 바른다.

4

오븐 팬 위에 실리콘 패드를 깔고
시럽을 묻힌 과일을 올린다.
★ 실리콘 패드는 온 · 오프라인
제과 재료 전문점에서 구입
가능하며 세척하여 사용해
반영구적으로 사용가능하다.

5

75℃로 예열한 오븐의 가운데
칸에서 1시간 30분 동안 구운 후
뒤집어서 1시간 30분 더 굽는다.

＊다양한 과일칩 만들기
딸기, 금귤, 배 등으로도
과일칩을 만들 수 있어요.
과일을 깨끗이 씻은 후
껍질째 0.3cm 두께로 썰고
설탕 시럽을 발라 오븐에서
구우세요.

＊남은 과일칩 보관하기
과일칩은 밀폐 용기에
키친타월을 깔고 그 위에
담아 실온에서 일주일간
보관이 가능해요.

밤맛탕⑤
단호박란②·당근란③·율란④
키위양갱①

①
②
③
④
⑤

289

단호박란 ● 당근란 ●

호박, 당근을 쩌고 달콤하게 조린 후 각각의 모양대로 귀엽게 빚어 만들었어요.
만드는 재미와 보는 즐거움, 맛까지 겸비한 인기 만점 주전부리랍니다.

단호박란
조리시간 · 30~35분
재료 · 2인분
1인분 열량 · 125kcal

☐ 단호박 1/3개(300g)
☐ 설탕 1큰술

☐ 물엿 1작은술
☐ 구운 소금(또는 죽염) 약간
☐ 해바라기씨 약간(장식용)
☐ 민트 잎 약간(장식용)

당근란
조리시간 · 30~35분

재료 · 2인분
1인분 열량 · 77kcal

☐ 당근 1과 1/2개(300g)
☐ 설탕 1큰술   ☐ 물엿 1작은술
☐ 구운 소금(또는 죽염) 약간
☐ 파슬리 약간(장식용)

1
단호박은 껍질을 벗겨 씨를 파낸 후 2cm 두께로 썰고, 당근은 필러로 껍질을 벗겨 1.5cm 두께로 썬다. 김이 오른 찜기에 젖은 면보를 깔고 단호박을 올려 뚜껑을 덮은 채 센 불에서 10분간 찌고, 당근을 올려 15분간 찐다.

2
단호박을 으깬 후 설탕, 물엿, 구운 소금을 넣고 골고루 섞는다. 달군 냄비에 넣고 주걱으로 저어가며 중간 불에서 5~8분간 매끄러운 덩어리가 될 때까지 조린다. 당근도 같은 방법으로 조린다.

3
단호박 반죽을 10등분한 후 지름 1.5cm 크기로 동그랗게 빚는다. 꼬치나 이쑤시개로 6개의 줄을 새겨 호박 모양을 만들고 해바라기씨와 민트 잎을 올려 장식한다. 당근 반죽도 10등분한 후 길쭉한 당근 모양으로 만들어 파슬리로 장식한다.

율란

고소한 밤에 꿀을 넣고 달콤하게 반죽한 후 밤 모양으로 빚어 율란을 만들었어요.
계핏가루의 은은한 향과 밤의 달콤함이 잘 어울린답니다.

율란
조리시간 · 35~40분
재료 · 2인분
1인분 열량 · 105kcal

☐ 깐 밤 10개(100g)
☐ 꿀 1큰술
☐ 구운 소금(또는 죽염) 약간
☐ 계핏가루 1작은술

1
김이 오른 찜기에 젖은 면보를 깔고 깐 밤을 넣어 뚜껑을 덮은 채 센 불에서 25분간 찐다.

2
익힌 밤은 뜨거울 때 체에 내려 으깬다. 볼에 밤, 꿀, 구운 소금을 넣고 반죽해 한 덩어리로 만든다.

3
반죽을 10등분해 밤 모양으로 빚은 후 끝 부분에 계핏가루를 살짝 묻혀 장식한다.

새콤한 키위에 한천을 넣어 부드럽게 만든 양갱입니다. 모양 틀이 없다면
사각 용기에 평평하게 부어 굳힌 후 한입 크기로 잘라 드세요.

조리시간 · 20~25분 (+ 양갱 굳히기 20분) 재료 · 3~4인분 1인분 열량 · 153kcal	☐ 키위 3개(300g) ☐ 시판 흰 팥앙금 6과 1/2큰술(100g) ☐ 한천가루 1큰술(5g)	☐ 물 1/2컵(100㎖) ☐ 설탕 1/2컵(75g) ☐ 구운 소금(또는 죽염) 약간

1

볼에 한천가루와 물(1/2컵)을 넣고 10분간 불린다. 키위는 껍질을 벗긴 후 믹서에 넣어 곱게 간다.

2

냄비에 키위, 불린 한천, 설탕, 구운 소금을 넣고 골고루 섞는다. 주걱으로 계속 저어가면서 약한 불에서 5분간 끓인 후 흰 팥앙금을 넣고 8분 더 끓인다.

3

모양이 있는 얼음 틀이나 양갱 틀을 물에 헹군 뒤 물기가 살짝 남아 있는 상태에서 ②를 붓는다. 냉장실에서 20분간 굳힌 후 틀에서 꺼낸다.

밤을 달콤하게 즐길 수 있는 밤맛탕은 아이들이 특히 좋아하는 주전부리입니다.
밤을 타지 않게 노릇노릇 튀겨 소스에 재빠르게 묻히는 것이 중요해요.

조리시간 · 20~25분 재료 · 2인분 1인분 열량 · 229kcal	☐ 깐 밤 10개(100g) ☐ 식용유 2컵(400㎖)	맛탕 소스 ☐ 황설탕 3큰술 ☐ 물 3큰술 ☐ 물엿 2큰술

1

밤은 물에 10분간 담가 전분기를 뺀 뒤 키친타월로 물기를 닦는다.

2

냄비에 식용유를 붓고 180℃ (밤 1개를 넣었을 때 잔 기포가 많이 생기는 정도)로 달군다. 밤을 넣어 2분 30초~3분간 노릇하게 튀긴 후 체에 밭쳐 기름기를 뺀다.

3

팬에 맛탕 소스를 넣고 센 불에서 바글바글 끓기 시작하면 30초간 끓인다. 밤을 넣고 중간 불에서 재빠르게 30초간 볶은 후 접시에 담아 넓게 펼쳐 식힌다.

참깨강정
호두강정

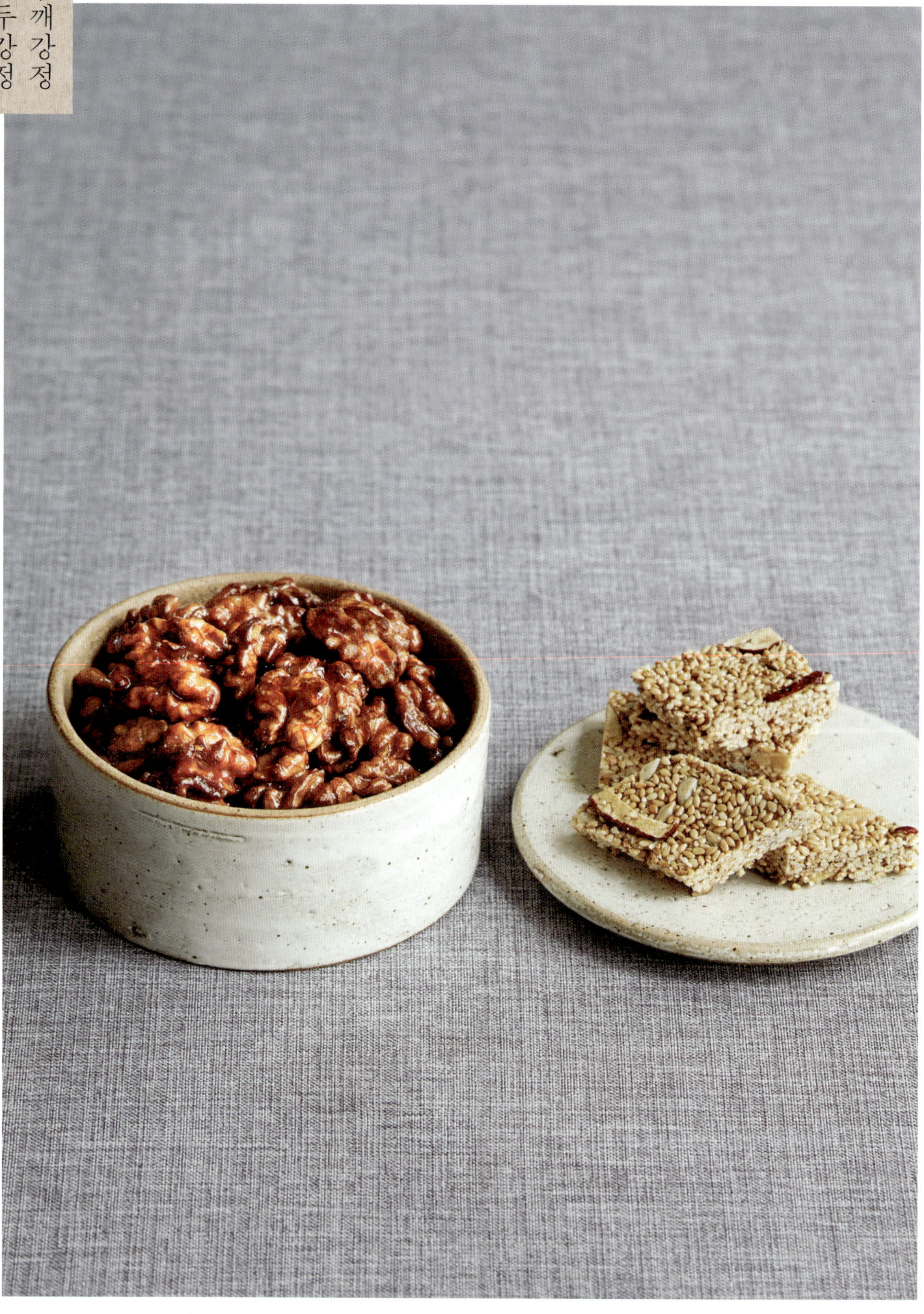

호두를 설탕 시럽에 조린 후 바삭하게 튀긴 호두강정은 온 가족 간식으로 좋아요.
조릴 때 생강즙 1/2작은술을 첨가하면 맛이 더 개운해진답니다.

조리시간 · 25~30분
재료 · 2~3인분
1인분 열량 · 419kcal

- □ 호두 1컵(70g)
- □ 설탕 1/2컵
- □ 물 1/2컵(100㎖)
- □ 물엿 1/2컵
- □ 식용유 2컵(400㎖)

1

호두를 깨끗하게 씻어 끓는 물(3컵)에 넣고 5분간 삶은 후 체에 밭쳐 물기를 뺀다.

2

냄비에 설탕, 물(1/2컵), 물엿을 넣고 중간 불에서 설탕이 녹아 투명해질 때까지 젓지 않고 3분간 그대로 녹인다. 호두를 넣고 약한 불로 줄여 3분간 저어가며 조린 후 체에 밭쳐 시럽을 거른다.

3

냄비에 식용유를 붓고 180℃ (호두 1개를 넣었을 때 잔 기포가 많이 생기는 정도)로 달군다. 호두를 넣고 1분간 튀긴 후 체에 밭쳐 기름기를 빼고 접시에 넓게 펼쳐 식힌다.

참깨의 고소한 향을 느낄 수 있는 참깨강정은 어른들이 특히 좋아하는 주전부리예요.
완전히 굳기 전에 잘라야 부서지지 않아요.

조리시간 · 25~30분
재료 · 2~3인분
1인분 열량 · 334kcal
- □ 통깨 1과 1/2컵(120g)

- □ 대추 1개(생략 가능)
- □ 잣 1/2큰술(생략 가능)
- □ 해바라기씨(또는 다진 견과류) 1큰술

- □ 설탕 2큰술
- □ 물 1큰술
- □ 꿀(또는 물엿) 3큰술
- □ 구운 소금(또는 죽염) 약간

1

대추는 씨를 뺀 후 0.5cm 두께로 썬다. 달군 팬에 **잣**과 **해바라기씨**를 넣고 중약 불에서 1분간 볶은 후 접시에 덜어둔다. 같은 팬에 **통깨**를 넣어 중약 불에서 3분간 주걱으로 계속 저어가며 볶는다.

2

냄비에 설탕, 물(1큰술), 꿀, 구운 소금을 넣고 중간 불에서 1분간 끓인다. 설탕이 녹으면 볶은 통깨를 넣어 2분간 골고루 버무리며 볶는다.

3

사각 용기에 위생팩을 깔고 대추, 잣, 해바라기씨를 골고루 뿌린 후 그 위에 ②를 올린다. 위생팩으로 덮고 꾹꾹 눌러 평평하게 모양을 잡아 10분간 굳힌 후 먹기 좋게 썬다.

찹쌀부꾸미

쫄깃한 찹쌀 반죽에 달콤한 팥앙금을 넣어 디저트로도 좋은 찹쌀부꾸미는
따뜻할 때 먹어도 맛있지만 적당히 식은 상태에서 먹으면 더 쫄깃하답니다.
팥앙금에 다진 견과류 1큰술을 넣으면 더욱 고소해요.

조리시간 • 25~30분
재료 • 2인분
1인분 열량 • 429kcal

- □ 찹쌀가루 1컵(130g)
- □ 설탕 1과 1/2큰술
- □ 구운 소금(또는 죽염) 약간
- □ 뜨거운 물 5와 1/2큰술
- □ 시판 팥앙금 4큰술(80g)
- □ 식용유 1큰술
- □ 꿀 약간
- □ 해바라기씨 1큰술
  (장식용, 생략 가능)
- □ 대추 1개
  (장식용, 생략 가능)

1

볼에 찹쌀가루와 설탕,
구운 소금을 넣고 섞은 후 뜨거운
물(5와 1/2큰술)을 조금씩 넣어가며
귓불처럼 말랑한 정도로
익반죽한다. ★ 찹쌀가루의 수분
함량에 따라 물의 양을 조절한다.

2

팥앙금을 8등분한 후 동그란
모양으로 빚는다.
대추는 돌려 깎아 씨를 뺀 후
돌돌 말아 0.5cm 두께로 썬다.

3

①의 반죽을 8등분하고
지름 6cm 크기로 동글납작하게
빚는다.

4

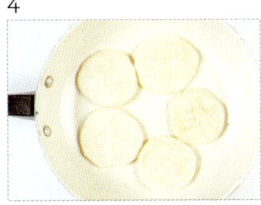

달군 팬에 식용유를 두르고 ③의
반죽을 올려 중약 불에서 앞뒤로
2분씩 노릇하게 굽는다.
★ 팬의 크기가 작다면 두 번에
나누어 부친다.

5

④의 반죽 위에 팥앙금을 올리고
양끝을 접은 후 반대편에 꿀을
바른다. 꿀 바른 면에 해바라기씨와
대추를 붙여 장식한다. 나머지도
같은 방법으로 만든다.

＊ 팥앙금이 없을 때
강낭콩 소로 대체하기
팥앙금이 없을 때는 강낭콩
소를 만들어 이용해도 좋아요.
강낭콩 통조림 1캔(432g)을
체에 밭쳐 흐르는 물에 헹궈
물기를 충분히 빼세요.
볼에 강낭콩과 설탕 4큰술,
소금 약간을 넣고 국자의
뒷부분으로 눌러 으깨
강낭콩 소를 만들어요.

＊ 팥앙금 구입처
팥앙금은 온 · 오프라인 대형
마트 또는 제과 재료 전문점에서
구입할 수 있어요.

＊ 찹쌀전병 부꾸미 만들기
찹쌀가루로 떡 대신 전병을
부쳐 부꾸미를 만들어도 좋아요.
찹쌀가루 1컵과 물 1컵을 섞어
찹쌀전병 반죽을 만드세요.
달군 팬에 식용유를 두르고
반죽을 올려 평평하게 돌려 편
후 약한 불에서 40초, 뒤집어서
30초간 찹쌀전병을 부쳐요.
그릇에 달라붙지 않도록 설탕을
뿌리고 전병을 올려 과정 ⑤와
동일한 방법으로 만들면 됩니다.

유자향 찹쌀경단

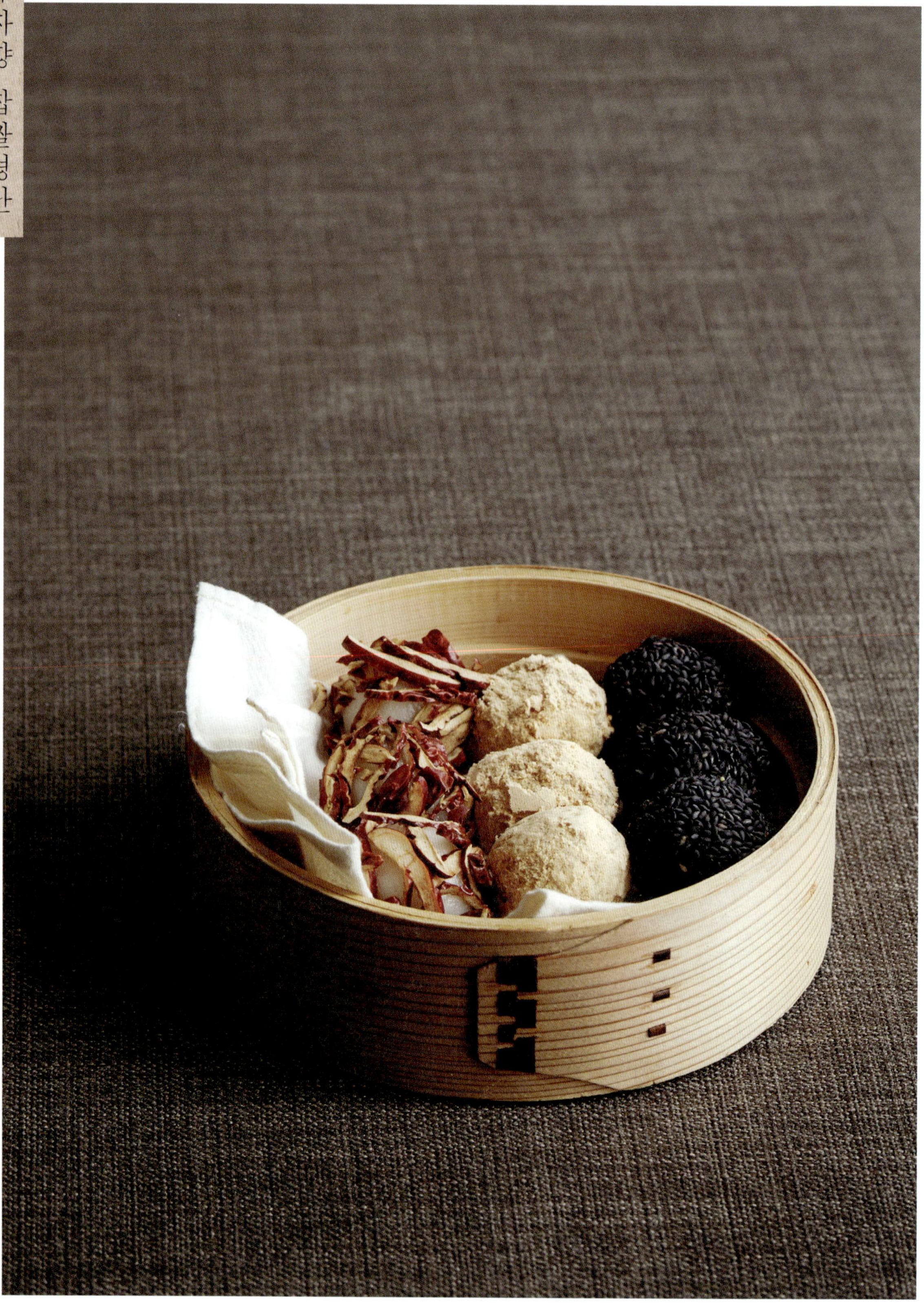

새콤 달콤한 유자청을 넣어 아이들과 함께 찹쌀경단을 만들어보세요. 대추, 검은깨,
콩가루를 묻혀 여러 가지 고소한 경단을 만들 수 있어요. 입안에 넣고 씹으면 톡 하고
입안 가득 유자 향이 퍼진답니다.

유자향 찹쌀경단

조리시간 • 35~40분
재료 • 2인분
1인분 열량 • 399kcal

- ☐ 찹쌀가루 1과 1/6컵(150g)
- ☐ 구운 소금(또는 죽염) 약간
- ☐ 뜨거운 물 8큰술

- ☐ 유자청 3큰술
- ☐ 대추 6개
- ☐ 검은깨 3큰술
- ☐ 볶은 콩가루
  (또는 미숫가루) 3큰술

시럽
- ☐ 설탕 1/2컵(75g)
- ☐ 물 1/2컵(100㎖)

1

대추는 돌려 깎아 씨를 제거하고
가늘게 채 썬다. 유자청은 잘게
다진다.

2

볼에 찹쌀가루, 구운 소금을
넣고 뜨거운 물(8큰술)을 조금씩
넣어가며 귓불처럼 말랑한 정도로
익반죽한다. ★ 찹쌀가루의 수분
함량에 따라 물의 양을 조절한다.

3
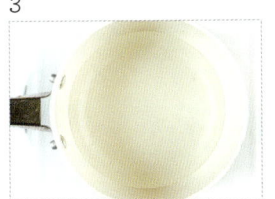

냄비에 시럽 재료를 넣고
센 불로 끓인다. 가장자리가
바글바글 끓어오르면 1분 30초간
끓인 후 불을 끈다.

4

②의 반죽을 9등분(약 20g씩)한
후 동글납작하게 빚는다.
가운데를 눌러 홈을 만들고
유자청 1작은술씩을 넣어 오므린
후 지름 2cm 크기로 동그랗게
빚는다. ★ 만들 때 경단이 마르지
않도록 젖은 면보를 덮어둔다.

5
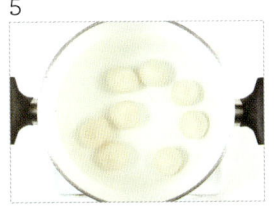

센 불에서 끓는 물(5컵)에 ④의
찹쌀경단을 넣는다. 물 위로
찹쌀경단이 떠오르면 1분간
데친 후 체에 밭쳐 물기를 뺀다.
③의 시럽에 경단을 넣어
골고루 버무린 후 체에 밭쳐
여분의 시럽을 뺀다.

6

경단에 각각 검은깨, 채 썬 대추,
볶은 콩가루를 묻힌다.

* 알록달록한 찹쌀경단 만들기
익반죽을 할 때 물 8큰술 대신
오미자나 치자 우린 물을 넣거나
반씩 섞어주면 (물 4큰술 +
오미자 또는 치자 우린 물 4큰술)
맛과 색이 특별한 찹쌀경단을
만들 수 있어요.

홍시를 이용해 반죽에 향과 색을 내어 찐빵을 만들었어요. 은은한 감 향과 달콤한 앙금이
잘 어울려요. 홍시가 나오지 않는 계절에는 냉동 홍시를 사용해도 좋아요. 반죽의 숙성
시간이 너무 길면 표면이 매끄럽지 못하니 주의하세요.

홍시 찐빵

조리시간 • 50~55분
(+ 발효하기 35분)
재료 • 8개분
1개 열량 • 285kcal

- □ 홍시(또는 냉동 홍시) 1개
  (140g, 체에 거른 후 110g)

- □ 시판 팥앙금 320g
- □ 강력분 60g
- □ 박력분 240g
- □ 인스턴트 드라이 이스트 6g
- □ 설탕 30g
- □ 구운 소금(또는 죽염) 4g

- □ 베이킹파우더 5g
- □ 물 65㎖
- □ 녹인 버터(또는 식용유) 14g
- □ 밀가루 1작은술
  (덧가루용)

1

홍시는 꼭지를 떼고 껍질을 벗긴
후 믹서에 넣어 곱게 간 뒤 체에
거른다. 팥앙금은 8등분(40g)한
후 동그랗게 빚는다. 버터는 작은
볼에 넣어 전자레인지(700W)에서
30초간 녹인다.

2

큰 볼에 체 친 강력분, 박력분,
인스턴트 드라이 이스트, 설탕,
구운 소금, 베이킹파우더, 물(65㎖),
①의 홍시를 넣고 한 덩어리가 될
때까지 손으로 2~3분간 반죽한다.
★ 홍시의 수분량에 따라 물의 양을
가감한다.

3

②의 볼에 녹인 버터를 넣고
다시 매끄러운 상태가 될 때까지
반죽한다. 반죽이 한 덩어리가
되면 10~15분간 반죽을 충분히
치댄다.

**＊팥앙금이 없을 때
강낭콩 소로 대체하기**
팥앙금이 없을 때는 강낭콩
소를 만들어 이용해도 좋아요.
295쪽 Tip을 참고하세요.

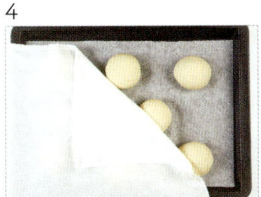

4

반죽을 8등분(65g)한 후 동그랗게
빚는다. 오븐 팬(또는 넓은
쟁반)에 유산지를 깔고 덧밀가루
1작은술을 뿌린 후 반죽을 올리고
젖은 면보를 덮어 실온에서
10분간 1차 발효시킨다.

5

반죽을 손바닥으로 납작하게
누른 후 가운데에 팥앙금을 넣고
꼼꼼하게 감싼다.

6

큰 볼에 뜨거운 물(3컵)을 붓고
그 위에 오븐 팬(또는 넓은
쟁반)을 올린다. 팬 위에 ⑤의
반죽을 올려 젖은 면보를 덮고
25분간 2차 발효시킨다.
유산지를 사방 8cm 크기로
자른다.

7

김이 오른 찜기에 젖은 면보를
깔고 유산지를 올린 후 ⑥의
찐빵을 1개씩 올려 뚜껑을 덮은 채
센 불에서 15분간 찐다.
★ 찐빵이 부풀 수 있으니
찜기에 여유 있게 간격을 두고
올려서 찐다.

콩버무리

취향에 따라 제철에 나오는 콩을 듬뿍 넣어 만든 영양떡입니다. 콩버무리의 콩은
생콩을 사용하는 것이 좋아요.

조리시간 • 25분 재료 • 2~3인분 1인분 열량 • 285kcal	☐ 모둠 콩(강낭콩, 완두콩, 　제비콩, 작두콩 등) 500g ☐ 쌀가루 1/2컵(65g) ☐ 찹쌀가루 1/2컵(65g)	☐ 설탕 1큰술 ☐ 구운 소금(또는 죽염) 　1/2작은술 ☐ 물 2큰술

1

모둠 콩은 물에 깨끗이 씻은 후
체에 밭쳐 물기를 뺀다.

2

볼에 쌀가루, 찹쌀가루, 설탕,
구운 소금을 섞는다. 물(2큰술)을
넣고 손으로 비빈 뒤 가루가
뭉치지 않도록 체에 내린다.
콩을 넣고 골고루 섞는다.
★ 가루는 손으로 가볍게 움켜쥐었을
때 살짝 뭉치는 정도로 반죽한다.

3

김이 오른 찜기에 젖은 면보를
깔고 ②를 펼쳐 올린 후 뚜껑을
덮은 채 센 불에서 15분간 찐다.

뿌리떡

뿌리채소를 듬뿍 넣은 뿌리떡은 포실포실하고 쫄깃한 식감이 별미예요.
냉장고 자투리 채소를 이용해도 좋으나 맛과 향이 강한 채소는 조금씩만 넣으세요.

조리시간 • 30~35분 재료 • 2~3인분 1인분 열량 • 444kcal ☐ 고구마 1/3개(75g) ☐ 단호박 1/13개(75g)	☐ 비트 1/2개(20g, 생략 가능) ☐ 깐 밤 7개(70g) ☐ 쑥 1/2줌(30g) ☐ 쌀가루 1컵(130g) ☐ 찹쌀가루 1컵(130g)	☐ 설탕 2큰술 ☐ 구운 소금(또는 죽염) 　1작은술 ☐ 물 4큰술 ☐ 볶은 콩가루 1큰술(생략 가능)

1

고구마, 단호박, 비트는 껍질을
벗기고 **밤**과 함께 사방 1.5cm
크기로 썬다. **쑥**은 억센 줄기
부분을 제거하고 체에 밭쳐
씻은 후 물기를 뺀다.

2

볼에 쌀가루, 찹쌀가루, 설탕,
구운 소금을 섞은 후 물(4큰술)을
넣고 손으로 비벼 섞은 뒤 가루가
뭉치지 않도록 체에 내린다.
고구마, 단호박, 비트, 밤, 쑥을 넣고
골고루 섞는다. ★ 가루는 손으로
가볍게 움켜쥐었을 때 살짝 뭉치는
정도로 반죽한다.

3

김이 오른 찜기에 젖은 면보를
깔고 ②를 넓게 펼쳐 올린 후
센 불에서 뚜껑을 덮은 채 15분간
찐다. 그릇에 떡을 담고 위에
콩가루를 뿌린다.

레몬단지③
단호박식혜②
배숙수정과①

③

배숙수정과

몸을 따뜻하게 하는 생강과 계피, 감기를 예방하는 베타카로틴이 풍부한 곶감을 넣어
수정과를 만들었어요. 배를 띄워 먹으면 맛과 향이 더욱 좋아요.

조리시간 · 60~65분	☐ 배 1/2개(250g)
재료 · 5~6인분	☐ 생강(마늘 크기) 5톨(50g)
1인분 열량 · 177kcal	☐ 통계피 12cm 3개(50g)
	☐ 물 15컵(3ℓ)
	☐ 황설탕 1컵(150g)
	☐ 곶감 5개(생략 가능)

1

배는 껍질을 벗기고 6~8등분
한다. **생강**은 숟가락으로 긁어
껍질을 벗기고 편 썬다.
통계피는 흐르는 물에 씻는다.

2

냄비에 생강, 통계피, 물(15컵)을
넣고 중간 불에서 45분간 끓인다.
황설탕을 넣고 5분간 더 끓인 후
생강과 통계피를 건진다.

3

②에 배를 넣고 중간 불에서
10분간 끓인 후 차갑게 식힌다.
그릇에 차게 식혀둔 수정과를
담고 꼭지를 뗀 곶감을 띄운다.

단호박식혜

식이섬유, 미네랄, 비타민 등이 풍부한 단호박으로 식혜를 만들었어요.
단호박의 달콤한 풍미가 느껴져 남녀노소 모두가 좋아한답니다.

조리시간 · 1시간 20분	☐ 단호박 1/4개(250g)
재료 · 5~6인분	☐ 생강(마늘 크기) 3톨(30g)
1인분 열량 · 111kcal	☐ 엿질금 3/4컵(60g)
	☐ 물 7과 1/2컵(1.5ℓ)
	☐ 황설탕(또는 흰설탕)
	2/3컵(100g)

1

단호박은 껍질을 벗긴 후 2cm
두께로 썰고 김이 오른 찜기에
넣어 뚜껑을 덮은 채 15분간
찐 뒤 체에 내려 으깬다.
생강은 숟가락으로 긁어 껍질을
벗기고 편 썬다.

2

큰 볼에 엿질금과 물(7과 1/2컵)을
넣고 손바닥으로 5분간 비빈다.
체에 거른 후 물을 20분간 가만히
두어 앙금을 가라앉힌다.

3

냄비에 ②의 웃물, 생강, 으깬
단호박을 넣고 중간 불에서
30분간 끓인 후 황설탕을 넣고
3분 더 끓인다. 냉장실에 넣어
차갑게 식힌 후 마신다.

사찰 음식인 유자단지를 구하기 쉬운 레몬으로 대체하여 만들었어요. 레몬 속을
파낸 후 밤과 대추를 섞고 설탕 시럽으로 달콤하게 숙성시켜 만든 레몬 음료랍니다.
차갑게 마시거나 따뜻하게 데워서 즐겨도 좋아요. 레몬 단지는 15일 이상 오래
숙성시켜야 맛이 더욱 깊어진답니다.

레몬단지

조리시간 · 20~25분
(+ 숙성하기 15일)
재료 · 2~3인분
1인분 열량 · 666kcal

☐ 레몬 3개(450g)
☐ 대추 7개
☐ 밤 6개(60g)
☐ 설탕 2와 1/4컵(450g)
☐ 물 2와 1/2컵(500㎖)

1

대추는 돌려 깎아 씨를 제거한 후
가늘게 채 썰고, 밤은 껍질을 벗긴
뒤 가늘게 채 썬다.

2

레몬 껍질은 베이킹소다(또는
소금)로 박박 문지른 후 헹군다.
끓는 물에 넣고 30초간 데친 뒤
밑부분 1cm를 남기고 6등분으로
칼집을 넣는다. ★ 레몬 껍질
소독하기 24쪽 참고

3

레몬 껍질과 과육 사이에 작은
칼을 넣어 레몬 과육을 파낸다.

4

레몬 과육을 한입 크기로 썬다.
볼에 레몬 과육과 대추, 밤을 넣고
골고루 섞어 소를 만든다.

5

③의 레몬 껍질에 ④를 채운 뒤
벌어지지 않도록 요리용 실로
묶는다.

6

저장 용기에 ⑤와 설탕, 물(2와
1/2컵)을 넣고 실온에서 15일간
숙성시킨다. 레몬을 건져
2등분한 후 그릇에 담고 자작하게
시럽을 부어 소와 시럽을 함께
떠 먹는다.

2탄

매일 만들어 먹고 싶은
비건·한식
정재덕 지음

사찰음식을 모티브로 한 소박한 채식 집밥 106가지

< 매일 만들어 먹고 싶은 비건 한식 >
정재덕 지음 / 220쪽

사찰 음식을 모티브로 한
쉽고, 맛있고, 건강한 비건을 위한 한식

☑ 밥과 죽, 면과 별식, 주전부리, 채소 보양식 등
다채로운 채식 레시피 106가지

☑ 오신채를 사용하지 않고 제철 재료로 만들어
몸과 마음이 편안해지는 비건 한식

☑ 다양한 콩류와 두부류, 식물성 기름을 적극 사용해
채식이지만 영양이 부족하지 않은 레시피

☑ 흔한 재료와 기본 양념만으로 친숙한 듯
새로운 메뉴를 완성하는 셰프의 한 끗 다른 노하우

비건은 맛이 없다고들
하지만 저는 이 책으로
속이 편해졌어요.
평소 식재료 본연의 맛을
좋아하기도 해서 아주
술술 들어가더라고요.

– 온라인 서점 예스24
j*****3 독자님 –

< 채식 연습 > 이현주 지음 / 224쪽

천천히 즐기면서 채식과 친해지려는
당신을 위한 채식 연습 가이드

☑ 한그릇 밥과 면부터 죽과 수프, 샌드위치와 샐러드,
브런치, 건강음료까지 100여 가지의 채식 메뉴

☑ 20년째 채식을 실천하고 있는 채식한약사이자
환경운동가인 저자의 폭넓은 내용과 채식 레시피

☑ 상황별, 증상별 다양한 채식 레시피로
새롭고, 맛있고, 아름다운 채식을 풍부하게 소개

< 홀그레인 비건 베이킹 > 베지어클락 김문정 지음 / 168쪽

홀그레인 비건 베이킹 전문가의
통곡물로 맛과 영양 담은 채식 베이킹

☑ 통곡물로 간단하게 만드는 쿠키부터 건강 재료를
조합한 그래놀라, 영양바까지 46가지 비건 베이킹

☑ 통곡물 가루를 황금 비율로 배합해
통밀 위주의 비건 베이킹보다 다채로운 맛과 풍미

☑ No sugar, No gluten, No oil 메뉴를 표시해
알러지 유무나 기호에 따라 선택 가능

< 월간 채소 > 베지따블 송지현 지음 / 240쪽

1년 내내 곁에 두고 활용하는
채소 미식가의 열두 달 채소요리

☑ 색다르면서도 친숙한 한식부터 일식, 양식에
이르기까지 신新박한 채소요리 101가지

☑ 계절에서 한걸음 더 들어가 월별 추천
제철 채소와 요리를 소개한 책

☑ 절임, 장아찌, 건조, 냉동 등 제철 채소를
오래 저장하는 정보 수록

채식이 맛있어지는 우리집 사찰음식

1판 1쇄 펴낸 날 2013년 6월 28일
1판 14쇄 펴낸 날 2024년 1월 10일

편집장	김상애
책임편집	김유미
편집	김민아
레시피 검증	이혜영·이효진(테스트 키친팀)
교정·교열	전남희
디자인	원유경
사진	신채영(어시스턴트 이소연)
스타일링	최새롬(Styling ho, 어시스턴트 손아름)
소품 협찬	현대공예사(031-632-7545)
	모네타(www.monetait.com)
	금단제 아트리빙(www.kumdanje.co.kr)
	김남희 작가(blog.naver.com/single_gi)
	조은숙아트앤라이프스타일(www.choeunsookgallery.com)
기획·마케팅	정남영·엄지혜

편집주간	박성주
펴낸이	조준일
펴낸곳	(주)레시피팩토리
주소	서울특별시 용산구 한강대로 95 래미안용산더센트럴 A동 509호
대표번호	02-534-7011
팩스	02-6969-5100
홈페이지	www.recipefactory.co.kr
독자카페	cafe.naver.com/superecipe
출판신고	2009년 1월 28일 제25100-2009-000038호

제작·인쇄	(주)대한프린테크

값 22,000원

ISBN 978-89-963472-9-3